PROTEÇÃO DE DADOS E *COMPLIANCE* DIGITAL

PROTEÇÃO DE DADOS E *COMPLIANCE* DIGITAL

2023

Claudio Joel Brito Lóssio

ALMEDINA

PROTEÇÃO DE DADOS E COMPLIANCE DIGITAL

AUTOR: CLAUDIO JOEL BRITO LÓSSIO

DIRETOR ALMEDINA BRASIL: Rodrigo Mentz
EDITORA-CHEFE: Manuella Santos de Castro
EDITOR PLENO: Aurélio Cesar Nogueira
PRODUTORA EDITORIAL: Erika Alonso
ASSISTENTES EDITORIAIS: Letícia Gabriella Batista e Tacila da Silva Souza
ESTAGIÁRIA DE PRODUÇÃO: Natasha Oliveira

DIAGRAMAÇÃO: Almedina
DESIGN DE CAPA: FBA

ISBN: 9786556279916
Dezembro, 2023

Dados Internacionais de Catalogação na Publicação (CIP)
(Câmara Brasileira do Livro, SP, Brasil)

Lóssio, Claudio Joel Brito
Proteção de dados e compliance digital / Claudio Joel Brito Lóssio. -- 2. ed. -- São Paulo : Almedina, 2023.

ISBN 978-65-5627-991-6

1. Compliance 2. Direito 3. Proteção de dados - Direito - Brasil 4. Proteção de dados - Leis e legislação 5. Tecnologia I. Título.

23-172895 CDU-342.721(094.56)

Índices para catálogo sistemático:

1. Lei geral de proteção de dados : Direito à privacidade 342.721(094.56)

Eliane de Freitas Leite - Bibliotecária - CRB 8/8415

Este livro segue as regras do novo Acordo Ortográfico da Língua Portuguesa (1990).

EDITORA: Almedina Brasil
Rua José Maria Lisboa, 860, Conj.131 e 132, Jardim Paulista | 01423-001 São Paulo | Brasil
www.almedina.com.br

Para Minha Esposa e Meus Filhos

AGRADECIMENTOS

A gratidão e o reconhecimento para as pessoas que fizeram com que algo se tornasse possível, é essencial para a resiliência e a sustentabilidade da minha paz e felicidade interna.

Agradeço à minha família, que sempre me incentivou a aceitar o desafio de me inscrever em academias tanto em Lisboa, Portugal, quanto em Madrid, Espanha, diante da permanente possibilidade de abrir mão da presença pela procura de um desenvolvimento pessoal.

Agradeço à empresa, SNR Sistemas, da qual faço parte do corpo de sócios, diante do meu sócio, que é meu irmão, e de todos os componentes que a forma, pois sem a lealdade e conhecimento destes, eu não teria conseguido passar sequer um dia ausente daquela que é a minha segunda casa.

Agradeço à Lóssio, Alencar e Weverton – LAW Advocacia, fiéis parceiros de trabalho e de boas gargalhadas. Renan e Pedro, gigantes do conhecimento, da humildade e boa-fé.

Agradeço à Juscibernética – Centro de Auditoria, Cibersegurança e Proteção de Dados em Compliance, empresa e instituto de pesquisa o qual me fortalece desde 2016.

Agradeço aos meus amigos, que caminham comigo, fiéis escudeiros, pessoas com as quais posso contar a qualquer momento, e que estão comigo tanto nos meus dias de glória quanto nos de luta.

Agradeço à Universidade Autónoma de Lisboa por serem sempre acolhedores e cordiais, promovendo o convívio com um cordo de docentes realmente de altíssimo nível, tanto ao nível de conhecimento, quanto ao que à transmissão do mesmo diz respeito.

Agradeço ao Instituto Politécnico de Beja, minha casa em Portugal, com o apoio dos coordenadores do MESI, professores, mestres e amigos que são determinantes para a minha evolução, assim como ao Lab UbiNET, grupo de pesquisa o qual tenho a enorme honra de estar presente e aprender junto aos gigantes da investigação forense.

Agradeço à minha casa em Madrid, Universidade de Nebrija, sempre com grande acolhimento as minhas chegadas e permanência em suas casas.

Agradeço aos professores que são meus mestres, que me orientam sempre que preciso de ajuda, professores que incentivam o desenvolvimento da conformidade e do novo, permitindo, assim, que as minhas escritas no decorrer desta academia, fossem sempre direcionadas à pesquisa interdisciplinar.

Agradeço aos ilustríssimos Professor Doutor Ives Gandra e ao Professor Doutor James Lins, incentivadores de pessoas, do profissionalismo e do conhecimento.

Agradeço a Presidência do Conselho Regional da Ordem dos Advogados de Lisboa, Dr. João Massano, um gigante como profissional e como pessoa, cordialidade e competência, o qual me deu a honra de apresentar essa obra.

APRESENTAÇÃO

Linguagem simples, sucinto e objetivo

Essa é a proposta desta clássica obra do Professor Claudio Lóssio, que não deixa a desejar. Em síntese, aborda inicialmente acerca da sociedade da informação em que vivemos. Alias, em 2021, houve a consolidação do direito humano de acesso à internet em Portugal (Carta Portuguesa de Direitos Humanos na Era Digital (Lei nº 27/2021). Um avanço importante para a sociedade.

E já dizia um filósofo[1]; uma das condições fundamentais para a existência de um sistema Democrático, é o acesso à informação.

Discorre sobre a crescente importância e valorização da cibersegurança. E esclarece à luz do Compliance, o velho ditado: **"É melhor prevenir do que remediar".** Ao informar sobre eficiências/custos de um programa de compliance implementado, com a consequente diminuição de riscos a intempéries.

Por fim, esclarece ao longo da obra, que a melhor pessoa para proteger os seus dados é você mesmo.

Se você está com esta obra em mãos, não a solte. É um manual incomum de boas maneiras.

James Lins
Cientista político e jurista, especializado em Direito Digital e *Compliance*

[1] Professor Olavo de Carvalho.

APRESENTAÇÃO

Da aldeia global ao casulo digital

Quando o pensador Marshall Mcluhan nos introduziu o termo "aldeia global" e previu o advento de um mundo ligado em rede, estava a falar de conceitos quase de ficção científica. Um futurismo apresentado ao mundo na primeira metade dos anos 1960, nos livros "A Galáxia Gutenberg" e "Compreender os meios de comunicação". Mcluhan teorizava sobre o poder dos *mass media*, num período em que estes tinham "apenas" o poder do papel e das ondas da rádio. Tecnologias que começavam a moldar a sociedade e a forma de nos relacionarmos, pensarmos e organizarmos. Apesar de rudimentares, vistas à luz da nossa sociedade digital, telefone, telégrafo, televisão e rádio tiveram um poder de comunicação e de influência nas sociedades daquele período semelhante ao da internet, nos dias de hoje. Foram saltos tecnológicos gigantes, revolucionários.

Os avanços tecnológicos das décadas mais recentes, a banalização do chip, a produção em massa de componentes eletrónicos e o advento do computador pessoal, nos anos 1980, e a democratização da internet, na segunda metade dos anos 1990, começaram a evidenciar que a "aldeia" tipificada por Mcluhan estava a ficar ainda mais pequena. A internet permitiu a concretização plena e mais extrema do conceito introduzido pelo teórico canadiano. Essa rede global que encurta distâncias, funciona à velocidade da luz, tem o poder de transformar o mundo numa aldeia, onde todos podem estar em contacto permanente com todos, mesmo quando, fisicamente, estão separados por milhares de quilómetros e fusos horários antagónicos.

Numa era cada vez mais digital e digitalizada, cada um de nós é uma fonte preciosa de dados que, imperceptivelmente, oferecemos a terceiros, sempre que colocamos "na rede" informações aparentemente tão inócuas como uma fotografia de um pôr-do-sol ou um "gosto" numa imagem de um carro. Ou, simplesmente, quando nos ligamos à internet – a hora, o local, a duração da ligação... –, fazemos uma primeira pesquisa, consultamos um jornal online.

Nunca estivemos tão expostos, mesmo na nossa privacidade. E nunca estivemos tão livres, mesmo quando fechados entre quatro paredes em frente a um pequeno ecrã com ligação à internet. O mundo à nossa frente, sem sairmos do lugar. Paradoxos de um novo mundo, fantástico e desafiante, mas, também, imensamente perigoso e preocupante. A nossa informação pessoal, privada, pode ser facilmente compilada por entidades terceiras, tratada, elaborada e utilizada para condicionar os nossos comportamentos, sejam eles as nossas ideias e opiniões, ou os hábitos de consumo e sociais, o que encerra perigos imensos.

Como comprova a desinformação – as tão célebres *fake news* – que, cavalgando a velocidade da transmissão de informação, um imediatismo que gera tantos outros "ismos", mas que, acima de tudo, acaba por impedir-nos de mergulhar mais fundo nos temas, nos impele a comentar e a reagir em vez de investigar e refletir para, depois, formar uma opinião sustentada. E num mundo destes, em que as "verdades" são fabricadas com uma velocidade estonteante, em que o escrutínio é feito em microssegundos, logo, muito pouco digno desse nome, é a democracia que está em causa. As estratégias usadas – com os perfis falsos nas redes sociais, a criação de grupos de influência e a disseminação de ideias e propaganda – não são novas. O que é novo é o meio – um mundo digital, global, interligado e que não dorme. Mais que a mensagem, é o meio. E aqui voltamos a outro conceito de Mcluhan: "o meio é a mensagem". Por tudo isto, temas como a proteção de dados e a cibersegurança são fundamentais e estruturantes desta nova sociedade em que estamos mergulhados. Uma sociedade cada vez mais concretizada no espaço virtual, com as relações pessoais a tornarem-se tendencialmente mais distantes, encerradas numa caixa de diálogo, num ecrã, num telemóvel. Num casulo digital! O Compliance Digital e a Proteção de Dados, de Claudio Joel B. Lóssio é um elemento fulcral para melhor entendermos e lidarmos com esta realidade cada vez mais envolvente e que tende a moldar as nossas vidas, as nossas relações e o nosso pensamento.

João Massano
Advogado
Presidente do Conselho Regional de Lisboa
Mestre em Direito

NOTA DO AUTOR

Meu nome é Claudio Joel Brito Lóssio, nascido em Juazeiro do Norte, Ceará, mais conhecida como terra do Padre Cícero, ou "Padim Ciço". Filho de família nativa da região. Minha mãe, Masa, Juazeirense, neta da pessoa que trouxe o primeiro ônibus para minha cidade e filha de Expedito, meu avô que conheceu o próprio padre Cícero, assim como o cangaceiro Lampião. Meu pai, Ivan, entusiasta da tecnologia, foi um dos pioneiros em inovações no comércio local, negociando com o comércio de lanches, discos, CDs e telefonia, filho de José Gondim, a pessoa que trouxe telefonia para Juazeiro do Norte.

Sou o quinto filho, sendo que dois já se foram. Eles partiram durante o meu curso de Direito, José possuía o Bar do Zé e Ivana trabalhava com licores caseiros.

Hoje, junto com melhor time de desenvolvimento, estamos no ecossistema da SNR Sistema, que surgiu através da fusão de duas ideias, do Claudio e do Alessandro. Desenvolvemos exclusivamente soluções para a automação de serventias extrajudiciais, com uma equipe com desenvolvedores, advogados, administradores, engenheiros de segurança informática, entre os demais colaboradores.

Em um certo dia de trabalho normal, uma pessoa falou que fecharia a SNR Sistemas, caso a gente não desenvolvesse determinada solicitação que ao nosso ver violava nossos princípios. Assim, entrei na academia de direito. E diante de tanta tecnologia, quis me tornar um advogado?

A faculdade de Direito é um espetáculo de academia, mas quando me vi relacionando o ambiente jurídico com o ambiente digital, abriu-se um horizonte infinito com tanto vislumbre, que nesse momento pensei... preciso aprender cada vez mais sobre essa relação que une o Direito ao mundo da tecnologia.

Concluí a faculdade de direito com a certeza que serei um eterno estudante desta seara, e juntamente com a área de sistemas da informação, que estudo há mais de 25 anos. Vivi boa parte da evolução tecnológica no decorrer de minha vida e agora vivencio a evolução jurídica, com enfoque o meio digital.

Assim, quando me perguntam como eu iniciei tão rápido no direito digital, respondo que não é de hoje que busco compreender a tecnologia, a segurança ofensiva, a programação, e por aí vai.

Em 2017, um grupo de pesquisa privado foi idealizado e fomentado pela SNR Sistemas, o Juscibernética: Tecnologia, Governança, Direito e Sociedade. Esse grupo incentiva novos pesquisadores à pesquisa científica fundamentada. Logo demais a Juscibernética torna-se uma pessoa coletiva independente, ofertando auditoria, cibersegurança e proteção de dados.

Assim, com alguns meses de concluído o curso de Direito, fui aprovado no mestrado da universidade Autónoma de Lisboa, o qual conheci grandes professores e colegas os quais alguns tornaram-se amigos para a vida. Nesse curso fui determinante em estudar não só a legislação de outro Estado soberano, mas também o Direito comparado. Me tornei mestre em pleno pico de uma pandemia.

Junto ao meu primeiro mestrado na UAL, fui aprovado para o Mestrado em Engenharia de Segurança Informática, pelo Instituto Politécnico de Beja. Uma honra.

No decorrer dessa evolução participei da autoria ou coordenação de alguns livros como o Cibernética Jurídica, o Manual Descomplicado de Direito Digital e o Juscibernética, entre outras produções científicas.

Diante disso, decidi fazer essa escrita com base no que foi produzido em meu primeiro mestrado, e agora continuado em uma segunda edição, atualizada e melhorada. Com estudos práticos que veio evoluindo desde quando autodidata na programação de aplicações de sistemas da informação, da segurança da informação e posteriormente, com a academia de Direito, na graduação, sendo então recriada e aprimorada no decorrer dos anos. Agora, reafirmo, em nossa segunda edição.

Ninguém sabe tudo, mas o pouco que sei decidi trazer um pouco aqui, pois todos os dias somos alunos e professores.

Juazeiro do Norte – CE, 07 de junho de 2023

Claudio Joel Brito Lóssio

- ✓ Professor PUC-MG, UNYLEYA, VERBO, EBRADO, EJEF-TJMG, ESMAFE/RS, JUSPODIVM, ENFAM
- ✓ CEO/Sênior *Software Developer* na SNR Sistemas Notarial e Registral – empresa premiada pelo GPTW – *Great Place to Work* em 2019-2020 e 2020-2021
- ✓ Engenheiro de Segurança Informática na Juscibernética – Centro de Auditoria, Cibersegurança e Proteção de Dados em Compliance
- ✓ Mestre em Ciências Jurídicas pela UAL – Universidade Autónoma de Lisboa – Portugal
- ✓ Mestre em Engenharia de Segurança Informática pelo IPBeja – Portugal.
- ✓ Advogado OAB/CE 38.142 na Lóssio, Alencar e Weverton – LAW Advocacia
- ✓ Pós-Graduação em Direito Digital e Compliance pela Damásio,
- ✓ Pós-Graduação em Direito Penal e Criminologia pela URCA,
- ✓ Pós-Graduação em Direito Notarial e Registral pela Damásio
- ✓ MBA em Gestão de TI pela UNIFACEAR
- ✓ MBA em Engenharia de Software pela Faculdade Metropolitana
- ✓ Pós-Graduado em Gestão e Governança Corporativa pela Faculdade Metropolitana
- ✓ Pós-Graduado em Perícia Forense Computacional pela Cruzeiro do Sul
- ✓ Pós-Graduado em Engenharia Eletrônica e de Computação pela UNYLEYA;
- ✓ MBA em Gestão Hospitalar pela Faculdade Metropolitana
- ✓ Pós-Graduado em Biotecnologia pela Faculdade Metropolitana
- ✓ Certificado DPO pela Universidade de Nebrija – Madrid – Espanha

- ✓ Parecerista na Revista Eletrônica de Direito do Centro Universitário Newton Paiva
- ✓ Parecerista na Revista Eletrônica Direito & TI
- ✓ Idealizador do grupo de pesquisa Juscibernética
- ✓ Membro Lab UbiNET – IPBeja – Portugal

PREFÁCIO

O livro do Prof. Dr. Claudio J.B. Lossio a respeito de *Compliance* Digital, à luz da sociedade da informação em que vivemos, é um admirável trabalho de pesquisa e sugestões, no direito brasileiro e comparado, sobre a era da dependência digital do mundo, nos dias atuais.

Após a definição do que seria a sociedade da informação atual e o estudo dos diplomas legais no Brasil, nos países e nos espaços comunitários, que já possuem legislação mais avançada sobre o tema, examina o que constitui o núcleo de seu estudo, ou seja, a *compliance* digital, na preservação de direitos, garantias e liberdades.

Num mundo cada vez mais informatizado, em que a avalanche de dados circula por todos os continentes em velocidade e quantidade inimagináveis, trazendo em seu bojo uma fantástica insegurança e uma perda permanente de privacidade, a busca de oferta de elementos suficientes, leis passíveis de aplicação e sistemas razoavelmente seguros para proteção e preservação de direitos, garantias e liberdades, é um desafio permanente que demanda, nos regimes democráticos, a existência de especialistas em governos sensíveis a enfrentá-los.

Em meu "A era dos desafios" (Editora Quadrante, 2021), ao cuidar do tema, procurei mostrar como a complexidade crescente, nesta era digital e de automação laboral, a ser enfrentada pela humanidade impõe às lideranças mundiais constante e rápida adequação à velocidade da evolução tecnológica, para que se viva na privacidade possível de um mundo em contínua transformação.

O livro do Professor Cláudio Lossio, com objetividade, abrangência e precisão examina a *compliance* digital, à luz dos mais variados aspectos que comportam o tema, enfrentando as dificuldades e apresentando sugestões sobre políticas aplicáveis à cibernética e ao ciberespaço, no que concerne a proteção dos direitos fundamentais, sendo, portanto, um esplêndido estudo sobre a matéria.

Alegra-me prefaciar, pois, esta obra de convergência entre Direito e tecnologia dedicada, como diz o próprio autor, "à era da *compliance*".

Ives Gandra da Silva Martins

Professor Emérito das Universidades Mackenzie, UNIP, UNIFIEO, UNIFMU, do CIEE/O ESTADO DE SÃO PAULO, das Escolas de Comando e Estado-Maior do Exército – ECEME, Superior de Guerra – ESG e da Magistratura do Tribunal Regional Federal – 1ª Região; Professor Honorário das Universidades Austral (Argentina), San Martin de Porres (Peru) e Vasili Goldis (Romênia); Doutor Honoris Causa das Universidades de Craiova (Romênia) e das PUCs-Paraná e RS, e Catedrático da Universidade do Minho (Portugal); Presidente do Conselho Superior de Direito da FECOMERCIO – SP; ex-Presidente da Academia Paulista de Letras-APL e do Instituto dos Advogados de São Paulo-IASP.

LISTA DE ABREVIATURAS

ANPD	Autoridade Nacional de Proteção de Dados
CDPC	Comité Europeu para os Problemas Criminais
CEDH	Convenção Europeia dos Direitos Humanos de 1950
CCPA	*California Consumer Privacy Act*
CLOUD	*Clarifying Lawful Use of Overseas Data Act*
COO	*Chief Compliance Officer*
DOD	*U.S. Dept of Defense*
DPO	*Data Protection Officer*
EU	União Europeia
GDPR	General Data Protection Regulation
ISO	*International Organization for Standardization*
LGPD	Lei Geral de Proteção de Dados (Brasil)
MCI	Marco Civil da Internet (Brasil)
OCDE	Organização para a Cooperação e Desenvolvimento Econômico
DUDH	Declaração Universal de Direitos Humanos de 1948
PEC	Projeto de Emenda Constitucional (Brasil)
RGPD	Regulamento Geral de Proteção de Dados
TI	Tecnologia da Informação

SUMÁRIO

INTRODUÇÃO

A tecnologia da informação tornou-se, com o passar dos anos, uma condicionante na vida das pessoas, sendo determinante para que várias atividades sejam exercidas diante da sociedade da informação, seja no lazer, labor, banca, estudos, praticamente tudo. Preservar e garantir os direitos fundamentais individuais, sociais e coletivos perante uma sociedade da informação proporcionada e catalisada pelo espaço cibernético – onde o tempo é completamente diferente daquele do nosso modelo social convencional –, torna-se, portanto, cada vez mais desafiador.

A decisão de dar continuidade a investigação para desenvolver a segunda edução da escrita de "O *compliance* digital e a proteção de dados: preservando direitos na sociedade da informação" visou apresentar, precisamente, como a procura pelo *Compliance* reafirma a facilitação a relação entre o Direito e as Tecnologias da Informação e Comunicação. Estes caminham, na verdade, cada vez mais unidos diante de uma sociedade geradora de informação, globalizada e acelerada pelo ciberespaço. As condutas das pessoas estão também cada vez mais direcionadas para a utilização dos dispositivos tecnológicos, e convém lembrar que o instrumento regulador social das condutas é o Direito, justificando-se, assim, a preocupação diante desta seara.

A dimensão dos direitos humanos fundamentais demonstra que autores como José Joaquim Gomes Canotilho estão preocupados com essa submersão da sociedade no ciberespaço. A quarta dimensão dá-se, então, através do reconhecimento do Estado diante de normas constitucionais cada vez mais próximas da realidade, promovendo os direitos que formam essa geração de número quatro, que são: o direito à democracia, à informação e ao pluralismo, bem como à bioética. A cibernética apresenta-se, por sua vez, na quinta dimensão, mostrando que a preocupação com a relação entre pessoas e máquinas se torna cada vez mais fortalecida. O surgimento e a popularização do computador e da internet, logo após se terem tornado instrumentos de comunicação massiva e de fuga de informação, acabam por fomentar maior preocupação com a ciência Cibernética. Esta área estuda a relação entre homens e máquinas e a informação diante desse novo sítio digital denominado espaço cibernético ou ciberespaço.

A procura por regulamentação do espaço cibernético inicia-se com estudos e com a pretensão de se atingir essa quinta dimensão, tendo em conta a preservação das garantias, dos direitos e das liberdades fundamentais das pessoas, como a inviolabilidade da vida privada, da intimidade, das comunicações, e a proteção de dados, por exemplo. Com o objetivo de garantir tais direitos fundamentais, sejam humanos, sejam constitucionais, leis de proteção de dados começam a surgir em todo mundo; os países procuram preservar o seu povo quando se trata do direito à personalidade, à privacidade e à intimidade quando relacionados aos dados pessoais de cada pessoa singular. Assim, pode-se afirmar que é essencial a busca pela preservação da privacidade de pessoas singulares, bem como pela não intromissão arbitrária, conceitos diretamente associados à proteção de dados, visto que a fuga ou a violação desta informação poderá afetar diretamente os titulares desses dados. Dependendo do caso, situações destas podem causar danos morais muitas vezes irreversíveis, visto que é difícil a remoção de conteúdo no ambiente cibernético. Percebe-se, deste modo, uma intensa legiferação direcionada à proteção de dados, diferentemente de convenções anteriormente citadas e que estão em foco na preservação da privacidade, imagem, intimidade e personalidade.

O poder legislativo deve estar consciente das leis e da aplicação técnica da proteção para pessoas coletivas, privadas, mistas ou públicas, pelo que existe uma necessidade de tutela junto do seu titular. Assim, se a pessoa singular, a sua privacidade, personalidade, intimidade, imagem e dados estiverem protegidos a ponto de não ocorrer violação e/ou fuga, os direitos e garantias previamente expostos neste parágrafo estão sob proteção.

A Constituição da República Portuguesa de 1976 já apresentava a regulação da utilização da informática. A proteção de dados já estava prevista, tendo sido revista em 1982 e 1989 e reforçada nesse artigo que trata da utilização da informática. Neste, já está implícito o titular dos dados, que poderá exigir a retificação e alteração, assim como saber a finalidade para a qual os seus dados são solicitados. Esta Carta Fundamental traz também uma previsão sobre o conceito de dados pessoais, transmissão e utilização, tratamento automatizado e consentimento, assim como a garantia de proteção dos titulares através de uma entidade administrativa independente. Esta preocupação do legislador constitucional português faz da Constituição portuguesa um exemplo de pioneirismo no mundo no que à proteção de dados diz respeito, estendendo-se também aos dados sensíveis, necessidade de consentimento, finalidade da recolha, processamento automatizado e combate à discriminação através dessa informação. Os dados devem ser protegidos, tanto em âmbito digital, quanto em ambiente físico, pelo que o acesso por terceiros não autorizados ou sem consentimento prévio deverá ficar vedado por razões de interesse nacional, salvo casos excecionais. Além do referido, é igualmente proibido que o cidadão possua um único número identificador.

Mesmo possuindo leis específicas em Portugal, a Constituição da República Portuguesa adota cuidados perante utilização da informática que têm vindo a evoluir ao longo dos anos, visto que as definições e regulações direcionadas à proteção de dados têm sido postos em prática desde 1976. O sistema legal do Brasil, por exemplo, iniciou termos acerca da proteção de dados pessoais, em 1990 com o Código de Defesa do Consumidor, brevemente em dois artigos, em 2014 trouxe regulação sobre este tema e que, de forma indireta, apresentou algumas brevíssimas tentativas de conceito acerca de proteção de dados, apesar de estar longe de constituir um direito fundamental, através da Lei do Marco Civil da Internet. Apenas em 2018, praticamente condicionada e determinada pelo RGPD da União Europeia, é publicada a LGPD no Brasil, o qual apenas entrou em pleno vigor em 2021. Fica, deste modo, marcado o pioneirismo português, muito embora, em 2022, uma PEC, a 17/2019, surge como Emenda Constitucional 115, e inclui na Constituição da República Federativa do Brasil de 1988, a Proteção de Dados como um direito fundamental. Percebe-se, no entanto, que é clara a diferença de legiferação para proteção de dados pessoais quando se compara Portugal e o Brasil, visto que desde 1976, através da Constituição da República Portuguesa já existe uma abordagem fundamental positivada em Portugal, bem diferente do cenário brasileiro, com o fundamento do Direito à Proteção de Dados Pessoais positivada na Lei Fundamental brasileira, apenas em 2022.

No ponto um será abordada a transformação social que proporciona a evolução da sociedade da informação. As revoluções industriais trazem sempre impactos nas sociedades, pois conseguem agregar novos factos sociais através de novas possibilidades; seguidamente, de cada uma destas revoluções, um instituto será elencado, cabendo perceber que, antes e depois de cada uma, surgiam e sumiam novas possibilidades de tutelas. O motor, a eletricidade, o computador, os megadados, são novos conceitos englobados pelo termo ciber. Antes de existir o ciberespaço, não existiam legiferações direcionadas a estes termos, incluindo-se aqui a cibersegurança, por exemplo. Porém, nesta era, são criados ou alterados normativos em consequência da preocupação com factos sociais do mundo palpável, mas também da esfera do ciberespaço.

O acesso à informação é um direito, assim como o é o direito de informar, e isso torna-se cada vez mais massivo quando existe um meio que catalisa o processo de comunicação entre as pessoas – o ciberespaço. A sociedade está num constante processo de transformação devido ao modo como as pessoas utilizam a informação: ao criar, ao enviar, e ao receber diariamente uma inestimável quantidade de conteúdos. Este cenário mais recente necessita, pois, de leis para cuidar dessa relação, tanto através de cartas fundamentais, padrões internacionais, acordos, e/ou por normativos legais. Essa preocupação dos Estados surge de uma maior necessidade de preservar os direitos, garantias e liberdades individuais dos indivíduos e assim, conforme citado, é cada vez mais comum analisar legislações com conteúdo relacionado com o ciber, proteção de dados e busca pela conformidade.

A cibernética é a ciência que estuda a relação entre pessoas e máquinas. Derivados desta, surgiram novos termos, como a juscibernética, que trata a relação entre humanos e máquinas diante do direito. Ciberespaço é um termo que, primeiramente, surge fora do ambiente académico, num livro de ficção, mas que se tornou tão forte que departamentos de defesa, Estados, pesquisadores, juristas, já o utilizam ao tratar da relação do equipamento físico, cablagem de redes, meio de armazenamento magnético e comunicação que operam em conjunto, completa ou parcialmente. A cibercultura aparece já como a cultura adquirida pela utilização do ciberespaço, esfera que nasce e consegue mudar padrões e comportamentos sociais. O ciberespaço tem vindo já a ser considerado soberano devido à sua força, não diretamente comparável à soberania de um Estado, mas considerado uma força praticamente incontrolável.

O processo de comunicação entre as pessoas supera-se a cada dia, criando conteúdos, enviando, recebendo e trazendo novas oportunidades diante do surgimento praticamente diário de novas possibilidades proporcionadas pelo berço do ciberespaço. A relação entre pessoas de Estados diferentes é comum, todos se tornam próximos no caráter planetário onde o ciberespaço catalisa o processo de globalização, a troca de experiências, culturas, relações comerciais e de trabalho, alterando, assim, os padrões que formam a cultura das pessoas de origens diversas. Desta forma, as pessoas cada vez mais se relacionam com outras de diferentes países, aprendendo, reaprendendo e desconstruindo. Diante desta situação, podem surgir litígios entre pessoas de Estados distintos e, devido à Soberania própria, os procedimentos jurídicos tornam-se muito diferentes dos comuns e, muitas vezes, a sua eficiência e eficácia ficam comprometidas.

No ponto dois desta escrita serão apresentadas as preocupações, perceções e legiferações direcionadas à privacidade, proteção de dados e cibersegurança, nesta sequência. Estas surgem gradativamente a partir do valor social diante dos novos factos, que por consequência foram regulados pelo Estado através da normatização, sendo que a Declaração Universal dos Direitos Humanos, mesmo datando de 10 de dezembro de 1948, possui um texto bem atual quanto se trata do direito à privacidade das pessoas. O dispositivo legal versa que uma pessoa não poderá ver a sua vida privada violada, mas a realidade é que vivemos numa sociedade na qual os computadores ou telemóveis possuem inestimáveis dados e informações pessoais que podem sofrer intrusão por um terceiro não autorizado. Nesta sequência, os direitos fundamentais trazidos pela Declaração Universal dos Direitos Humanos são reforçados na Europa pela Convenção Europeia dos Direito Humanos de 1950, novamente evidenciando a inviolabilidade da vida privada.

A Constituição da República Portuguesa de 1976 é tão atual que já vem munida de previsão para a regulamentação da utilização da informática; entre os direitos, a proteção de dados está já definida, muito embora se assemelhe a um brevíssimo resumo dos diplomas atuais para ela direcionados. Alguns institutos foram previstos, como o titular dos dados, o consentimento, a finalidade, assim como os dados que possuem uma maior sensibilidade, processamento automatizado e o combate à discriminação pela possível recolha de dados. Trata-se, portanto, de uma constituição modelo quando se trata da busca pela privacidade no tratamento de dados pessoais.

A relação entre privacidade, proteção de dados e algoritmo, surge pelo Tratado de Estrasburgo de 1981. Neste foram elencados e definidos, de entre outros institutos: o dos dados pessoais, apresentados como o conteúdo que identificou torna uma pessoa identificável; o processamento automático, complementado com dados processados e armazenados, podendo ser de maneira lógica, digital, e ainda assim, submetidos a análises de algoritmos para certas determinações de filtro ou exposição, por exemplo. Trata-se, assim, de uma perceção direcionada à privacidade, diante do tratamento e proteção dos dados pessoais, viabilizando um limite aos algoritmos.

A preocupação com a preservação da privacidade das pessoas através da proteção de dados é permanente, surgindo, na União Europeia, a Diretiva 95/46/CE, de 24 de outubro de 1995, relacionada com a tutela das pessoas singulares diante do tratamento dos dados pessoais, assim como a sua livre circulação. Essa Diretiva Europeia, tal como a Constituição da República Portuguesa, foi um marco pioneiro e internacional quando se trata de legiferação com direcionamento para proteção de dados, expandindo e detalhando as definições diante das suas considerações e artigos. Esse diploma traz a busca pelo *Compliance* logo no seu primeiro artigo, o qual expressa que os Estados-membros deverão assegurar a conformidade da presente Diretiva. Por sua vez, em 26 de outubro de 1998, ocorreu a sua transposição para a ordem jurídica portuguesa, formando a Lei da Protecção de Dados Pessoais, Lei de número 67/98. Ainda na União Europeia, a Carta dos Direitos Fundamentais da União Europeia de 2000 reforça, entre outras, a preocupação com a dignidade da pessoa humana, e como o ataque à vida privada de uma pessoa é passível de ocorrer através da fuga e da violação dos dados pessoais, podendo causar danos irreparáveis à sua vida digna.

Na Constituição da República do Brasil de 1988 até 2021, não havia legiferação direcionada à proteção de dados, apenas em 2022, através da Emenda Constitucional 115, tutela já presente na Constituição de República Portuguesa de 1976. Continha, ainda assim, no seu texto, os direitos fundamentais positivados referentes à inviolabilidade da personalidade, da imagem, da vida privada, das comunicações e das correspondências, que, por si só, devem ser tuteladas pelo Estado. Mesmo sendo a proteção de dados citada no Código de Defesa do Consumidor e na Lei do Marco Civil da Internet, só veio a concretizar-se em formato de legislação em 2018, com a publicação da Lei Geral de Proteção de Dados do Brasil. Isto sucedeu na sequência da publicação do Regulamento Geral de Proteção de Dados da Europa, que foi um segundo marco quando se aborda o diploma sobre proteção de dados.

Relacionando os normativos brasileiros, portugueses, e da União Europeia diante dos diplomas selecionados para esta escrita, a diretiva 2016/1148 do Parlamento Europeu e do Conselho traz medidas direcionadas à tutela num nível mais elevado no que à segurança de redes e da informação em toda União Europeia diz respeito. Isto fará certamente ascender um vasto detalhamento nas considerações e demais artigos. O referido diploma foi posteriormente transposto para a ordem jurídica portuguesa, fazendo surgir a Lei 46/2018, que é apresentada como Regime Jurídico da Segurança do Ciberespaço, contruindo mais um importante alicerce de termos derivados do ciber no meio jurídico. Já no Brasil, o Decreto 10222, estabelece a Política Nacional de Segurança Cibernética, com um anexo de altíssima relevância educacional.

A importância de apresentar a relação da formação da sociedade da informação ao lado de uma evolução de diplomas reguladores, faz com que se perceba uma atenção direcionada para a busca pela conformidade praticamente em todos os normativos. Noutras palavras, o *Compliance* é trazido como instrumento para se atingir a eficácia preventiva proposta pela lei. E é no ponto três desta escrita que o *Compliance* nos é apresentado como instrumento para preservação de direitos diante da sociedade da informação.

O *Compliance* pode ser tratado como um sinónimo de conformidade em qualquer âmbito, seja jurídico, administrativo ou tecnológico; este termo pode estar, aliás, relacionado com qualquer ciência que procure o máximo de plenitude na sua eficiência. Nesta escrita, procura-se a conformidade das legislações de proteção de dados, assim como procedimentos técnicos. Já quando se apresenta o termo *Compliance* digital, procura-se a conformidade legal diante das tecnologias da informação e comunicação, unindo este conceito de forma interdisciplinar com mecanismos técnicos informáticos para se conseguir cumprir o que é exigido no diploma, já que existe uma ligação próxima e necessária do conhecimento jurídico-legal, de aplicação do *Compliance* e de segurança informática para se promover a boa governança e gestão de riscos na esfera cibernética.

Para proporcionar uma melhor perceção, serão apresentados alguns dos protagonistas diretos de normativos de proteção de dados, como o titular, que é o real proprietário dos dados, e o trabalho de *Compliance* digital aplicado pela pessoa encarregada da proteção dos mesmos. Seja essa pessoa singular ou coletiva, é ela que gera a prevenção dos direitos deste titular. Por sua vez, a pessoa ou empresa responsável pela proteção de dados deve conhecer bem a aplicabilidade eficiente do *Compliance*, visto que é através desse instrumento que ocorrerá a fusão necessária entre o Direito e a segurança informática, trazendo o máximo de cibersegurança possível ao local em trabalho.

O trabalho de *Compliance* digital tem como base necessária a aplicação e governança eficientes, bem como uma análise e gestão dos possíveis riscos, de forma a evitar a violação de normativos e a procurar uma redução de ameaças e vulnerabilidades que provoquem fuga e violação de dados. Mesmo sabendo que a busca pela conformidade digital é um trabalho árduo e permanente, essa é a ferramenta mais eficiente para se conseguir a prevenção com o máximo de efetividade e eficiência, pois a plenitude é inalcançável, mas deve ser sempre procurada. Neste cenário, a capacitação através de treinos de educação direcionada ao ambiente cibernético é necessária para fortalecer a equipa.

Essa prevenção torna-se cada vez mais necessária quando se trata de uma era na qual o *Compliance* é promovido em praticamente todos os setores que procuram a prevenção devido, sobretudo, ao surgimento de novas tecnologias e possibilidades proporcionadas pelo catalisador do processo de globalização – o ciberespaço. Para uma melhor compreensão, serão elencados alguns paradigmas que apenas em termos de prevenção se conseguirão atingir. Essas novas tecnologias possuem, na sua maioria, o ciberespaço como berço, sendo que por vezes surgem conflitos entre direitos provocados pelas possibilidades informáticas algorítmicas, como o tratamento automatizado de dados. Por meio da ausência de conformidade digital da empresa que desenvolve uma aplicação, através deste método automatizado consegue-se violar o direito à proteção de dados do seu titular. Por outro lado, há tecnologias que podem armazenar dados de forma permanente, mas deve-se atentar à possibilidade de, ao ocorrer um armazenamento que seja feito com conteúdo ilegal, surgir um conflito direto, tanto entre direitos fundamentais, quanto entre ciências; neste caso, as jurídicas e as tecnológicas.

Esses conflitos previamente elencados poderão ser minimizados ou até extintos a partir da aplicação do trabalho de *Compliance* digital, que será mais bem-apresentado no decorrer desta escrita. É, pois, de ressalvar, que essa prevenção provocará uma maior tutela quando se procura a conformidade, conceituando a evolução social até estar convencionada como a sociedade da informação diante da evolução das legiferações internacionais, portuguesas e brasileiras direcionadas à busca pela privacidade, proteção de dados e cibersegurança em *compliance.*

1. A SOCIEDADE DA INFORMAÇÃO

A abordagem deste capítulo tem como objetivo proporcionar uma melhor compreensão do todo desta escrita, visto que a sociedade da informação não é formada exclusivamente em ambiente físico, mas também digital/cibernético. Neste mundo virtual, a comunicação entre pessoas ocorre, pois, por meio de máquinas, acumulando, enviando e/ou recebendo informações em velocidade exponencial e com volume inestimável.

A sociedade em que vivemos é aquela na qual a informação é um ativo de agregação de valor. Os megadados físicos e digitais fazem com que tudo ao redor de todos seja constituído por dados e/ou informações, quer estejam em arquivos de papel, quer em computadores ou telemóveis. Em suma, estão presentes em praticamente tudo e em todos.

Quase todas as pessoas do mundo então incluídas neste sistema de informação, seja de forma direta ou indireta. Direta quando, por exemplo, uma pessoa singular possui informação armazenada, quer em arquivo físico, quer no ciberespaço. Acontece, por exemplo, quando uma esta possui um perfil numa rede social e/ou um sítio eletrónico pessoal, entre outras inserções. Indireta, quando uma pessoa singular não possui acesso direto ao ciberespaço, mas está presente numa notícia jornalística ou registado numa aplicação gestora hospitalar, por exemplo, ou apenas em dados estatísticos.

De entre as tecnologias presentes e formadoras da sociedade da informação, a que mais se destaca é, indiscutivelmente, a internet. É através da sua existência que os processos automáticos das demais tecnologias fluem e que as barreiras geográficas são quebradas, proporcionando a troca de cultura e conhecimentos, trazendo, assim, uma nova forma de as pessoas se relacionarem.[2]

É importante ressalvar que ciberespaço e sociedade digital são dois conceitos distintos, porém totalmente interligados. O ciberespaço é um local onde se dá a troca de conhecimentos e de informações e que, embora real, existe apenas na forma virtual, não possuindo um espaço físico. A sociedade conectada é, por si só, um ciberespaço onde, através da internet, as pessoas se juntam e vivem um tipo de relação, produzindo conteúdo e trocando informações.[3]

A sociedade da informação, também denominada sociedade em rede, é uma evolução do *status a quo* da sociedade em que vivemos ao *status ad quem*, criando um modelo social digital onde há uma união completa do mundo real com o mundo digital. Isto acontece porque o ocorrido no ambiente cibernético poderá afetar até mais as pessoas do que o que sucede no ambiente material, como no caso em que se sofre uma difamação por meio de uma rede social.[4] Patrícia Peck Pinheiro também expressa que a sociedade digital é resultado do impulso no desenvolvimento tecnológico, sendo necessária a imersão de todos diante do conhecimento tecnológico proporcionado pela informática[5].

No discorrer desse capítulo os elementos apresentados serão direcionados para uma relação interdisciplinar entre o Direito e as demais ciências elencadas.

1.1. A informação

A informação é um direito e uma necessidade que cresce exponencialmente ao mesmo tempo em que o espaço cibernético traz um imenso poder de construção, difusão, e recetação desta informação. O direito à informação caminha, por sua vez, de mãos dadas com a liberdade de

[2] POLICARPO, Poliana; BENNARD, Edna – **Cibercrimes na E-Democracia.** 2 ed. Belo Horizonte: Editora D'Plácido, 2017. ISBN 978-85-8425-635-8. p. 50.

[3] *Idem – Op. Cit.* p. 49.

[4] SAKAMOTO, Leonardo – **O que aprendi sendo xingado na internet**. 1 ed. São Paulo: Leya, 2016. ISBN 978-85-441-0420-0. P. 120-125.

[5] PINHEIRO, Patrícia Peck – **#DireitoDigital**. 6 ed. São Paulo: Saraiva, 2016. ISBN 978-85-02-63561-6. P. 67.

expressão de quem emite a informação, bem como o direito de informar e ser informado. Assim, todos têm o direito de receber, dos órgãos públicos e empresas de notícias privadas, informações do seu interesse, sejam essas de cunho particular, coletivo ou geral. Há, no entanto, exceções, como nos casos em que impere o sigilo relativamente à segurança, quer da sociedade, quer do Estado[6], preservando a inviolabilidade da vida privada das pessoas.

Assim como o direito à informação, conforme citado anteriormente, caminha juntamente com a liberdade de expressão, surgem consigo os discursos de ódio, que normalmente são direcionados a pessoas com ideologias diferentes das de quem expressa tal comentário. Configura-se, deste modo, um embate entre esses discursos de ódio e a liberdade de expressão.

No Congresso americano, foi afirmado que: "o Congresso não pode elaborar nenhuma lei limitando – cerceando a liberdade de expressão ou de imprensa", assim permitindo que tais discursos se mantenham ativos no seu Estado soberano. Porém, no Brasil, essa visão de liberdade de expressão não teve adesão tendo em vista que o país já passou, por diversas vezes, por situações nas quais os direitos humanos foram completamente violados e, portanto, essa decisão é tomada tendo como base a luta contra processos e pensamentos discriminatórios[7].

Trazendo essa questão para o âmbito jurídico, é importante verificar em que circunstâncias pode essa liberdade de expressão ser limitada e se, para isso, é possível limitar tal direito em detrimento de outro. Assim, quando essa liberdade de expressão ferir outros princípios constitucionais igualmente importantes, poderá ser cerceada. É, portanto, possível perceber que vetar a liberdade de expressão é ferir direitos, mas quando tal liberdade viola outros direitos humanos que ferem a honra, a dignidade, a paz, o direito à vida através de discursos de ódio, esse último deverá ser sobreposto ao primeiro.

As fontes de informação são de fundamental importância para os jornalistas, pois sem elas não haveria jornalismo, o que constata a relação de confiança que tem de haver entre estes profissionais. Traída essa

[6] Lenza, Pedro – **Direito Constitucional**. 21 ed. São Paulo: Saraiva, 2017. ISBN 978-85-472-1751-8. pag. 1160.

[7] ***Idem – Op. Cit.*** p. 1134.

confiança, o jornalista perderá a sua credibilidade. Independentemente do sigilo, a veracidade dos factos será da responsabilidade do autor que, ferindo alguém, responderá pelo seu ato. Assim, para que os jornalistas mantenham os seus postos, provendo informação por notícias e assim promovendo a liberdade de expressão e o direito à informação das pessoas, tal direito deve ser preservado, embora mantido o sigilo de fonte.

Diante de uma catalisação proporcionada pela internet, a massa de informação é muito vasta e, por isso, os profissionais devem, perante esta dificuldade, procurar filtrar os conteúdos de valor e verdadeiros para proporcionar a informação. Os jornalistas, o direito-dever de informar a sociedade civil, bem como o direito, por parte da sociedade, a ser informada são, muitas vezes, utilizados como justificativa para a invasão da esfera privada. Porém, os jornalistas possuem o dever de informar verdades que interessem à sociedade civil e não todas as verdades; aquelas que não são públicas, não são da sua competência[8].

Havendo, então, um embate entre dois direitos – o direito à informação e o direito à personalidade, é necessário que se haja um equilíbrio entre eles. O que interessa ao público é publicável se não abrir conflito com outros direitos. No caso de entrarem confronto com outro qualquer direito, o interesse público de uma informação só existe se, sem ela, a opinião pública formular juízos errados ou insuficientemente fundamentados sobre pessoa, instituição ou matérias do domínio público. Entretanto, mesmo havendo o interesse público em determinada matéria, é necessário que o jornalista entenda que viola o direito de alguém ao invadir a sua privacidade[9]. Para se promover uma maior proteção no que diz respeito à personalidade, a procura pela conformidade legal quando se trata de proteção de dados poderá fazer com que ocorra uma minimização dessa problemática, ou mesmo da violação ou fuga de dados de pessoas singulares em face de um possível dano causado na sua imagem e/ou personalidade.

A avaliação para decidir se é do interesse público ou privado só é feita, normalmente, após a publicação da notícia, pois não é possível exigir-se de um jornalista essa avaliação. O que pode ser exigido é uma análise posterior em relação à avaliação que foi feita pelo jornalista.

[8] Martins, Paulo – **O Privado em Público**. p. 44.

[9] *Idem – Ibidem.*

Portanto, esse entendimento traz ao profissional uma certa liberdade conferida no entendimento de que o mesmo pode decidir sobre os métodos de pesquisa, bem como sobre a forma de transmitir a informação. Porém, é importante lembrar que é necessário que este aja levando sempre em consideração os seus conceitos éticos e morais.[10]

Assim, é necessário que, para se justificar a invasão da privacidade em prol do interesse público, uma notícia tenha como objetivo os seguintes pontos: a) denunciar e expor crimes ou comportamentos antissociais; b) evitar que pessoas sejam enganadas por alguma declaração emitida por indivíduo ou instituição; c) divulgar informações que possibilitem uma tomada de decisão informada sobre assuntos de interesse público ou que de alguma forma venha a revelar incompetência que afete o público; combater fraudes e a corrupção; d) promover a concorrência; e) possibilitar às pessoas a capacidade de contestar decisões que venham a prejudicá-las. Isto é relevante, pois nem sempre a personalidade e ou a privacidade podem ser intocáveis.

É cada vez mais comum a informação como motor para a comunicação entre as pessoas que compõem cada sociedade, conforme afirma Luhmann[11]. E essa informação, quando unida e acionada de forma automática, proporcionada pelo computador e a internet unidos, torna-se cada vez mais difundida. Observe-se adiante.

1.2. A informática: "informação automática"

A palavra informática vem da união entre "informação" e "automática", trazendo um tratamento das informações de modo automatizado, assim utilizando os microprocessadores de computadores para processamento automático dessas informações[12].

A popularização da informática deu-se com a utilização dos microcomputadores, que foi o primeiro passo da revolução dos computadores. O segundo momento desta revolução veio com o surgimento e popularização do uso deste meio de comunicação tão voraz: a internet.

[10] *Idem – Ibidem.*

[11] LUHMANN, Niklas – **O direito da sociedade**. 1. Ed. Martins Fontes: São Paulo, 2016. ISBN: 978-8580632569. P. 84.

[12] VELLOSO, Fernando de Castro – **Informática**: Conceitos Básicos. 10 ed. Rio de Janeiro. 2017. ISBN 978-85-352-8813. p. 01.

A internet será o primeiro elemento a ser apresentado, visto que sem a sua existência, o direito a ser esquecido não seria abordado com tanta frequência, pois a internet está sempre presente, seja através de emails, sítios eletrónicos de notícias ou em redes sociais.

A internet faz parte, direta ou indiretamente, da vida de praticamente todas as pessoas no planeta. Diretamente, quando se utiliza algum tipo de serviço na internet, como uma aplicação de rede social; indiretamente, quando uma pessoa tem os seus dados inseridos na internet através de um sítio de notícias ou de terceiros que utilizem bases de dados na nuvem.[13]

Segundo Manuel Castells, a internet veio para engrandecer e promover a troca de informação entre os seus utilizadores, fomentando uma interação massiva entre as pessoas no ciberespaço.[14] Está, no fundo, a promover uma maior amplitude na liberdade de expressão. O motor a vapor, a eletricidade e a internet podem, na verdade, ser considerados o objeto de transformação de cada revolução industrial. Nesse caso, a Internet é o principal objeto da presente revolução que envolve a era da informática presente na sociedade digital.[15]

Cada vez mais fortalecida com o surgimento de sítios eletrónicos e aplicações que promovem a interação entre pessoas singulares, como as redes sociais, e aplicações de comunicação em massa, a internet mudou completamente o mecanismo de interação social, seja no país local, ou entre Estados. O terceiro e atual passo desta evolução da informática dá-se com o surgimento e ou aprimoramento de novas ferramentas tecnológicas que tiveram como berço o computador e a internet: inteligência artificial, *BigData*, *blockchain*, robótica, entre outras[16].

Procurando adequar a sociedade diante desta catalisada transformação digital, a atuação do trabalho de *Compliance* torna-se cada vez mais

[13] Lóssio, Claudio Joel Brito – **A Soberania e as Leis de Proteção de Dados**. 2019. Trabalho elaborado e apresentado na disciplina Direito da norma ao procedimento e à fase aplicativa, lecionada pelo Professor Doutor Alex Sander Xavier Pires na UAL – Universidade Autónoma de Lisboa. (Não publicado)

[14] Castells, Manuel – **A Galáxia da Internet**: Reflexões sobre a Internet, os negócios e a sociedade; Tradução Maria Luiza X. de A. Borges. Rio de Janeiro: Zahar, 2003. ISBN: 978-85-7110-740-3. p. 07.

[15] Lóssio, Claudio Joel Brito Lóssio – *Ibidem*.

[16] Mougayar, William. **Blockchain para Negócios:** Promessa, Prática e Aplicação da Nova Tecnologia da Internet. Rio de Janeiro: Alta Books, 2017. ISBN 978-85-508-0067-7. p. 84.

comum para se legiferar e, principalmente, para se analisar a aplicabilidade dos normativos reguladores do Direito. Com isso, surge o *Compliance* digital, que tem como objetivo procurar adequar as legislações vigentes aos padrões técnicos internacionais, o que será apresentado e conceituado de forma menos breve num capítulo exclusivo.

Diante da apresentação da sociedade da informação, é mister e imperioso que se aborde a ciência cibernética, assim como aquilo que doutrinadores jurídicos, filósofos, pesquisadores, futuristas, e órgãos abordam acerca desta. Seja no Brasil, em Portugal, ou noutros pontos do planeta, é importante analisar este conceito, visto que se trata de um termo que está relacionado com o berço de transformações da sociedade e das relações entre pessoas e máquinas.

Para acontecer essa relação entre homens e máquinas é necessário que, entre estes, se estabeleça comunicação. Como tal, para explicar esta situação, o Sociólogo Niklas Luhmann é invocado na presente escrita. Segundo Luhmann, a comunicação é o centro de toda a sociedade, pois tudo gira em torno da mesma[17], fundamentando a existência de uma sociedade da informação.

O sistema social é, então, a própria comunicação, sendo que a busca pelo entendimento da dinâmica da comunicação é o ponto de partida nos estudos sociológicos. Desta forma, o estudo da comunicação é aquilo que define a Sociologia, assim como o estudo das matérias define a Física.[18] Esta explicação mostra que o processo de comunicação é a base da sociedade, e esta teoria torna-se mais fortalecida com a existência do ciberespaço, proporcionado pelos computadores e pela internet.

Luhmann versa que a comunicação se divide em 3 estágios, sendo todos eles necessários para que a comunicação se concretize: primeiro, a ocorrência de transmissão da informação; segundo a forma da transmissão e como o ponto de destino recebe essa informação.[19] No entanto, existe ainda o modo de interpretação da informação recebida no destino, provocando o entendimento adequado e inicialmente proposto.[20]

[17] LUHMANN, Niklas – **O direito da sociedade**. 1. Ed. Martins Fontes: São Paulo, 2016. ISBN: 978-8580632569. p. 83.

[18] *Idem – Ibidem.*

[19] *Idem – Op. Cit.* 92.

[20] *Idem – Op. Cit.* 93.

Diante da apresentação da teoria expressa por Luhmann, fica clara a presença massiva deste processo de comunicação na vida de todas as pessoas, seja por meio de utilização de uma comunicação por voz e/ou dados via aplicativo de comunicação instantânea, seja pela comunicação entre dispositivos inteligentes.

O próximo subtópico será direcionado para uma abordagem sobre o termo cibernética e as demais nomenclaturas destas derivadas, surgindo pela junção do ciber com outras palavras.

1.3. Os megadados (*bigdata*)

Mega dados: trata-se de um termo traduzido de *Bigdata*. Não poderia faltar a explicação para este conceito, visto que o discorrer desta escrita aborda a proteção de dados e informações. Assim, é importante que ocorra uma manipulação que permita a conformidade digital, minimizando o risco de violação e/ou fuga de dados e, por consequência, a promoção da salvaguarda da privacidade, imagem, e personalidade dos seus titulares.

José Joaquim Gomes Canotilho e Vital Moreira, mesmo não vindo da área informática, trouxeram emprestada das Ciências Informáticas a explicação para o termo "dados":

> O enunciado linguístico dados é o plural da expressão latina datum e está utilizada na Constituição no sentido que hoje lhe empresta a ciência informática: representação convencional de informação, sob a forma analógica ou digital, possibilitadora do seu tratamento automático (introdução, organização, gestão e processamento de dados).[21]

Fica sempre uma incógnita quando se pronuncia os termos "dados" e "informações", pois há quem pense que são conceitos idênticos. Não são. Para procurar explicar melhor, imagine-se: quando se escreve no teclado de um computador a palavra "casa", não se consegue escrever a palavra toda de uma vez; vai-se escrevendo letra a letra: C, A, S, A e, assim, o conjunto destas letras forma um vocábulo com sentido, contra-

[21] Canotilho, José Joaquim Gomes; Moreira, Vital – **CRP: Constituição da República Portuguesa** – Anotada, Artigo 1 a 107. 4 ed. Vol I. Editora Coimbra, 2007. ISBN 978-972-32-1462-8. P. 550.

riamente às letras soltas. Entenda-se, então, que é o conjunto de dados que constrói a informação.

Outro exemplo consiste na própria internet, que permite procurar o nome completo de alguém. Ao juntarmos todos os resultados obtidos, não será impossível localizar o seu número de identificação, endereço, lista de trabalhos, listas de candidaturas, entre outros. Concluindo, através dos mega dados poderá obter-se informação suficiente para se saber sobre qualquer coisa.

Observe-se agora um caso concreto que aconteceu em 2009 quando um vírus – o H1N1- foi descoberto. Como saber a sua origem, visto que este havia sido encontrado simultaneamente em várias pessoas no mundo? O Centro de Controlo de Previsão de Doenças dos Estados Unidos tinha uma base de dados alimentada pelos médicos, e o Google fez um cruzamento desses dados com os locais em que as pessoas pesquisavam "remédio febre e tosse", pois essa pesquisa era típica de quem tinha sintomas gripais. Essa relação fez com que se descobrisse, não a origem, mas onde o H1N1 se estava a disseminar em tempo real, tudo isto através do volume de dados para se obter informações.[22]

Segundo o parecer do número 3/2013 do grupo de trabalho do artigo 29º, relacionado com a Diretiva 95/46/CE, o termo Megadados foi claramente conceituado como:

> Megadados refere-se ao aumento exponencial da disponibilidade e da utilização automatizada de informações: refere-se a conjuntos de dados digitais gigantescos detidos por empresas, governos e outras organizações de grandes dimensões, que são depois extensivamente analisados (daí o nome 'analítica') com recurso a algoritmos informáticos. Os megadados podem ser utilizados para identificar tendências e correlações mais gerais, mas também podem ser tratados de modo a afectar os indivíduos directamente.[23]

[22] Mayer-Shconberger, Viktor; Cukier Kenneth – **Big Data**: Como extrair volume, variedade, velocidade e valor da avalanche de informação cotidiana. Tradução: Paulo Polzonoff Júnior. 1. Ed. Rio de Janeiro: Elsevier, 2013. ISBN: 978-85-352-9070-7. P. 1-3.

[23] Parlamento Europeu – Grupo de Trabalho do Artigo 29. **Orientações relativas ao consentimento na aceção do Regulamento (EU) 2016/679**. 2017. [Em Linha]. [Consult 04 set. 2019]. Disponível em: https://www.cnpd.pt/bin/rgpd/docs/wp259rev0.1_PT.pdf.

Este tema será também abordado num contexto tecnológico por Manoel David Masseno no *Internet Society Chapter* Portugal[24] na apresentação de "da segurança dos dados pessoais".

Diante das abordagens expressas neste subtópico, fica claro que, caso não se tenha algum controlo sobre esses dados, as pessoas poderão ter a sua mais profunda intimidade violada pela recolha indevida dos mesmos. Esta temática será aprofundada mais adiante ao falar sobre o tratamento automatizado, que pode estar a direcionar a pesquisa, recolha, e análise de dados que estão presentes no ciberespaço. Separados eles podem não representar nada, mas unidos poderão conter informações de importância imperiosa.

Adiante será abordada a Cibernética, que é a ciência que investiga a relação entre homens e máquinas, assim como alguns dos demais termos criados por juristas, sociólogos, filósofos e afins e que são derivados desta expressão.

1.4. A Cibernética e a teoria pentadimensional

O termo Cibernética deriva de um termo grego, *kybernetes,* tendo sido evidenciado através de uma publicação de Nobert Wiener denominada *Cybernetics,* em 1948. Este livro foi o resultado de várias pesquisas interdisciplinares e contou com a participação de diversos pesquisadores e cientistas.[25]

A ideia fundamental desenvolvida por Wiener com os seus principais colaboradores era uma análise da existência de uma relação de controlo semelhante entre o processamento de informações em máquinas e seres vivos. Vide um trecho que versa as suas palavras:

> [...] um campo mais vasto que inclui não apenas o estudo da linguagem, mas também o estudo das mensagens como meios de dirigir a maquinaria e a sociedade, o desenvolvimento de máquinas computadoras e outros autômatos [...], certas reflexões acerca da psicologia e do sistema nervoso, e uma nova teoria conjetural do método científico.[26]

[24] MASSENO, Manoel David – **Da segurança no tratamento dos dados pessoais** [no âmbito do RGPD]. No Internet Society Chapter Portugal. 2018. [Em Linha]. [Consult 04 set. 2019]. Disponível em: https://www.youtube.com/watch?v=_Jictcw_ZRA.

[25] WIENER, Norbert. **Cybernetics**: or the control and communication in the animal and the machine. Massachusetts Institute of Technology, 1948. p. 19.

[26] *Idem – Op. Cit.* 15.

Diante de uma sociedade na qual a informação constitui um ativo de imperioso e potencial e valor, a relação entre homens e máquinas torna-se cada vez mais essencial para a promoção da comunicação entre pessoas singulares, visto que esse novo *status* faz com que os humanos desafiem as novas possibilidades da seara das máquinas digitais. A sociedade da informação poderia também ser denominada "sociedade da comunicação" ou até mesmo "sociedade cibernética" pois, no contexto da modernidade, a relação da informação, comunicação, e cibernética, forma a essência do ciberespaço, tema que será tratado e apresentado mais à frente.

Com o passar dos tempos, o termo "cibernética" foi-se desconstruindo e formando outros derivados, como ciberespaço, ciberguerra, ou cibercrime, enquanto se relaciona com outras ciências, trazendo também novas colocações como juscibernética, cibernética jurídica, ciborgues, entre outros.

O termo *Giuscibernetica* – em português Juscibernética –, foi elencado de forma pioneira por Mário Losano em 1974, na sua obra "Lições de Informática Jurídica".[27] Nesta escrita, Losano distribuiu a sua organização de pensamento e pesquisa em quatro pontos principais:[28] a) a investigação a inter-relacionar as normas jurídicas diante de atividades sociais; b) o Direito como o instrumento de um sistema com autorregulação; c) a utilização da lógica e técnicas para a formalização diante do Direito; d) técnicas para utilização de dispositivos informáticos no setor jurídico.

O aspeto mais profundo traduz-se na equiparação e comparação entre Direito Natural, "*jus naturale*", Direito Romano, e o valor adquirido pelo Direito Cibernético proporcionado pela formação da sociedade digital.

Segundo Losano, o ser humano torna-se coadjuvante do que ocorre no ciberespaço, sendo assim um espectador passivo[29]. O homem será,

[27] Losano, Mário – **Lições de Informática Jurídica**. 1 ed. São Paulo: Resenha Tributária Ltda, 1974.

[28] Kaminski, Omar – **A Informática Jurídica, a Juscibernética e a Arte de Governar**. [Em Linha]. [Consult 04 set. 2019]. Disponível em: https://www.conjur.com.br/2002-jul-17/informatica_juridica_juscibernetica_arte_governar.

[29] Losano, Mario G. – **Giuscibernetica**: Macchine e Modelli Cibernetici Nel Diritto. 1 ed. Editora Einaudi, 1969. ASIN: B009W2TVSY. p. 19.

desta forma, um depositador de dados que posteriormente permitirão obter algum resultado através do seu processamento, seja essa resposta de outro ser natural ou artificial. Em 1969, entende-se como uma teoria, assim como as demais teorias jurídicas que fundamentam o Direito, a aplicação da cibernética, seja esta favorável ou desfavorável.[30]

Um exemplo claro para os termos "favorável" ou "desfavorável" anteriormente elencados, são as atividades direcionadas para as máquinas, podendo estas resolver crises em escritórios jurídicos, por exemplo. Os juristas que veem a cibernética como a solução para a facilitação de todos os procedimentos perante o trabalho poderão ser, Segundo Losano, demasiado otimistas[31]. Será afinal a cibernética um remédio ou um veneno?

Esta relação entre seres humanos e máquinas poderá fazer com que estes maquinários contribuam através de procedimentos padrão, facilitando, assim, o trabalho aos humanos no que diz respeito ao procedimento jurídico material, obrigando-os a desprender menor força para executar uma tarefa de forma mais rápida, atingindo então maior eficiência.

A popularização da informática, computador e internet fez com que o termo *ciber* se tornasse cada vez mais popular, criando derivados, reforçando o conceito e tornando-o presente em normativos, doutrinas, entre outros.

O livro "Lições preliminares do Direito" de Miguel Reale, traz algumas ligações relacionadas com o modelo interdisciplinar para formação e empregabilidade das tipificações sociais. Este modelo, no qual a cibernética e a matemática desempenham um papel fundamental, deve ser formado de forma obrigatória pelo comportamento das pessoas.[32] Quando se trata desse novo modelo social, a transformação digital vem, assim, como um guião.

Essa formação ocorre segundo as experiências humanas, que se ajustam, acabando umas enquanto surgem outras. O Direito como instrumento de regulação social transforma-se, deste modo, através de norma-

[30] *Idem – Op. Cit.* 20.

[31] *Idem – Ibidem.*

[32] REALE, Miguel. **Lições Preliminares do Direito.** 25. ed. São Paulo: Editora Saraiva, 2001. ISBN 978-8502041264. p. 175.

tivos desenvolvidos a partir dos factos e valores gerados e com base na teoria tridimensional do Direito: facto, valor e norma.[33]

Ao tratar do ciberespaço uma teoria ascende, a Teoria Pentadimensional do Direito: facto, valor, norma, tempo e espaço.[34] O espaço cibernético possui um tempo completamente distinto do mundo material, assim com o limite de fronteiras é praticamente desconhecido, por ao estar utilizando desse espaço digital, não é transparente nem aparente a localização do serviço ou produto que um usuário utiliza.

O comportamento das pessoas é a base para as novas legiferações, e este momento de transformação social é imperioso para que o Direito se forme diante de novos factos previamente inexistentes. É disso exemplo a intrusão de dispositivos informáticos através da internet, cuja popularização fez com que legiferações tivessem sido direcionadas no sentido de efetivar a sua repressão, como a Convenção de Budapeste, a Lei do Cibercrime[35] de Portugal, e a Lei Carolina Dieckmann[36] no Brasil.

Percebendo a partir de um procedimento relacionado ao Cloud Forensics, o **tempo** é essencial para que a eficácia seja atingida diante do objeto da investigação. O **espaço** cibernético basicamente não deixa aparente as fronteiras, e a soberania do Estado não pode ser violada pela investigação diante de um procedimento *Cloud Forensics*. Esse facto torna-se cada vez mais comum, assim também como a legiferação de diplomas direcionados à cooperação internacional, ao comunitarismo e ao pensamento híbrido: material e digital.

Reale, na sua obra, trata que será comum a existência de uma base de dados jurídica que possa ser utilizada, tanto por juízes humanos, como por autómatos e, desta forma, incentivar a colaboração no que respeita decisões judiciais. Utilizam-se, assim, estes meios, não só com uma visão quantitativa, como também qualitativa, através dos princípios da

[33] *Idem – Ibidem.*

[34] Oliveiros litrento [APUD Villanova]. (1982). *FUNDAMENTOS FILOSOFICOS DO DIREITO ROMANO E SUA REPERCUSSÕES NO PENSAMENTO JURÍDICO CONTEPORÂNEO.* Rio de Janeiro: 25(3): 103-114.

[35] Portugal – Lei 109/2009, de 15 de setembro. **Lei do Cibercrime**. [Em Linha]. [Consult. 03 set. 2019]. Disponível: http://www.pgdlisboa.pt/leis/lei_mostra_articulado.php?nid=1137&tabela=leis.

[36] Brasil – Lei 12.737/2012, de 30 de novembro. **Lei Carolina Dieckmann**. [Em Linha]. [Consult. 03 set. 2019]. Disponível em: https://www2.camara.leg.br/legin/fed/lei/2012/lei-12737-30-novembro-2012-774695-norma-pl.html.

razoabilidade e proporcionalidade nas suas sentenças e/ou acórdãos.[37] Trata também que é mister e imperiosos que, na busca por justiça social, o Estado procure a modernização diante dos computadores e da informática jurídica, mais conhecida por juscibernética. Porém, para que tal aconteça, é necessário que ocorra uma qualificação diante da linguagem cibernética para que, deste modo, suceda uma elaboração jurídica desses dados, de forma polivalente e rigorosa.[38]

Segundo Paulo Nader[39], no seu livro *Introdução ao Estudo do Direito* o mundo científico está direcionado para a cibernética com a intenção de desenvolver melhorias cujo objetivo é atingir o máximo de eficiência possível nas atividades realizadas pelas pessoas e máquinas.

Essa é a tecnologia revolucionária que os homens utilizam para facilitar a sua e a vida de outrem, através de uma humanização das máquinas e da cibernética. Por sua vez, a expressão "cibernética" deriva do grego e significa "dirigir", sendo que Nobert Wiener a refere como a "teoria de todo o campo de controlo, seja na máquina ou seja no animal".[40]

Versa também este autor que a cibernética pode atuar com diferentes intensidades, mas sempre de modo interdisciplinar, haja vista à sua relação com as ciências sociais, com as leis da natureza e com o Direito. Alguns juristas confiam ainda na existência da juscibernética e na possibilidade de tomada de decisões judiciais.[41]

A intenção do direcionamento do Estado para utilização da informática jurídica proporcionada pela juscibernética é, segundo Nader, que sejam reduzidos os erros judiciais e que ocorra uma distribuição democrática da justiça, tornando-a completamente imparcial e sem discriminação de classes sociais.[42]

Nader versa ainda sobre as seguintes possibilidades:[43] 1. Elaboração das Leis: Computadores a fornecer dados necessários e estatísticos; 2.

[37] REALE, Miguel. **Lições Preliminares do Direito.** *Op. Cit.* P. 316.

[38] *Idem – Ibidem.*

[39] NADER, Paulo – **Introdução ao Estudo do Direito**. [Em Linha]. [Consult. 03 set. 2019]. Disponível: https://www.academia.edu/38425921/Introdu%C3%A7%C3%A3o_ao_Direito_Introdu%C3%A7%C3%A3o_ao_Estudo_de_Direito_Paulo_Nader . p. 271.

[40] *Idem – Ibidem.*

[41] *Idem – Ibidem.*

[42] *Idem – Op. Cit.* 272.

[43] *Idem – Ibidem.*

Administração da Justiça – Computadores a administrar processos diante das leis vigentes, mas não a julgar, dada a necessidade de sensibilidade e calor humano num julgamento; 3. Pesquisa cientifica – o Computador pode ser programado para analisar e comparar jurisprudências majoritárias em tribunais nacionais e internacionais.

1.5. O Ciberespaço e o *cyber-drittwirkung*

William Gibson é um marco quando se trata de cultura cibernética, visto que a sociedade da informação é formada pelo ciberespaço, termo que surgiu com este autor. Tal como Neuromancer expressa no seu livro:

> Uma alucinação consensual diariamente experimentada por biliões de operadores legítimos, em cada país, por crianças a quem são ensinados conceitos matemáticos... Uma representação gráfica de dados extraídos de bancos de cada computador do sistema humano. Complexidade impensável. Linhas de luz alinhadas no não-espaço da mente, clusters e constelações de dados. Como luzes da cidade, afastando-se [...].[44]

A escolha da citação deste texto recai no facto de este ter vindo a ser referenciado em estudos e pesquisas de pessoas como Manoel David Masseno[45], órgãos como o Departamento de Defesa dos Estados Unidos (*U.S. Dept of Defense* – DOD)[46], bem como em textos jurídicos do Comité Europeu para os Problemas Criminais do Conselho da Europa (CDPC), mais precisamente na decisão CDPC/103/211196 de 1996:

> Ense connectant aux services de communication et d'information, les usagers créent une sorte d'espace commun, dit 'cyber-espace', qui sert à des fins légitimes, mais peut aussi donner lieu à des abus.[47]

[44] Gibson, William – **Neuromancer**. 5 ed. Editora Aleph, 2016. ISBN 978-8576573005. [Livro Digital]

[45] Masseno, Manoel David – **Ciberespaço e Território na Sociedade Mundial em Rede**. 2016. [Em Linha]. [Consult. 18 ago. 2019]. Disponível em: https://www.academia.edu/30689541/Ciberespa%C3%A7o_e_Territ%C3%B3rio_na_Sociedade_Mundial_em_Rede.

[46] Us Dept Of Defense – **DOD's Cyber Strategy: 5 Things to Know**. By Katie Lange. 2018. [Em Linha]. [Consult. 18 ago. 2019]. Disponível em: https://www.defense.gov/explore/story/Article/1648425/dods-cyber-strategy-5-things-to-know/.

[47] Masseno, Manoel David – [*APUD*] CDPC/103/211196. *Ibidem*.

Em livre tradução para esta escrita:

> Conectando-se a serviços de comunicação e informação, os utilizadores criam um tipo de espaço comum, chamado "ciberespaço", que serve fins legítimos, mas também pode dar origem a abusos.

Sendo assim, esse termo, mesmo tendo sido citado pela primeira vez por um autor de ficção, acabou se tornar numa referência para pessoas, departamentos de defesa e textos jurídicos, como é o caso da lei 46 de 2018 de Portugal. Esta lei representa a transposição da diretiva número 2016/1148 do Parlamento Europeu e Conselho, que apresenta o regime jurídico de segurança no ciberespaço.

Pierre Levy, filósofo, sociólogo e pesquisador das ciências da informação e das comunicações apresenta, no seu livro *Cibercultura*, pela primeira vez o termo "ciberespaço" que, conforme mencionado no subtópico anterior, é da autoria de William Gibson, na sua obra *Neumancer*. Pierre Levy, conceitua ainda o que, para si, define a palavra ciberespaço: "o espaço de comunicação aberto pela interconexão mundial dos computadores e das memórias dos computadores".[48]

Pierre Levy defende que a cibercultura proporcionada pelo ciberespaço não possui centro nem diretriz, pois está relacionada com um mundo virtual universal, embora não total. Uma evolução técnica presente numa civilização emergente[49], multimodal em rápida evolução e com muitas competências:[50] eis o método interdisciplinar.

A cibercultura, segundo Levy, pode apresentar um período de incertezas perante a exigência da verdade. Será possível confiar naquilo que foi colocado no ciberespaço?[51] Sob um olhar superficial, essa questão ganha força e faz sentido. É claro que, de forma verdadeira, existem sítios eletrónicos cujo real objetivo é fornecer falsas notícias, mas esses *sites* que têm por função causar caos na rede perdem cada vez mais visão e credibilidade. No entanto, aqueles que são mais confiáveis crescem e alcançam maior público.[52] Mesmo ocorrendo essa seleção natural das

[48] Levy, Pierre – Cyberculture. 1997. [Em Linha]. Editora 34. ISBN 8573261269. P. 97.

[49] *Idem – Op. Cit.* 98.

[50] *Idem – Op. Cit.* 183.

[51] *Idem – Op. Cit.* 251

[52] *Idem – Ibidem.*

informações, existem sítios eletrónicos que ganham espaço ainda que disseminando informações ou notícias cujo objetivo consiste na propagação de conteúdo falso ou incoerente. Porém, não se pode proibir os conteúdos no ciberespaço, pois ocorreria um conflito direto com a liberdade de expressão, que é um princípio fundamental amplamente utilizado no ambiente digital.[53]

A cibercultura chega à sociedade convencional trazendo diversas mudanças em toda a estrutura social. Não se pode, porém, confirmar que esta vai de encontro aos valores da modernidade, nem que a cibercultura é pós-moderna, tendo em vista que muitos dos valores modernos como a liberdade, a igualdade, e a fraternidade são, através dela, concretizados e amplificados.[54] A cibercultura traz, portanto, na sua essência, a resolução de muitos problemas da modernidade, mas, em contrapartida, carrega também diversas questões de difícil resolução. Quando se apresentam novos problemas através da criação de novos factos, o Direito como instrumento regulador social entra em ação para fazer com que ocorra uma maior tutela da relação social. Neste caso, do principal elemento formador da sociedade da informação: o ser humano.

A nossa sociedade está a atravessar um momento de transformação proporcionado pelo ciberespaço e pela nova dinâmica do processo de globalização. Viver-se-á, então, numa civilização emergente nascida num ambiente onde a cibercultura está presente na vida de todos, assim como a água e o ar?

Zygmunt Bauman, sociólogo e pesquisador da natureza líquida, refere no seu livro *A Cultura no Mundo Líquido Moderno* que o ciberespaço é o "espaço dos fluxos"[55], no qual a política não consegue interferir. É, pois, um espaço onde dados e informações conseguem fluir a grande velocidade e com um intenso volume sem um controlo prévio nem censura.

A internet não nasceu para ser controlada nem limitada ou segurada; nasceu como um instrumento de comunicação que busca a independência, fluidez, e a capacidade de não se limitar a qualquer espaço.

[53] *Idem – Ibidem.*

[54] *Idem – Op. Cit.* 253.

[55] ZYGMUNT, Bauman – **A Cultura no Mundo Líquido Moderno**. Tradução por Carlos Alberto Medeiros. [Em Linha]. Editora Zahar. [Consult. 04 set. 2019]. Disponível em: http://lelivros.love/book/baixar-livro-a-cultura-no-mundo-liquido-moderno-zygmunt-bauman-em-pdf-epub-e-mobi-ou-ler-online/.

Por essa razão, os Estados procuram, já há algum tempo, criar regulações direcionadas ao ciberespaço – um mundo que, enquanto pretende ser "autónomo", traz muitas vezes a possibilidade de rasto na sua estrutura.

O espaço dos fluxos pode ser visto como uma possibilidade de liberdade pelo facto de os Estados não poderem intercetar a comunicação entre pessoas, muito embora possa ocorrer um controlo Estatal dessa comunicação. Fica-se, então, entre um aspeto positivo e um negativo, a depender da perspetiva de cada um.

Para Zygmunt Bauman, o motor da sociedade é a comunicação. No contexto do ciberespaço, deverá existir um dado ou informação, envio, meio de envio, receção e entendimento desse recetor. Concluindo, parte-se do princípio que se vive na prática proporcionada pelo ciberespaço, criado e catalisado pela popularização do computador e da internet, mecanismos tecnológicos que fizeram o Direito legiferar pensando no modo *ciber*.

A Teoria Tridimensional do Direito, de Miguel Reale, assenta em três pilares: facto, valor e normas, bases que nunca haviam sido tão necessárias como agora, diante das novas condutas proporcionadas pelo ciberespaço. Criou-se uma nova forma de relação globalizada, na qual pessoas de vários Estados se comunicam, podendo, nesta comunicação plena, existir litígios, visto que aqui se coloca a soberania do ciberespaço diante da soberania dos Estados, com isso A Teoria Pentadimensional se torna cada vez mais necessária, facto, valor, norma, tempo e espaço.[56] O espaço cibernético possui um tempo completamente distinto do que está presente no mundo material, assim com o limite de fronteiras é praticamente desconhecido, pois por ao estar utilizando desse espaço digital, não é transparente nem aparente a localização do serviço ou produto que um usuário utiliza.

Nesta escrita, José Joaquim Gomes Canotilho e Vital Moreira não poderiam deixar de ser citados e por isso, de forma a trazer as suas abordagens sobre o Direito e o Ciberespaço, a obra invocada foi *Constituição da República Portuguesa Anotada*.[57] Os direitos fundamentas diante das

[56] Oliveiros litrento [APUD Villanova]. (1982). *FUNDAMENTOS FILOSOFICOS DO DIREITO ROMANO E SUA REPERCUSSÕES NO PENSAMENTO JURÍDICO CONTEPORÂNEO.* Rio de Janeiro: 25(3): 103-114.

[57] Canotilho, José Joaquim Gomes; Moreira, Vital. (2007). *CRP: Constituição da República Portuguesa – Anotada, Artigo 1 a 107. 4 ed. Vol I.* Editora Coimbra. p. 387.

relações jurídicas privadas, o qual glosa notas no artigo 18º, que versa sobre a força jurídica. Esta deve ser analisada e posta ao nível de sociedade civil global, pois acredita que o ciberespaço é soberano. Deverão ser tidos ainda cuidados acrescidos por parte dos Estados nas relações jurídicas diante dos entes públicos e privados no ciberespaço, para uma maior eficácia externa dos direitos, liberdades e garantias diante desta nova possibilidade para os entes soberanos.[58]

José Joaquim Gomes Canotilho e Vital Moreira, perante este novo paradigma proporcionado pelo ciberespaço, apresentam a *Cyber-Drittwirkung*, que é a eficácia jurídica dos direitos, liberdades e garantias jurídico-privadas advindas da Internet.[59] Esse exemplo é de imperiosa relevância para que ocorra uma preocupação relacionada diretamente com a amplitude planetária proporcionada pelo ciberespaço. O ciberespaço pode, assim, ser tratado com uma soberania independente, mas poderá também seguir uma lógica regulatória imposta pelos Estados.

> A eficácia dos direitos fundamentais nas relações jurídico-privadas deverá colocar-se hoje também a nível da "sociedade civil global" e do "Estado-rede". A existência de uma espécie de "soberania do ciberespaço" coloca com acuidade a questão de saber se e como se poderá estender a "eficácia externa" dos direitos, liberdades e garantias aos novos entes soberanos. Além disso, passa também a questionar-se a forma como as instâncias políticas (nacionais e internacionais) podem e devem impor a certas entidades privadas a observância dos direitos fundamentais (ex,: imposição a um *lost provider* comercial que possibilite ao *content provider* em rede o acesso a websites de pornografia e propaganda nazi), Nesta perspetiva poderá discutir-se, por ex, a Cyber-Drittwirkung ou eficácia jurídica dos direitos, liberdades e garantias nas relações jurídico-privadas desenvolvidas por meio da Internet, Os conhecidos casos do portal Yahoo em França (venda de objectos relativos ao regime nazi e ao nazismo) e da divulgação, via Internet, do livro do Presidente Mitterrand, feito pelo seu médico particular, demonstram que a chamada «vinculação pública e privada» através dos direitos fundamentais

[58] *Idem – Ibidem.*

[59] *Idem – Ibidem.*

obedecerá mais a urna lógica regulatória do que a um comando imposto através do Estado.[60]

O instituto *Drittwirkung* é uma expressão alemã que tem como significado a teoria da eficácia horizontal dos direitos fundamentais, fazendo uma ligação entre o contexto privado e externo, numa relação entre o cível e os direitos fundamentais.[61] Diante disto, José Joaquim Gomes Canotilho e Vital Moreira trouxeram o termo *Cyber-Drittwirkung*, ampliando o âmbito da relação cível entre o privado e o externo, direcionando-o ao ciberespaço.

Conforme elencado na evolução do termo "ciber" ou "cyber", e diante de todos os subtópicos cujo objetivo é maximizar a cognição acerca da cibernética e de alguns derivados, percebe-se que juristas de renome mundial, filósofos, sociólogos, e outros, explanam acerca do ciberespaço. Este conceito é, assim, direcionado às novas possibilidades de factos do quotidiano das pessoas, situação que faz com que exista uma preocupação crescente com esse novo e permanente espaço, cada vez mais presente na relação social. É, então, possível afirmar que o ciberespaço providencia novos meios para fortalecer o termo "sociedade da informação", catalisando o processo de globalização.

1.6. A globalização e a "sociedade civil global"

A globalização é um termo muito presente neste momento de transformação digital em que vivemos. Trata-se de um processo de expansão de caráter, quer económico, quer cultural ou político e que traz, na sua essência, um processo de inter-relação global.

Este momento pode ser comparado com o tempo das grandes navegações, tendo em conta a troca de produtos, e que pessoas de Estados e culturas diferentes se relacionariam ao gerar uma troca. As navegações ocorreram numa era em que surgia a necessidade de quebra de monopólios materiais e imperava descobrir novas rotas de comércio perante outros povos que tinham como objetivo estas

[60] Idem – Ibidem.

[61] Carvalho, Fábio Rodrigues de – **Saiba o que significa o instituto Drittwirkung**. [Em linha]. [Consult. 11 set. 2019]. Disponível em: http://sqinodireito.com/saiba-o-que-significa-o-instituto-do/.

trocas. Este pode, na verdade, ser considerado o primeiro momento do processo de globalização.[62]

José Joaquim Gomes Canotilho discorre, inclusive, sobre a preocupação perante o cumprimento dos direitos, garantias e liberdades fundamentais na sociedade civil global[63]. O processo de globalização pode também alterar a dinâmica social através, por exemplo, da criação de novas profissões nascidas da globalização e do ciberespaço e a estas tipicamente associadas, como operadores de *software* e auditores de internet,[64], assim como o próprio *Compliance* digital.

Fábio Konder Comparato expressa que o processo de globalização proporciona a criação de padrões de costumes, modos de vida e formas de trabalho, entre outros. Tudo isso é também provocado pela comunicação, sendo possível criar a base para uma cidadania mundial onde não existam relações de domínio individual ou coletivo.[65]

A internet é o meio de comunicação que catalisa o modo como os indivíduos trocam as informações entre si. Antes da existência do ciberespaço, um indivíduo poderia utilizar os Correios como logística para troca de correspondência postal: uma carta, durante o processo de envio e receção, poderia cruzar o mundo, levando dias até chegar ao seu destino. O correio eletrónico surge para, de forma geral, abolir a carta física. Chamado de e-mail, esse serviço eletrónico envia mensagens de

[62] POLITIZE! – **O que é Globalização.** 2017. [Em linha]. [Consult. 26 set. 2018]. Disponível em: http://www.politize.com.br/globalizacao-o-que-e/.

[63] CANOTILHO, José Joaquim Gomes; MOREIRA, Vital – **CRP: Constituição da República Portuguesa** – Anotada. *Ibidem.*

[64] CANOTILHO, José Joaquim Gomes; MOREIRA, Vital – **CRP: Constituição da República Portuguesa.** "É questionável, por isso, a tentativa de caracterização material através da acentuação do carácter duradouro da profissão, desde logo porque há hoje muitas actividades profissionais que se caracterizam pela dinamicidade e temporariedade, como, por ex., as profissões do sector quaternário, típicas da globalização (exs.: consultores de marketing, operadores de software, copywriters, internet auditors)," – *Op. Cit.* P. 655.

[65] COMPARATO, Fábio Konder – **A Afirmação Histórica dos Direitos Humanos**. 7 ed. Editora Saraiva: São Paulo. ISBN: 9788547216139. "A solidariedade técnica traduz-se pela padronização de costumes é modos de vida, pela homogeneização universal das formas de trabalho, de produção e troca de bens, pela globalização dos meios de transporte e de comunicação. Paralelamente, a solidariedade ética, fundada sobre o respeito aos direitos humanos, estabelece as bases para a construção de uma cidadania mundial, onde já não há relações de dominação, individual ou coletiva. " P. 51.

uma pessoa para outra quase de forma instantânea, cruzando fronteiras físicas praticamente de imediato.[66]

Cláudio Carneiro aborda o aspeto de que a globalização pode desencadear eventos que gerem dano através de mudanças comportamentais que ocorrem de forma veloz.[67] Embora na sua escrita sejam abordadas as mazelas denominadas corrupção e condições desumanas, noutra perspetiva tais assuntos poderiam estar diretamente relacionados com os danos gerados pela fuga e violação de dados com cunho internacional – entre Estados –, aproveitando a hipervelocidade do ciberespaço.

O exemplo prévio é só uma das situações existentes no ciberespaço proporcionadas pela internet e pelos dispositivos livremente acessíveis a todos. Pode-se aqui citar: a compra por meio de sítios eletrónicos, denominadas lojas virtuais e que podem estar distribuídas em qualquer parte do mundo, a troca de mensagens instantâneas, seja por computador, seja por telemóvel, e até mesmo a realização de procedimentos médico-cirúrgicos utilizando mecanismos robóticos controlados por médicos que poderão estar do outro lado do globo. Estas são, pois, realidades que já integram o quotidiano da maioria das pessoas.[68]

A relação entre os Estados é afetada diariamente pela influência massiva do processo de globalização, que impacta o setor económico, o relacionamento, a cultura e até mesmo a personalidade de cada cidadão. É importante ressalvar que esse processo gera cada vez mais um fenómeno novo: a interdependência entre os Estados. E essa interdependência pode causar danos à soberania, levando em consideração que essa situação vai de encontro à própria essência da mesma.[69]

Com isso, o processo de globalização pode permitir um novo cenário: encurtar a distância entre pessoas de Estados distintos que possam ter

[66] Lóssio, Claudio Joel Brito – *Ibidem*.

[67] Carneiro, Claudio – **Compliance e a cultura de paz**. "O mundo globalizado possibilitou que as mazelas desencadeadas por eventos danosos que ocorreram em diferentes continentes, se propagassem de forma veloz passando a exigir uma mudança comportamental, tanto do Poder Público, quanto da sociedade e da iniciativa privada". Et al Galileu – Revista de Direito e Economia. e-ISSN 2184-1845. 2019. [Em Linha]. [Consult. 17 set. 2019]. Disponível em: http://journals.ual.pt/galileu/wp-content/uploads/2019/08/RG_XX1_Compliance.pdf. P. 38.

[68] Lóssio, Claudio Joel Brito – *Ibidem*.

[69] Araujo, Valter Shuenquener – **Novas dimensões do princípio da soberania**. Editora Niterói, Rio de Janeiro, 2016. ISBN: 978-85-7626-895-6. p. 29.

interesses em comum. O cenário citado é acelerado pelas tecnologias da comunicação, como a internet, através dos aplicativos que utilizam meio de comunicação. Os grupos de pessoas com interesses semelhantes poderão então unir-se e expor ou lutar pelos seus ideais, atravessando fronteiras entre Estados.[70]

Para Zygmunt Bauman[71], a construção de uma nação num mundo globalizado ocorre através da cultura. Será essa a cibercultura referida por Pierre Levy previamente apresentada? Zygmunt Bauman alerta para as consequências do processo de globalização, que tem um efeito colateral inconsciente e frágil: as fronteiras entre Estados são fictícias e a soberania territorial é uma ilusão diante desse novo paradigma proporcionado pelo ciberespaço, acelerando a globalização:

> Um efeito colateral da perda dessas aspirações foi a emergência gradual da natureza inconsistente, indistinta, frágil e, em última instância, fictícia das fronteiras do sistema; e, no final, a morte da ilusão de soberania territorial, e com ela a tendência a endossar um Estado-nação segundo a força de seu sistema em termos de autossuficiência, autorreprodução e autoequilíbrio.[72]

A soberania estatal é enfraquecida perante as suas funções tradicionais, fazendo com que este fenómeno seja percebido como um diferencial a desintegrar o alicerce de independência territorial, superado muitas vezes pela solidariedade.[73]

Perante esse processo acelerado de globalização, o Estado pode ficar enfraquecido devido à possível ineficiência no processo de controlo do seu povo diante da comunicação e troca com outros indivíduos de outros Estados. Torna-se também incapaz de regular plenamente a sua economia devida, tanto à influência de outros países, quanto das criptomoedas e à sua descentralização e impossibilidade de controlo, não dependendo, assim, apenas do próprio Estado para a regulação.[74]

[70] Lóssio, Claudio Joel Brito – *Ibidem*.

[71] Zygmunt, Bauman – **A Cultura no Mundo Líquido Moderno**. *Ibidem*.

[72] *Idem – Ibidem*.

[73] *Idem – Ibidem*.

[74] Lóssio, Claudio Joel Brito – *Ibidem*.

A necessidade de se relacionar com outros Estados provoca alterações em princípios constitucionais que regem as relações internacionais, como é o caso da soberania, autodeterminação dos povos e da cidadania.[75] Esta situação surge em consequência de um Estado fragilizado pela soberania cibernética.[76]

O processo de globalização, conforme visto anteriormente, começou com a expansão das navegações, dado que diferentes nações começavam a comunicar entre si, vendendo e comprando produtos e conhecendo a cultura de outros Estados. A internet mudou, no entanto, a velocidade da globalização, sendo um catalisador da comunicação entre países. Esse meio de comunicação, tão popular a nível mundial, é um produto que está na mão de todos a todos os momentos através dos smartphones, pelo que pessoas de qualquer local do mundo conseguem comprar facilmente um produto que está noutro país, opinar em *blogs* políticos, conhecer os padrões culturais de outros Estados...e tudo isso à distância de um clique.[77]

Todo esse processo provocado pelo ciberespaço e pela catalisação da globalização por ele determinada, cria um fenómeno de modificação social denominado: transformação digital. A transformação digital é uma alteração do processo não digital para o digital, segundo o qual instituições, sejam estas públicas ou privadas, por meio das novas tecnologias procuram inovar através de um produto ou de um serviço, disruptivo. Falar de transformação digital e esquecer de citar a Indústria 4.0 será inaceitável.[78]

Vive-se uma revolução industrial – a quarta. A primeira teve no seu cerne o motor; a segunda trouxe a eletricidade; na terceira, deu-se o surgimento do computador e da internet, que posteriormente ficaram populares e se tornaram no berço da quarta revolução. Nesse estágio surgiram tecnologias disruptivas através de produtos e serviços que

[75] Araujo, Valter Shuenquener – **Novas dimensões do princípio da soberania.** – *Op. Cit.* p. 30-31.

[76] Canotilho, José Joaquim Gomes; Moreira, Vital – **CRP: Constituição da República Portuguesa.** P. 387.

[77] Lóssio, Claudio Joel Brito – *Ibidem.*

[78] Shwab, Klaus – **A Quarta Revolução Industrial.** Ed. 1. São Paulo: Edipro, 2016. ISBN 978-85-7283-978-5. P. 12-13.

alteram o padrão de inovação através de novos instrumentos como *blockchain*, inteligência artificial e a internet das coisas.[79]

A massiva influência causada pelo processo de globalização impactou o setor económico ao ponto de modificar a relação, não só entre os Estados, mas também entre os Estados e os seus cidadãos. A aproximação pode, assim, ocasionar um fenómeno cada vez mais forte: a interdependência entre os Estados. Por sua vez, esta situação poderá causar danos à soberania, levando a um conflito que ponha em causa a Sua própria essência.[80]

Contudo, a globalização possibilita a existência de um novo cenário: a aproximação através da relação entre grupos com ideias semelhantes e que se unem para as defender ou disseminar. Sociedades distintas que começam a lutar por uma só causa e que, graças ao ciberespaço, derrubam fronteiras físicas. A massiva utilização de novas tecnologias que aproximam pessoas pode então, pelas razões mencionadas, ser considerada a pontuação principal para esse processo.[81]

O modo como as pessoas comunicam sofreu uma mudança massiva após a popularização da internet e das aplicações que a utilizam como meio de comunicação. Diariamente, a indústria 4.0 traz novos produtos inovadores e com novas tecnologias que possuem novas essências. O Direito tem vindo a desempenhar o seu papel como instrumento regulador social e, através da base principiológica e dos direitos fundamentais, procura controlar as consequências que esses produtos e serviços disruptivos têm perante a sociedade. Porém, a esta questão junta-se ainda a problemática de um aparente território sem fronteiras trazido pelo ciberespaço.[82]

A grandiosidade da informação contida nesse novo espaço – o espaço cibernético –, cria ou acelera possibilidades anteriormente domáveis. O processo de globalização e as relações diplomáticas entre Estados soberanos são hoje abordados de diferente forma; exemplo disso são as transações comerciais, pois quando se compra um artigo proveniente de

[79] Araujo, Valter Shuenquener – **Novas dimensões do princípio da soberania**. Editora Niterói, Rio de Janeiro, 2016. ISBN: 978-85-7626-895-6. P. 14.

[80] *Idem – Op. Cit.* p. 29.

[81] Lóssio, Claudio Joel Brito – *Ibidem.*

[82] Lóssio, Claudio Joel Brito – *Ibidem.*

qualquer sítio do mundo pode-se nem sequer se saber a origem, ainda que esse artigo atravesse fronteiras e oceanos.

O processo de globalização, acelerado pelo ciberespaço, não só cria uma sociedade da informação, mas também um mundo de informação sem fronteiras, podendo gerar conflitos entre soberanias e dificuldades para litigar devido ao caráter territorial, mesmo que existam acordos entre Estados. O Direito como instrumento regulador social sofre com a dificuldade que é acompanhar todo o processo de crescimento tecnológico, dado que a velocidade de troca de dados entre indivíduos e/ou coletivos ao atravessar fronteiras é enorme. Novos factos, que possuem valor no espaço cibernético, geram normas que procuram o máximo de eficiência possível, mas que, ainda assim, não acompanham tal crescimento e seguem a sempre atrás das inovações.

A base principiológica para se ater ao que é certo ou errado torna-se, deste modo, cada vez mais necessária num Estado que possui fronteiras e/ou territórios facilmente alcançados pelo exterior via ciberespaço. Assim, os direitos fundamentais saem cada vez mais fortalecidos na senda por uma legiferação que direcione o normativo para o interesse do espaço digital, cibernético.

Obras e autores de renome trazem preocupações quando se trata da soberania Estatal, globalização e cibernética. Segundo Reale, isto traduz-se nos cuidados da proporcionalidade e razoabilidade, completando Konder Comparato com a afirmação de que a comunicação pode ser a base para um mundo com práticas homogéneas. Já Canotilho vai além, ao afirmar que o ciberespaço é soberano devido à sua força diante das soberanias Estatais.

Seguidamente, tratar-se-á de como surge, não só a proteção de dados como um direito das pessoas singulares, mas também a preocupação por parte dos Estados em tutelar esse direito e garantia fundamental. Este direito já se encontrava, no entanto, por muitas vezes positivado em constituições, como a Constituição da República Portuguesa de 1976.

1.7. A soberania e o ciberespaço

Antes de iniciar uma abordagem direta à soberania do ciberespaço, será referida uma conceituação de forma a provocar uma cognição num sentido mais amplo acerca de soberania.

A palavra "soberania" tem a sua origem no latim e significa a superioridade máxima política, como na modelagem hierárquica. Durante a Idade Média, o conceito de soberania começou a desenvolver-se, constituindo, na época, um sinónimo de grandeza ou superioridade diante dos senhores feudais ou do rei.[83] A consolidação entre os Estados soberanos concentrava-se, pois, unicamente nas mãos dos monarcas, situação que *a posteriori* se viu substituída pela atribuição e escolha de uma nação e do seu povo.[84]

A queda do sistema feudal fez com que a soberania ganhasse força de forma absoluta. Essa força decorre do facto de as pessoas terem a necessidade de um protetor – o Estado. Não sendo Ele inferior ou superior a outros Estados e estando, por isso, com eles numa linha horizontal, é-lhe incutida essa função. O Tratado de Vestfália surge, assim, como um marco internacional que traz igualdade entre os Estados, tendo cada um deles soberania no seu espaço territorial, sem nenhum a sobrepor-se ao outro, sendo que, para isso, é necessário respeito mútuo.[85]

A soberania, segundo Jean-Jacques Rousseau, não apresenta carácter irrestrito ou absolutista, pois o governo é formado e direcionado para os interesse do seu povo, criando então a ideia de um poder democrático e soberano. Ao procurar sair de um estado de natureza, as pessoas singulares perdem as suas liberdades de forma parcial para assim, por uma vontade geral, se submeterem ao poder soberano do Estado, escolhido pela maioria.[86] Acerca do soberano escolhido pela vontade do povo não há que falar em abuso, pois existe um acordo de vontade da população. Tal prática mostra que as pessoas que formam a nação estão a seguir a sua vontade em nome de um interesse próprio embora coletivo e não de um só indivíduo.[87]

As liberdades individuais não são plenamente perdidas quando saem do estado de natureza, contudo encontram-se limitadas até certo ponto pelo poder de força de cada indivíduo. Já diante da presença do Estado soberano, o povo limita-se à vontade geral e não à vontade de um único

[83] ARAUJO, Valter Shuenquener – **Novas dimensões do princípio da soberania.** Editora Niterói, Rio de Janeiro, 2016. ISBN: 978-85-7626-895-6. P. 01.

[84] *Idem – Ibidem.*

[85] *Idem – Op. Cit.* p. 1-4.

[86] *Idem – Op. Cit.* p. 23.

[87] *Idem – Ibidem.*

cidadão. O soberano, por sua vez, não deve – por ação ou omissão – prejudicar as pessoas nem ferir a vontade do seu povo,[88] tal como o povo não se pode negar a obedecer ao seu soberano. Cabe, pois, ao indivíduo, a obediência ao escolhido para essa representação soberana. O estado social deve ocorrer por contribuição dos indivíduos. As pessoas singulares são os titulares da soberania pois optaram em um coletivo escolher um soberano para representá-los, todavia, Jean-Jacques Rousseau.[89]

A soberania é referida na Constituição da República do Brasil de 1988, de forma principiológica e fundamental, no Artigo 1º, inciso I, junto da cidadania e da dignidade da pessoa humana, dos valores sociais do trabalho e da livre iniciativa e do pluralismo político:

> A República Federativa do Brasil, formada pela união indissolúvel dos Estados e Municípios e do Distrito Federal, constitui-se em Estado democrático de direito e tem como fundamentos: I – a soberania;[90]

A Constituição da República Portuguesa[91] de 1976, refere a soberania no Artigo 3º, também como princípio fundamental: "Soberania e Legalidade: Artigo 3 – 1. A soberania, una e indivisível, reside no povo, que a exerce segundo as formas previstas na Constituição.".

[88] *Idem – Op. Cit.* p. 23-24.

[89] Lóssio, Claudio Joel Brito – [*Apud* Rousseau]. *Ibidem.*

[90] **CONSTITUIÇÃO Federal Brasileira de 1988, de 05 de outubro**. "Art. 1º A República Federativa do Brasil, formada pela união indissolúvel dos Estados e Municípios e do Distrito Federal, constitui-se em Estado democrático de direito e tem como fundamentos: I – a soberania; II – a cidadania; III – a dignidade da pessoa humana; IV – os valores sociais do trabalho e da livre iniciativa; V – o pluralismo político. Parágrafo único. Todo o poder emana do povo, que o exerce por meio de representantes eleitos ou diretamente, nos termos desta Constituição. ". [Em linha]. [Consult. 20 Set. 2017]. Disponível em http://www2.camara.leg.br/legin/fed/consti/1988/constituicao-1988-5-outubro-1988-322142-publicacaooriginal-1-pl.html.

[91] **CONSTITUIÇÃO da República Portuguesa de 1976, de 10 de abril**. "ARTIGO 3º (Soberania e legalidade) 1. A soberania, una e indivisível, reside no povo, que a exerce segundo as formas previstas na Constituição. 2. O Movimento das Forças Armadas, como garante das conquistas democráticas e do processo revolucionário, participa, em aliança com o povo, no exercício da soberania, nos termos da Constituição. 3. Os partidos políticos concorrem para a organização e para a expressão da vontade popular, no respeito pelos princípios da independência nacional e da democracia política. 4. O Estado está submetido à Constituição e funda-se na legalidade democrática.". 4ª ed. Coimbra: Almedina, 2017. ISBN 978-972-40-6867-1.

Com isso, tanto na Constituição da República Portuguesa de 1976, quanto na Constituição da República do Brasil de 1988, a soberania é elencada de forma principiológica fundamental.

É cada vez mais comum as legiferações dos Estados procurarem direção, preservação e respeito relativamente aos direitos internacionais, evitando possíveis violações noutros Estados. Exemplo disso é a aplicabilidade do princípio da extraterritorialidade elencado em normativos de proteção de dados, como o RGPD. A cooperação e o respeito entre Estados progridem numa visão comunitária, num pensamento de comunidade internacional entre vários Estados que, mesmo sem relação através de tratados ou acordos, procuram garantir o zelo, de forma a defender a sua soberania e de outros, rejeitando, assim, interferir ou sofrer qualquer interferência externa no seu ordenamento jurídico.[92]

A Carta das Nações Unidas, no seu Artigo 1º, *Caput* e inciso 3, *in verbis:*

> Os propósitos das Nações unidas são: Conseguir uma cooperação internacional para resolver os problemas internacionais de caráter econômico, social, cultural ou humanitário, e para promover e estimular o respeito aos direitos humanos e às liberdades fundamentais para todos, sem distinção de raça, sexo, língua ou religião possui.[93]

Normativos que tutelam a proteção de dados de pessoas singulares possuem como objetivo fundamental proteger os dados dos indivíduos e, com isso, garantir o direito à privacidade do seu povo ou residentes; ou seja, dos seus nacionais e de pessoas que morem no seu Estado, respetivamente. Nas considerações do número 115 do Regulamento Geral de Proteção de Dados da Europa é expressa uma necessidade de colaboração entre Estados – signatários e terceiros –, para que assim ocorra uma cooperação e assistência judiciária, tanto entre os que estão submetidos a tal Regulamento, quanto entre os que desejarem este tipo de zelo.[94]

[92] Comparato, Fabio Konder. **A Afirmação Histórica dos Direitos Humanos.** 19ª Ed. São Paulo: Saraiva, 2004. p. 266.

[93] NAÇÕES Unidas – **Carta das Nações Unidas**. 1945. [Em linha]. [Consult. 29 set. 2018]. Disponível em https://nacoesunidas.org/wp-content/uploads/2017/11/A-Carta-das-Na%C3%A7%C3%B5es-Unidas.pdf.

[94] **REGULAMENTO (UE) 2016/679 DO PARLAMENTO EUROPEU E DO CONSELHO, de 27 de abril de 2016.** (2). "Alguns países terceiros aprovam leis, regulamentos e outros atos normativos destinados a regular diretamente as atividades de tratamento pelas

Os Estados-Membros que compõem a União Europeia cooperam entre si, sendo que os países que não fazem parte desta comunidade necessitam cada vez mais de atenção para cooperação internacional. Tal prática está nas considerações 101 também do RGPD: "A circulação de dados pessoais, com origem e destino quer a países não pertencentes à União quer a organizações internacionais, é necessária ao desenvolvimento do comércio e da cooperação internacionais. [...]"[95]

Esse Regulamento europeu regulamenta o tratamento dos dados de cidadãos que moram na Europa, sejam europeus ou não. Devido ao princípio extraterritorial, a aplicação do mesmo pode ocorrer dentro ou fora da União Europeia, sendo que esse facto manifesta a dificuldade de aplicabilidade noutros Estados soberanos.[96]

A soberania é formada pela vontade geral através de um contrato coletivo em que o povo abre mão do seu estado de liberdade natural para entrar num estado social. É, portanto, essa a visão que mais se aproxima do atual conceito de democracia. O espaço cibernético traz, todavia, novas problemáticas territoriais soberanas e, por essa razão, surgiu o termo previamente citado por José Joaquim Gomes Canotilho, "a soberania do ciberespaço".[97]

pessoas singulares e coletivas sob a jurisdição dos Estados-Membros. Pode ser o caso de sentenças de órgãos jurisdicionais ou de decisões de autoridades administrativas de países terceiros que exijam que o responsável pelo tratamento ou subcontratante transfira ou divulgue dados pessoais sem fundamento em nenhum acordo internacional, como seja um acordo de assistência judiciária mútua, em vigor entre o país terceiro em causa e a União ou um dos Estados-Membros. Em virtude da sua aplicabilidade extraterritorial, essas leis, regulamentos e outros atos normativos podem violar o direito internacional e obstar à realização do objetivo de proteção das pessoas singulares, assegurado na União Europeia pelo presente regulamento. As transferências só deverão ser autorizadas quando estejam preenchidas as condições estabelecidas pelo presente regulamento para as transferências para os países terceiros. Pode ser esse o caso, nomeadamente, sempre que a divulgação for necessária por um motivo importante de interesse público, reconhecido pelo direito da União ou dos Estados-Membros ao qual o responsável pelo tratamento está sujeito". Disponível em: <http://eur-lex.europa.eu/legal-content/PT/TXT/?uri=celex%3A32016R0679>. Acedido em: 29 set. 2017.

[95] Idem. *Ibidem*.

[96] Lóssio, Claudio Joel Brito – *Ibidem*.

[97] Canotilho, José Joaquim Gomes; Moreira, Vital – **CRP: Constituição da República Portuguesa** – Anotada. *Ibidem*.

A soberania do ciberespaço é um termo retirado de uma obra na qual José Joaquim Gomes Canotilho e Vital Moreira abordam e se mostram sensibilizados com a observância dos direitos, garantias, e liberdades fundamentais na sociedade civil global.[98] É de frisar ainda que vivemos presentemente um processo de globalização dinâmico e tomado por novas possibilidades como a criação de novas profissões nascidas da globalização e do ciberespaço e a estes tipicamente associadas, como operadores de *software* e auditores de internet,[99] entre outros.

> A eficácia dos direitos fundamentais nas relações jurídico-privadas deverá colocar-se hoje também a nível da "sociedade civil global" e do "Estado-rede". A existência de uma espécie de «soberania do ciberespaço» coloca com acuidade a questão de saber se e como se poderá estender a «eficácia externa» dos direitos, liberdades e garantias aos novos entes soberanos. Além disso, passa também a questionar-se a forma como as instâncias políticas (nacionais e internacionais) podem e devem impor a certas entidades privadas a observância dos direitos fundamentais (ex,: imposição a um *lost provider* comercial que possibilite ao *content provider* em rede o acesso a websites de pornografia e propaganda nazi), Nesta perspetiva poderá discutir-se, por ex, a Cyber-Drittwirkung ou eficácia jurídica dos direitos, liberdades e garantias nas relações jurídico-privadas desenvolvidas por meio da Internet, Os conhecidos casos do portal Yahoo em França (venda de objectos relativos ao regime nazi e ao nazismo) e da divulgação, via Internet, do livro do Presidente Mitterrand, feito pelo seu médico particular, demonstram que a chamada «vinculação pública e privada» através dos direitos fundamentais obedecerá mais a urna lógica regulatória do que a um comando imposto através do Estado.[100]

[98] Canotilho, José Joaquim Gomes; Moreira, Vital – **CRP: Constituição da República Portuguesa** – Anotada. *Ibidem.*

[99] Idem – "É questionável, por isso, a tentativa de caracterização material através da acentuação do carácter duradouro da profissão, desde logo porque há hoje muitas actividades profissionais que se caracterizam pela dinamicidade e temporariedade, como, por ex., as profissões do sector quaternário, típicas da globalização (exs.: consultores de marketing, operadores de software, copywriters, internet auditors)," – *Op. Cit.* P. 655.

[100] *Idem – Op. Cit.* P. 387.

Põe-se, portanto, uma problemática que traz factos novos diante do instituto regulador social, o Direito. Isto vem mostrar a preocupação com um espaço que tem força soberana, devido à amplitude e velocidade e, ainda, à possibilidade, embora difícil, de anonimato. Essa relação entre comunicação, informação e ciberespaço amplifica uma troca de dados que cresce a cada segundo e que é praticamente impossível controlar, seja por tecnologia, seja pela regulação do direito.

Deve ser percebido que a soberania do ciberespaço não se trata da trazida tanto pelo Tratado de Vestfália quanto pelas Constituições das Repúblicas dos Estados. A soberania do ciberespaço apresenta o poder que o espaço cibernético tem, que pode ser até mesmo mais forte que a soberania de um Estado.

Como estar-se a falar sobre soberania do ciberespaço, grandes pesquisadores do mercado digital, como a Martha Gabriel, aborda que o processo de comunicação proporcionado pela sociedade hiper conectada, cria um "cérebro global coletivo",[101] assim, não há como ficar de fora em qualquer aspeto sobre uma determinada decisão, como por exemplo, a favor, contra ou de forma neutra, sobre algo que está a ocorrer com determinados países ou povos.

> Nas últimas décadas, testemunhamos a Internet se tornando a principal plataforma planetária e a infraestrutura responsável pelo novo tecido da humanidade globalizada – o conjunto [Internet + tecnologias a ela relacionadas] deu corpo e alma digitais ao mundo, tornando-o conectado e interligado de forma sem precedentes na história da humanidade. Agora, caminhamos rumo à conexão em tempo real, que tende a estruturar o smart world, também conhecido como Sociedade 5.0. Esse cenário é deslumbrante e cria um cérebro global coletivo, onipresente, onisciente e onipotente. No entanto, esse novo panorama repleto de possibilidades, conexões e ampliação do potencial humano também traz consigo fortes desafios, devido às transformações tecnológicas e culturais que reconfiguram constantemente.[102]

Um grande exemplo, por ser, a legiferação de um diploma legal que pode ser o grande gatilho para uma crise de desinformação, como, no

[101] Gabriel, Martha. Marketing na era digital (p. 1). Atlas. Edição do Kindle.

[102] Idem. Ibidem.

Brasil, o até então, PL 2630, o qual alguns tratam como a "Lei das *Fake News*", e outros, "Lei da Censura".

O real facto é que a sociedade se transforma, e este diploma legal apresenta pontos positivos, como também, pontos negativos, e ainda assim, a principal preocupação está na pergunta: "Quem ditará o que é realmente uma *fake news*?". Assim, não se pode votar previamente na aprovação de algo e ainda ter quer esperar um futuro decreto a informar quem será esse "fiscal".

Mesmo com o dever se ser um grupo interdisciplinar, que deveria ser formado por pessoas do partido no poder, e de partidos que não estão no poder, por profissionais do setor privado, principalmente, os que são realmente do marketing, da comunicação, do jornalismo, da imprensa, profissionais, e não "falsas autoridades".

De facto, pode ser percebido que em Portugal as *fake news* por vias do ciberespaço, é algo que está a ser combatido, muito embora, mesmo a existir diplomas legais para combater a desinformação, como, o que será vos apresentada mais adiante, como a Lei 27/2021, a desinformação é gravíssima e através de um embaixador para a ciberdiplomacia, estão em um trabalho de balancear um conflito de direitos fundamentais, envolvendo a liberdade e/ou o controlo da informação.[103]

[103] LUSA. Diário de Notícias. Disponível em: <https://www.dn.pt/lusa/fake-news-ataques-no-ciberespaco-minam-confianca-dos-cidadaos----embaixador-para-a-ciber diplomacia--10603364.html>. Acedido em 26 mai. 2023.

2. DA PRIVACIDADE, PROTEÇÃO DE DADOS À CIBERSEGURANÇA

A privacidade evoluiu ao ponto de direito já há algum tempo, mas, ainda assim, encontra-se num constante processo de fortalecimento diante da sociedade atual – a sociedade de informação. A propagação de informações dá-se num mundo onde o ciberespaço está cada vez mais presente e dominante tornando-se, dia após dia, mais comum na vida das pessoas. Com esta situação, surge um forte aliado para a preservação do direito à privacidade, não só no espaço cibernético, como também no ambiente físico: a proteção de dados.

O direito à privacidade consiste num direito de personalidade e tais direitos foram debatidos após a Declaração Universal dos Direitos Humanos. Os direitos de personalidade, do qual o direito de privacidade faz parte, têm o seu fundamento na dignidade humana, na autonomia da vontade e no reconhecimento da individualização de cada indivíduo diante da coletividade. Estes direitos permitem ao indivíduo o controlo de aspetos formadores da sua personalidade, tais como o nome e imagem.[104]

Tratando-se o direito de personalidade de um direito universal, todas as pessoas o possuem pelo simples facto de serem pessoas, independentemente de crenças ou de qualquer outro facto íntimo.

[104] CORREIA, Victor – **Da Privacidade**: Significado e Valor. Editora Almedina: Coimbra, 2018. ISBN 978-972-40-77-4. P. 52.

É importante frisar que, mesmo constituindo um direito universal e inerente a todos os seres humanos, este pode sofrer limitações, como no caso do indivíduo que é suspeito do cometer terrorismo e que verá a sua privacidade violada em prol da coletividade. Além disso, este consiste num direito de atuação negativa, sendo que, para a sua concretização, é necessária uma abstenção do Estado e dos demais indivíduos, tendo o detentor do direito de privacidade o direito a exigir dos outros tal comportamento.[105]

Na seguinte abordagem procurar-se-á apresentar uma evolução internacional e humana diante de legislações portuguesas e brasileiras, fazendo uma correlação entre as mesmas. A proteção de dados também evoluiu para o *status* de direito em Portugal, possuindo este país uma legiferação ativa e permanente quando se trata de regulação do *ciber* que, por consequência, visa também a proteção de dados e preservação da privacidade. No Brasil, a situação é completamente diferente no que à legislação e direito comparado direcionado à proteção de dados diz respeito; este processo tem ainda pouco desenvolvimento, mas encontra-se, ainda assim, ativo. Conclui-se, portanto, que muitos países e/ou blocos acordaram há bastante tempo para a proteção de dados enquanto direito, tema que será abordado neste capítulo. Será também feita uma análise da evolução da privacidade e da proteção de dados como direito, direcionando as considerações ao ambiente europeu com enfoque em Portugal, havendo ainda lugar a uma comparação com o *status* brasileiro.

Uma pessoa tem proteção total diante da sua propriedade mas, para tal, precisa de provar que a sua propriedade realmente lhe pertence, devendo esse reconhecimento ser feito, não só entre particulares, mas também diante do poder público.[106] De forma diferente são consideradas as emoções humanas transferidas ao escopo pessoal, denominado "personalidade".[107] Louis D. Brandeis e Samuel Warren publicaram, em 1890, o artigo: "O Direito à Privacidade" pela Harvard

[105] *Idem – Ibidem.*

[106] WARREN, Samuel D.; BRANDEIS, Louis D. – **The Right to Privacy**. Vol. 4, No. 5. Harvard Law Review: [Em linha]. 1890. [Consult. 20 nov. 2018]. Disponível em: https://www.cs.cornell.edu/~shmat/courses/cs5436/warren-brandeis.pdf 193-220. p. 194.

[107] *Idem – Op. Cit.* p. 195.

Law Review, que se tornou no primeiro grande artigo a defender um direito legal à privacidade.[108]

As recentes criações na área da informação fazem-nos pensar na proteção futura do indivíduo e em que circunstâncias deverá ser protegido o direito de cada um estar sozinho. Mesmo que essa informação reflita a nossa atualidade, Brandeis, no artigo anteriormente citado, conseguiu influenciar fortemente o artigo 12 da Declaração Universal dos Direitos Humanos[109], o qual determina que: [110]

> Ninguém será sujeito à interferência na sua vida privada, na sua família, no seu lar ou na sua correspondência, nem a ataque à sua honra e reputação. Todo ser humano tem direito à proteção da lei contra tais interferências ou ataques. Fortalecendo, então, o direito à privacidade, diante da inviolabilidade da vida privada, das correspondências e, por consequência, das comunicações.

Quase 30 anos depois, em 1928, após o surgimento e popularização do telefone, foi inventada a possibilidade das escutas telefónicas. Isso levou a que, posteriormente, num caso nos Estados Unidos da América, na Suprema Corte de Justiça, Brandeis defendesse o direito constitucional à privacidade numa relação direta em Olmstead v. Estados Unidos. Neste processo, estava em causa uma evidência num julgamento criminal a respeito de uma conversa telefónica incriminadora conduzida voluntariamente pelo acusado e secretamente ouvida por um funcionário público. No caso, o acusado seria uma testemunha contra si mesmo, violando assim a Quinta Emenda.[111] "O progresso da ciência no fornecimento de meios de espionagem ao governo não deve parar com escutas telefônicas", escreveu Brandeis em Olmstead, referindo-se a um caso

[108] EXYN – **Privacy e Data Protection Foundation.** [Em linha]. 2018. [Consult. 10 out. 2018]. Disponível em: https://dam.exin.com/api/&request=asset.permadownload&id=3813&type=this&token=b919a584f9c26623c236268316de989f.

[109] Burrows, Leah – **To be let alone: Brandeis foresaw privacy problems**. [*APUD* Louis D. Brandeis]. What would the privacy-law champion make of surveillance programs like PRISM?. [Em linha]. 2013. [Consult. 20 nov. 2018]. Disponível em: http://www.brandeis.edu/now/2013/july/privacy.html.

[110] UNICEF – **Declaração Universal dos Direitos Humanos.** [Em linha]. 1948. [Consult. 20 nov. 2018]. Disponível em: https://www.unicef.org/brazil/pt/resources_10133.htm.

[111] Quinta Emenda. P. 277 U.S. 462.

no qual o governo colocava, ilegalmente, as conversas de um suspeito de contrabando sob escuta. "Um dia poderá ser desenvolvido um meio pelo qual o governo, sem remover documentos de gavetas secretas, pode reproduzi-los em tribunal e, com isso, poderá expor ao júri as ocorrências mais íntimas do lar".[112]

Hoje, vive-se noutro patamar quando se trata de privacidade relativamente às tecnologias em vigor e às que surgem a todo o momento. Quando Edward Snowden, ex-funcionário da NSA, revelou que a agência de segurança dos Estados Unidos da América conduz uma vigilância permanente e massiva dos registos telefónicos e da Internet de milhões de americanos e também de pessoas fora do país, reacendeu o debate sobre o direito de um cidadão à privacidade e a necessidade cada vez maior de uma conformidade nesta área.[113]

Brandeis, além de advogado, era jurista, assim como a figura mais importante na História quando se trata sobre o conceito de privacidade. Além de interpretar um direito constitucional voltado à privacidade, também foi o primeiro jurista a reconhecer a ameaça que a tecnologia poderia impor aos cidadãos. Brandeis tinha uma perspetiva à frente do seu tempo e, consciente do papel que a tecnologia desempenharia na evolução dos padrões legais, previa que esta viesse a causar um impacto profundo na forma de legiferação e aplicabilidade legal.[114]

Segundo Leah Burrows, é como se Brandeis[115] conseguisse prever os massivos programas de exploração de dados eletrónicos e monitorização de conteúdos na internet que ocorrem a todo o momento, seja por pessoas singulares, coletivas ou, principalmente, por Estados. Brandeis quereria proteger os cidadãos da invasão das suas vidas privadas, preocupando-se com o acúmulo de dados que poderiam ser usados por terceiros não autorizados para comprometer a privacidade individual de pessoas singulares. Este contemplava apenas o bem-estar do privado, não entendendo que muitas vezes essa monitorização poderia causar uma maior segurança pública para a nação.

[112] Burrows, Leah [*APUD* BRANDEIS] – **To be let alone: Brandeis foresaw privacy problems.** *Ibidem.*

[113] *Idem – Ibidem.*

[114] *Idem – Ibidem.*

[115] Burrows, Leah [*APUD* BRANDEIS] – **To be let alone: Brandeis foresaw privacy problems.** *Ibidem.*

A veloz evolução no processamento de dados, bem como a facilitação no acesso às tecnologias de informação aceleraram, em 1970, o desenvolvimento daquela que hoje é a União Europeia, fortalecendo o comércio internacional. Surgiu, neste momento, uma dupla preocupação que se resumia em questões antagónicas, visto que, enquanto era necessário promover a proteção dos dados individuais frente ao grande fluxo de informações internacionais, o comércio internacional precisava de liberdade para se desenvolver e fluir. Caso contrário, tal procedimento poderia acabar por travar o comércio em transfronteiras e fazer com que a privacidade referente os dados pessoais das pessoas singulares fossem violados.[116]

A iniciativa de harmonizar a relação entre o comercio internacional e a privacidade dos dados das pessoas partiu da Organização para a Cooperação e Desenvolvimento Econômico – OCDE, no ano de 1980. Esta entidade criou diretivas direcionadas para a Proteção da Privacidade e Fluxos entre fronteiras de Dados Pessoais, denominadas *Guidelines on the Protection of Privacy and Trans-border flows of Personal Data*, consolidadas um ano depois no Tratado de Estrasburgo. Todavia, essa questão constituía, ainda assim, um problema. Desta forma, a fim de se resolver tal empasse, foi criada a "Diretiva de Proteção de Dados" 95/46/EC e, no ano de 2002, a Carta dos Direitos fundamentais da UE trouxe expressamente a proteção de dados pessoais e da privacidade como direitos fundamentais.[117]

Todavia, o processamento de dados aumentava constantemente diante do processo de Globalização e transformação digital, ponto que será abordado mais adiante. Em contrapartida, o comércio internacional foi prejudicado porque, mesmo tendo os atos normativos nos Estados-Membros como base a Diretiva 95/46/EC, eram ainda muito diversos, fazendo com que as relações de negócios e os procedimentos para proteção de dados fossem bastante diversificados, ficando longe de constituir um padrão. Devido ao facto mencionado, após anos de debate sobre a temática, a União Europeia assistiu, em 25 de maio de 2018, à entrada

[116] EXYN – **Privacy e Data Protection Foundation**. *Ibidem*.

[117] *Idem – Ibidem*.

em vigor do Regulamento Geral de Proteção de Dados, que revogava a diretiva supracitada.[118]

Contudo, durante estes tempos distintos, pode-se dividir a invasão à privacidade em dois momentos: um anterior à existência do ciberespaço e o outro que decorre atualmente. Como exemplo do primeiro momento, podemos falar sobre a invasão de propriedade, que constitui uma clara violação do direito à privacidade. No momento atual, porém, podemos observar uma diminuição ou total retirada de direitos de privacidade, tendo em consideração as tecnologias existentes que facilitam essa intrusão[119] por meios informáticos. Esta situação causa violação e/ou fuga de dados por imprudência, imperícia ou negligência, factos que ocorrem comummente quando não se procura a aplicação da conformidade digital para a privacidade destes conteúdos. Por consequência, atinge-se o máximo de plenitude quando se trata de preservação de direitos, liberdades e garantias de um indivíduo.

Essa evolução será apresentada de forma mais detalhada diante de cada procedimento basilar para a evolução da Privacidade como um Direito fundamental, conforme apresentado neste *caput*, que inicia agora com a Declaração Universal dos Direitos do Homem.

2.1. Declaração Universal de Direitos Humanos de 1948 – DUDH

A proteção dos direitos humanos é função do próprio Estado, estando, inclusive, presente na maioria das constituições de Estados democráticos. Para que esses direitos sejam protegidos e assegurados, o Estado tem o papel de encontrar aqueles que violem estes direitos e puni-los, a fim de garantir as liberdades individuais fundamentais. É claro perceber a violação de direitos quando de um crime comum contra os cidadãos de uma nação se trata, mas a violação dos direitos humanos é praticada por aqueles que detêm o poder, seja por ação ou omissão. Assim, quem governa possui o dever de proteger o povo. Portanto, podemos considerar que a violação de direitos humanos ocorre, exista intervenção ou não por parte do Estado na vida privada do seu povo. Exemplo disso é quando o Estado dita o que os seus cidadãos devem ou não vestir,

[118] Lóssio, Claudio Joel Brito – *Ibidem*.

[119] Correia, Victor – **Da Privacidade**: Significado e Valor. *Op. Cit.* P. 74.

permite que estes morram de fome[120], ou monitoriza as comunicações cibernéticas, violando, assim, o seu direito à privacidade previsto, tanto na DUDH, quanto na sua própria Constituição.

Mesmo datando A Declaração Universal dos Direitos Humanos de 10 de dezembro de 1948, possui um texto bem atual quando se trata do direito das pessoas à privacidade. O seu artigo 12, *in verbis*, procura tutelar direitos fundamentais, voltados à inviolabilidade da vida privada e das comunicações:

> Ninguém sofrerá intromissões arbitrárias na sua vida privada, na sua família, no seu domicílio ou na sua correspondência, nem ataques à sua honra e reputação. Contra tais intromissões ou ataques toda a pessoa tem direito a protecção da lei.[121]

O texto anteriormente citado está diretamente relacionado com o combate ao conteúdo acessível a qualquer indivíduo e que possa causar alguma intromissão ou ataque pessoal, civilmente denominado de dano moral, seja esse expresso na nossa sociedade convencional ou no ambiente cibernético. A amplitude de proteção do artigo 12 da Declaração Universal dos Direitos Humanos é bastante vasta dado que se pode, apenas através da sua leitura, ter o pleno entendimento da competência que este abrange.

A Declaração Universal dos Direitos Humanos, no seu Artigo XIX[122], versa diretamente que as pessoas singulares não devem sofrer interferências, sendo invioláveis a liberdade de expressão e o direito a receber e transmitir informações e ideias sem limite de fronteiras; *in verbis*: "Todo ser humano tem direito à liberdade de opinião e expressão; esse direito inclui a liberdade de, sem interferência, ter opiniões e de

[120] Friedman, Mark – **Direitos Humanos**. São Paulo: Hedra Educação, 2013. ISBN: 978856520677-8. p. 7.

[121] **DECLARAÇÃO Universal dos Direitos Humanos**. 1948. [Em Linha]. [Consult. 19 set. 2018] Disponível em: https://www.ohchr.org/EN/UDHR/Documents/UDHR_Translations/por.pdf.

[122] Declaração Universal dos Direitos Humanos. Artigo XIX: "Todo ser humano tem direito à liberdade de opinião e expressão; esse direito inclui a liberdade de, sem interferência, ter opiniões e de procurar, receber e transmitir informações e ideias por quaisquer meios e independentemente de fronteiras." [Em linha]. [Consult. 05 dez. 2017]. Disponível em http://www.onu.org.br/img/2014/09/DUDH.pdf. p. 10.

procurar, receber e transmitir informações e ideias por quaisquer meios e independentemente de fronteiras.".

O Artigo XII[123] também é direcionado ao Direito à Privacidade, versando que ninguém verá a sua vida privada ou as suas correspondências interferidas, independente do local de aplicação – mundo físico ou lógico. Além disso, todos os seres humanos têm direito à proteção legal diante de tais ataques e intromissões nas suas particularidades.

A ordem social e internacional é um direito do ser humano e está também protegido na Declaração Universal dos Direitos Humanos, mais precisamente no Artigo XXVIII,[124] que defende a preservação da inviolabilidade da vida privada, correspondências e informação, independentemente do meio de veiculação.

Assim, os Direitos Humanos vêm para tutelar direitos fundamentais de pessoas em todo o mundo, sendo essa tutela distribuída em cinco dimensões: a primeira, relacionada com a proteção das liberdades individuais; a segunda, direcionada aos direitos sociais, como a saúde e a educação[125]; a terceira, voltada para a coletividade, como o direito a paz e ao meio ambiente, sendo a força da solidariedade e fraternidade;[126] a quarta, relacionada com o direito à democracia, ao pluralismo, à bioética e à informação. Note-se que, nesse ponto, a informação já surge no âmbito do direito fundamental de informar e de ser informado.[127] Por fim, a quinta dimensão traz a internet como um crescente instrumento de comunicação e de promoção de informação, acabando por atingir uma

[123] Declaração Universal dos Direitos Humanos. Artigo XII: "Ninguém será sujeito à interferência na sua vida privada, na sua família, no seu lar ou na sua correspondência, nem a ataque à sua honra e reputação. Todo ser humano tem direito à proteção da lei contra tais interferências ou ataques." [Em linha]. [Consult. 05 dez. 2017]. Disponível em http://www.onu.org.br/img/2014/09/DUDH.pdf. p. 08.

[124] Declaração Universal dos Direitos Humanos. Artigo XXVIII: "Todo ser humano tem direito a uma ordem social e internacional em que os direitos e liberdades estabelecidos na presente Declaração possam ser plenamente realizados." [Em linha]. [Consult. 05 dez. 2017]. Disponível em http://www.onu.org.br/img/2014/09/DUDH.pdf. p. 15.

[125] Bonavides, Paulo. Curso de Direito Constitucional. 19 ed. Editora Malheiros: São Paulo, 2006. p. 563.

[126] Oliveira Junior, José de Anchieta – **A importância dos Direitos Fundamentais para o Direito**. 2017. [Em linha]. Acedido em 15 mar. 2018. Disponível em: https://jus.com.br/artigos/58108/a-importancia-das-geracoes-dos-direitos-fundamentais-para-o-direito.

[127] Bobbio, Norberto – **A Era dos Direitos**. Rio de Janeiro: Campus, 1992. p. 06.

popularidade tão grande que se agregou à Cibernética, ciência que estuda a relação entre homens e máquinas e a informação diante desse novo sítio digital, denominado espaço cibernético.[128]

No que diz respeito à terceira dimensão, Fábio Konder Comparato expressa que ocorre uma solidariedade técnica no processo de globalização devido também à comunicação e que esse processo pode determinar a construção de um novo modelo de cidadania mundial condicionado pela homogeneização universal de práticas estatais. Anteriormente a este tipo de comunicação, a forma de trabalhar, produzir, trocar bens trazendo uma relação sem dominação nem dominados, de forma individual ou coletiva, era bastante distinta.[129]

Perante a Era Digital, a busca por regulamentação do espaço cibernético num local real inicia-se com um pensamento e estudo que permitam atingir essa quinta dimensão – a preocupação de garantir direitos fundamentais como a inviolabilidade da vida privada, da intimidade, das comunicações, assim como a informação no ambiente digital.

2.2. Convenção Europeia dos Direitos Humanos de 1950 – CEDH

Em Roma, corria o ano 1950, os signatários do conselho da Europa, considerando a importância da Declaração Universal dos Direitos do Homem, que procura assegurar e reconhecer a aplicação e efetivação dos direitos nesta elencados, decidiram formar a Convenção Europeia dos Direitos Humanos.

Esta convenção trouxe, no seu artigo oitavo,[130] o direito ao respeito pela vida privada e familiar, fortalecendo, no âmbito europeu, o direito à

[128] Olivo, Luís Carlos Cancellier de. "Aspectos Jurídicos do Comércio Eletrônico". In: Rover, Aires José (Org.) – **Direito, sociedade e informática.** Limites e perspectivas da vida digital. Florianópolis: Fundação Boiteaux, 2000. p. 60.

[129] Comparato, Fábio Konder – **A Afirmação Histórica dos Direitos Humanos.** "A solidariedade técnica traduz-se pela padronização de costumes é modos de vida, pela homogeneização universal das formas de trabalho, de produção e troca de bens, pela globalização dos meios de transporte e de comunicação. Paralelamente, a solidariedade ética, fundada sobre o respeito aos direitos humanos, estabelece as bases para a construção de uma cidadania mundial, onde já não há relações de dominação, individual ou coletiva ". *Op. Cit.* P. 51.

[130] Convenção Europeia dos Direitos Humanos. **Artigo 8º.** "Direito e respeito a vida privada e familiar: 1. Qualquer pessoa tem direito ao respeito da sua vida privada e familiar, do seu domicílio e da sua correspondência. 2. Não pode haver ingerência da autoridade pública no exercício deste direito senão quando esta ingerência estiver prevista na lei

privacidade – antes previsto no Artigo XII da DUDH –, para com isso a efetivar e assegurar a privacidade como direito fundamental na Europa.

O respeito e o direito à vida privada e familiar são expressos na CEDH, que no seu inciso primeiro refere que: "Qualquer pessoa tem direito ao respeito da sua vida privada e familiar, do seu domicílio e da sua correspondência." Observe-se seguidamente o que defende o seu inciso segundo:

> Não pode haver ingerência da autoridade pública no exercício deste direito senão quando esta ingerência estiver prevista na lei e constituir uma providência que, numa sociedade democrática, seja necessária para a segurança nacional, para a segurança pública, para o bem-estar económico do país, a defesa da ordem e a prevenção das infrações penais, a proteção da saúde ou da moral, ou a proteção dos direitos e das liberdades de terceiros.[131]

Prevê-se, assim, que numa sociedade democrática, salvaguardados a moral, os direitos e as liberdades de terceiros, o direito à privacidade estará protegido, posto que este faz parte das liberdades individuais e deve ser garantido e protegido pelo Estado.

2.3. Constituição da República Portuguesa de 1976

A Constituição da República Portuguesa de 1976 é imperiosa quando defende a privacidade e a proteção das pessoas singulares contra quaisquer formas de discriminação, mais precisamente no Artigo 26º, 1.[132]

e constituir uma providência que, numa sociedade democrática, seja necessária para a segurança nacional, para a segurança pública, para o bem – estar económico do país, a defesa da ordem e a prevenção das infracções penais, a protecção da saúde ou da moral, ou a protecção dos direitos e das liberdades de terceiros". https://www.echr.coe.int/Documents/Convention_POR.pdf.

131 Convenção Europeia dos Direitos Humanos – *Ibidem*.

132 CONSTITUIÇÃO da República Portuguesa de 1976, de 10 de abril. 4ª ed. Coimbra: Almedina, 2017. ISBN 978-972-40-6867-1. **Artigo 26º (Outros direitos pessoais), inciso 1**: "1. A todos são reconhecidos os direitos à identidade pessoal, ao desenvolvimento da personalidade, à capacidade civil, à cidadania, ao bom nome e reputação, à imagem, à palavra, à reserva da intimidade da vida privada e familiar e à protecção legal contra quaisquer formas de discriminação."

Essa garantia é ampliada no inciso 2[133], incluindo a utilização de informações de forma abusiva assim como a obtenção de forma de abusar da dignidade da pessoa humana.

É mister essa preocupação da Constituição da República Portuguesa de 1976 para com a regulação da obtenção e uso de informações de pessoas singulares. Torna-se, deste modo, uma versão prévia do que versa o Regulamento Geral de Proteção de Dados da Europa, também incorporado por Portugal, pois este regula de uma forma ampla a direção prevista no Artigo 26.2, anteriormente apresentado.

Seguindo a apresentação direcionada à privacidade, o artigo 34, inciso 1 desta Lei Fundamental[134] versa sobre a inviolabilidade do domicílio e da correspondência, publicando que a correspondência deve estar sob sigilo e que as comunicações privadas são invioláveis. Estes termos garantem, de forma fundamental, que a privacidade deve ser preservada, alargando este conceito diretamente à correspondência e comunicações por meio do ciberespaço.

Este facto é referido no Artigo 35[135] da Constituição, no qual é abordada a constitucionalização da proteção de dados em Portugal[136]

[133] Idem – **Artigo 26º (Outros direitos pessoais), inciso 2:** "A lei estabelecerá garantias efectivas contra a obtenção e utilização abusivas, ou contrárias à dignidade humana, de informações relativas às pessoas e famílias."

[134] Idem – **Artigo 34º** (Inviolabilidade do domicílio e da correspondência)**, inciso** "1. O domicílio e o sigilo da correspondência e dos outros meios de comunicação privada são invioláveis."

[135] Idem – **Artigo 35º (Utilização da Informática): "**1. Todos os cidadãos têm o direito de acesso aos dados informatizados que lhes digam respeito, podendo exigir a sua rectificação e actualização, e o direito de conhecer a finalidade a que se destinam, nos termos da lei. 2. A lei define o conceito de dados pessoais, bem como as condições aplicáveis ao seu tratamento automatizado, conexão, transmissão e utilização, e garante a sua protecção, designadamente através de entidade administrativa independente. 3. A informática não pode ser utilizada para tratamento de dados referentes a convicções filosóficas ou políticas, filiação partidária ou sindical, fé religiosa, vida privada e origem étnica, salvo mediante consentimento expresso do titular, autorização prevista por lei com garantias de não discriminação ou para processamento de dados estatísticos não individualmente identificáveis. 4. É proibido o acesso a dados pessoais de terceiros, salvo em casos excepcionais previstos na lei. 5. É proibida a atribuição de um número nacional único aos cidadãos. 6. A todos é garantido livre acesso às redes informáticas de uso público, definindo a lei o regime aplicável aos fluxos de dados transfronteiras e as formas adequadas de protecção de dados pessoais e de outros cuja salvaguarda se justifique por razões de interesse nacional. 7. Os dados pessoais

no que à utilização da informática é respeitante. Neste artigo, mais precisamente no inciso 1, está já implícito que o titular dos dados poderá exigir a retificação e alteração, assim como saber a finalidade da solicitação dos dados.[137]

Já o inciso 2 desse mesmo artigo traz previsão sobre o conceito de dados pessoais, transmissão e utilização, tratamento automatizado, assim como a garantia à proteção dos titulares através de uma entidade administrativa independente.[138]

São abordadas, no inciso seguinte, acerca dos dados sensíveis, "convicções filosóficas ou políticas, filiação partidária ou sindical, fé religiosa, vida privada e origem étnica", assim como a necessidade de consentimento expresso, para que garanta que a prática de discriminação não ocorra, como também não haja processamento de dados estatísticos individualizados.[139]

Ainda sobre a proteção de dados, deverá ser vedado o acesso a dados pessoais por terceiros – tanto em âmbito digital, quanto em ambiente físico[140-141] –, salvo em casos excecionais, como razões de

constantes de ficheiros manuais gozam de protecção idêntica à prevista nos números anteriores, nos termos da lei."

[136] MASSENO, Manoel David – **Os Fundamentos e as Fontes**. 2018. [Em Linha]. [Consult. 13 ago. 2019]. Disponível em: https://www.academia.edu/37566233/Os_Fundamentos_e_as_Fontes_da_Prote%C3%A7%C3%A3o_de_Dados_.

[137] CONSTITUIÇÃO da República Portuguesa de 1976, de 10 de abril. – **Artigo 35º (Utilização da Informática):** "1. Todos os cidadãos têm o direito de acesso aos dados informatizados que lhes digam respeito, podendo exigir a sua rectificação e actualização, e o direito de conhecer a finalidade a que se destinam, nos termos da lei."

[138] Idem – "2. A lei define o conceito de dados pessoais, bem como as condições aplicáveis ao seu tratamento automatizado, conexão, transmissão e utilização, e garante a sua protecção, designadamente através de entidade administrativa independente."

[139] Idem – "3. A informática não pode ser utilizada para tratamento de dados referentes a convicções filosóficas ou políticas, filiação partidária ou sindical, fé religiosa, vida privada e origem étnica, salvo mediante consentimento expresso do titular, autorização prevista por lei com garantias de não discriminação ou para processamento de dados estatísticos não individualmente identificáveis."

[140] Idem – "7. Os dados pessoais constantes de ficheiros manuais gozam de protecção idêntica à prevista nos números anteriores, nos termos da lei."

[141] Idem – "4. É proibido o acesso a dados pessoais de terceiros, salvo em casos excepcionais previstos na lei."

interesse nacional.[142] Além disso, não é permitido ao cidadão possuir um único número identificador, pois isso facilitaria a identificação direta de uma pessoa singular.

O artigo 35º da Constituição da República Portuguesa é ainda hoje frequentemente atualizado e reforçado, visto que traz definições e regulações direcionada à proteção de dados desde 1976. O Brasil, por sua vez, apenas em 2014 definiu uma regulação que, de forma indireta, apresentou algumas brevíssimas tentativas de conceito acerca de proteção de dados, muito embora longe de um direito fundamental. Vale ressaltar que, desde 1976, o Diploma Fundamental português já fazia referência aos termos "informática" e "dados", sendo que alguns conceitos foram fortalecidos posteriormente por duas revisões constitucionais. A primeira, em 1982, acrescentou os números 2 e 4 e alterou os números 1 e 3 do artigo 35º, fazendo alterações como a substituição de "registos mecanográficos" por "registos informáticos"[143]; já a segunda Revisão Constitucional deu-se pela Lei Constitucional 1/89, que teve como base para as principais alterações a Convenção 108 do Parlamento Europeu, que deu ênfase ao tratamento automatizado.[144]

Ainda acerca do artigo 35º, o mesmo é como se de uma apresentação de normativos de proteção de dados se tratasse. Exemplo disso é o Regulamento Geral de Proteção de dados da Europa, da Lei Geral de Proteção de Dados Pessoais do Brasil e também da Lei 59/2019. Contudo, segundo Canotilho e Vital Moreira, a epígrafe desse artigo está longe de revelar a amplitude das normas nele contidas.[145]

Ao abordar o tratamento de dados, há uma amplitude imensa, pois este não está apenas relacionado com a individualização, fixação e recolha, mas também com a conexão, transmissão, utilização e publicação.

[142] Idem – "6. A todos é garantido livre acesso às redes informáticas de uso público, definindo a lei o regime aplicável aos fluxos de dados transfronteiras e as formas adequadas de protecção de dados pessoais e de outros cuja salvaguarda se justifique por razões de interesse nacional."

[143] Castro, Catarina Sarmento e – **40 anos de "Utilização da Informática" – O artigo 35º da Constituição da República Portuguesa**. 2016. [Em Linha]. [Consult. 20 set.2019]. Disponível em: http://www.scielo.mec.pt/scielo.php?script=sci_arttext&pid=S2183-184X2016000300004#_ftn7.

[144] *Idem – Ibidem.*

[145] Canotilho, José Joaquim Gomes; Moreira, Vital – **CRP: Constituição da República Portuguesa** – Anotada. *Op. Cit.* P. 550.

O crescimento dos meios tecnológicos fez com que esse artigo fosse inserido com larga amplitude, visto que as pessoas singulares devem ter os seus dados pessoais protegidos e garantidos em face do uso abusivo ou não consentido. Direito, liberdades e garantias da proteção de dados são inquestionáveis, pois estes dados sob proteção garantem o desenvolvimento pleno da personalidade, dignidade da pessoa, e a intimidade da vida privada;[146] sem proteção de dados não há privacidade face ao conteúdo dos mesmos.

O artigo 35º traz ainda uma imperiosa perceção diante da diferença entre dados pessoais e dados sensíveis. Este segundo conceito constitui uma ligação mais estreita e forte com a dignidade, a personalidade e a autodeterminação das pessoas e devem, por isso, ser tidos maiores cuidados e restrições.[147] A pessoa terá, assim, de saber a razão da recolha do dado, a sua finalidade, e por quanto tempo permanecerá em tratamento, ficando ainda impossibilitada a numeração única para cada pessoa inviabilizando a identificação da mesma.

2.4. Tratado de Estrasburgo de 1981 – Convenção 108 e 108 +

O Tratado de Estrasburgo de 1981 tem como base o respeito e a preservação dos direito e liberdades fundamentais individuais, entre eles o direito à privacidade das pessoas singulares, devendo cada pessoa procurar o respeito pela privacidade das demais.[148] Não se pode deixar de lembrar e perceber que os dados podem conter material suficiente para conseguir violar a dignidade, a personalidade e/ou a vida privada de um indivíduo. O respeito por estas informações pessoais deve então prevalecer diante dos tratamentos de dados automatizados, relacionando a privacidade deste diploma à proteção de dados, segundo o artigo 1º deste tratado.[149]

[146] *Idem – Op. Cit.* p. 550-551.

[147] *Idem – Ibidem.*

[148] EUROPE Counceil – **Convention for the Protecition of Individuals with regard to Automatic Processing of Personal Data**. 1981. [Em linha]. [Consult. 27 nov. 2018]. Disponível em: https://rm.coe.int/1680078b37.

[149] EUROPE Counceil – **Convention for the Protecition of Individuals with regard to Automatic Processing of Personal Data**. Artigo 1: "The purpose of this Convention is to secure in the territory of each Party for every individual, whatever his nationality or residence,

Este documento também traz alguns conceitos e ou definições importantes, como os presentes no artigo 2º. Neste estão contidos: dados pessoais, apresentados como os dados passíveis de tornar uma pessoa identificável ou propriamente identificada; processamento automático, que versa sobre quais os dados processados e armazenados, podendo ser de maneira lógica ou digital, submetendo-se, ainda assim, a análises de algoritmos para certas determinações de filtro ou exposição. O pensamento e a perceção direcionados à privacidade, e por consequência, a promover a proteção de dados e – o mais interessante –, limitando os algoritmos, já estão previstos, e de forma importantíssima. Não se pode, no entanto, deixar de mencionar que tais conceitos não estão contemplados em alguns normativos de Estados extra signatários.

Os algoritmos estão presentes nos códigos de programação de computadores e podem, através de condicionantes, determinar o futuro de uma ação como, por exemplo, do tratamento de um dado. A busca pela regulamentação dos algoritmos é a base para a regulação de aplicações que se utilizam no âmbito das ciências de dados e inteligências artificiais, como por exemplo as instâncias de *softwares* inteligentes ou robôs.

Este tratado traz também alguns princípios básicos para a proteção de dados, como os princípios da qualidade dos dados, que tratam sobre a veracidade dos mesmos, recolhendo apenas dos dados necessários, com objetivo específico e voltado para determinada finalidade. Noutras palavras, os dados não podem ser recolhidos de forma aleatória, sem finalidade, legalidade, sem limite algum. São igualmente referidas neste documento determinações sobre onde deve ser procurada segurança suficiente para que não ocorram violações de dados, fugas, ou eliminação acidental, devendo os princípios para a segurança da informação ser preservados.

Em 18 de maio de 2018, a Convenção 108 +, praticamente uma atualização do que foi convencionado em Estrasburgo, tem por finalidade proteger todas as pessoas, independentemente da sua nacionalidade ou residência, no que diz respeito ao tratamento dos seus dados pessoais,

respect for his rights and fundamental freedoms, and in particular his right to privacy, with regard to automatic processing of personal data relating to him ("data protection")."

contribuindo assim para o respeito dos seus direitos humanos e liberdades fundamentais e, em especial, do direito à vida privada.[150]

> Embora os princípios fundamentais contidos na Convenção nº 108 de 1981 tenham resistido ao teste do tempo e a sua abordagem generalista e tecnologicamente neutra constitua uma força inegável, o Conselho da Europa considerou necessário modernizar o seu instrumento de referência.
>
> A modernização da Convenção nº 108 visa dois objetivos principais: enfrentar os desafios decorrentes da utilização das novas tecnologias da informação e da comunicação e reforçar a aplicação efetiva da Convenção.[151]

A apresentar princípios básicos sobre o tratamento de dados pessoais, deveres das partes, legitimidade, direitos do titular, fluxos transfronteiriços, assim como as especificações dos tipos de dados, segurança, proteção dos dados e as sanções.

Vários pontos são abordados, como acerca da cooperação entre autoridades de proteção de dados. Em uma visão concisa e direta, apresenta muitos comentários em busca de melhor perceção sobre os conceitos e definições, para que não seja percebido por demais interpretadores de modo diverso do que está disposto em lei.

2.5. Diretiva UE 95/46/CE e Lei n. 67/98 de Portugal

Antes de iniciar a abordar sobre a Diretiva 95/46/CE da União Europeia, é necessário perceber que uma Diretiva em vigor nesta entidade necessita de transposição legal nos seus Estados-Membros; assim, não basta ser publicada – deve ser transposta. Em Portugal, essa transposição foi feita através lei 67/98, denominada Lei Proteção de Dados Pessoais.

Na União Europeia, o Direito apresenta-se como totalmente autónomo, não se tratando de uma subespécie. Trata-se, pois, de uma ordem jurídica específica que possui fontes próprias, assim como forma de

[150] EUROPE Council. **Convenção 108 +**. Convenção para a proteção das pessoas relativamente ao tratamento de dados de carácter pessoal. [Consult. 03 jun. 2023]. Disponível em: https://rm.coe.int/cm-convention-108-portuguese-version-2756-1476-7367-1/1680aa72a2.

[151] *Idem – Ibidem.*

aplicabilidade. O Direito deste bloco aplica-se aos direitos dos Estados-membros de modo pleno, não possuindo depreciação da sua natureza, além de não ser necessária aceitação para que um normativo da UE atue num Estado-membro. Encontra-se, ainda assim, acima das normas da ordem interna dos Estados, inclusive da Lei Fundamental. Com isso, a ordem de cada Estado-membro deve estar atenta à legiferação interna para que esta esteja em consonância com o Direito da União Europeia; do mesmo modo como os tribunais interpretam a Lei dentro do seu Estado – de fora para dentro –, assim devem ser analisados primeiramente os normativos da União Europeia, e *a posteriori* os do seu Estado.[152]

Dando continuidade à abordagem anterior, na União Europeia as diretivas constituem normativos obrigatórios que devem ser transpostos para a ordem jurídica do Estado-membro de forma a serem plenamente aplicados. Permite-se, assim, estabelecer o objetivo da sua tutela e fazer o necessário para que esta seja atendida de forma completa pelo Estado.[153] O regulamento é autónomo e por isso é aplicado de forma plena e íntegra e de modo diferente do processo da diretiva. Significa isto que este não precisa de uma transposição para a ordem jurídica nacional. Contudo, é importante referir que pode ser necessária a criação de medidas complementares para que um regulamento seja cumprido de forma plena em âmbito nacional, como a Lei 58/2019 em relação ao RGPD.[154]

A Diretiva 95/46/CE é publicada pelo parlamento da União Europeia com o intuito de fortalecer as liberdades, garantias e direitos aos povos que compõem os Estados-membros, acautelando a inviolabilidade da privacidade quando se trata de dados pessoais. O seu artigo 1º, inciso 1, discorre diretamente sobre a necessidade de conformidade desta diretiva para que seja respeitado o tratamento de dados[155]. O termo

[152] Neves, Miguel Santos et al. **Introdução ao Direito.** Coimbra: Almedina, 2018. ISBN 978-972-40-6474-1. p. 79.

[153] MINISTÉRIO de Negócios Estrangeiros – **Manual de Boas Práticas para a Negociação, Transposição e Aplicação de Legislação da União Europeia**. 2018. [Em linha]. [Consult. 07. Set. 2018]. Acedido em https://infoeuropa.eurocid.pt/files/database/000061001-000062000/000061756.pdf. p. 08.

[154] *Idem – Op. Cit.* p. 09.

[155] PARLAMENTO Europeu e do Conselho. **Directiva 46/95/CE**, de 24 de outubro. "1. Os Estados-Membros garantirão, em conformidade com o disposto na presente diretiva, a proteção das liberdades e dos direitos fundamentais das pessoas singulares e, em

"conformidade" pode ser referido como "*Compliance*", e quando se trata do ambiente cibernético digital, esse conceito é designado "*Compliance* Digital". Esta expressão encontrar-se-á conceituada de uma forma mais ampla posteriormente no devido capítulo.

Conforme dito previamente, a transposição desta diretiva no Estado Português fez surgir a Lei 67/98 – denominada Lei de Proteção de Dados Pessoais –, que traz como princípio geral o seguinte: "O tratamento de dados pessoais deve processar-se de forma transparente e no estrito respeito pela reserva da vida privada, bem como pelos direitos, liberdades e garantias fundamentais."[156]. Este diploma vem reforçar, assim, uma cultura de proteção de dados já internamente determinada pelo artigo 35º da Constituição da República Portuguesa de 1976.

A procura pela tutela dos direitos, liberdades e garantias fundamentais através da proteção de dados, como referido, já faz parte da cultura no velho mundo. O mesmo não sucede no novo mundo, mais especificamente no Brasil, onde apenas existe uma lei publicada direcionada à tutela da proteção dos dados pessoais de forma direta – a Lei 13.709 de 14 de agosto de 2018.

2.6. Carta dos Direitos Fundamentais da União Europeia de 2000

A Carta dos Direito Fundamentais da União Europeia tem, entre outras finalidades, a de informar de que a dignidade do ser humano é inviolável, mais exatamente no seu artigo 1º.[157] Mas, se este diploma protege a dignidade das pessoas singulares, primeiramente deve-se entender o que este termo significa. Pode-se, então, afirmar que a fuga e violação de dados pessoais pode ser um grande trunfo ou contributo para violar ou ameaçar a dignidade do indivíduo. Visto que o ambiente cibernético pode armazenar fotos, conversas, ou qualquer outro dado e/ou informações de caráter privado que podem determinar o futuro de alguém, a

particular, do direito à privacidade no que diz respeito ao tratamento de Dados pessoais". [Em Linha]. [Consult. 17 set. 2019]. Disponível em: https://eur-lex.europa.eu/legal-content/ES/ALL/?uri=CELEX%3A31995L0046.

[156] PORTUGAL. **Lei n. 67/98**, de 26 de outubro. Lei da Proteção de Dados Pessoais. [Em Linha]. [Consult. 17 set. 2019]. Disponível em: https://dre.pt/web/guest/pesquisa/-/search/239857/details/maximized.

[157] EUROPE Couceil – **Carta dos Direito Fundamentais da União Europeia**. 2002. [Em linha]. [Consult. 27 nov. 2018]. Disponível em: http://www.europarl.europa.eu/charter/pdf/text_pt.pdf.

fuga destes dados poderá culminar em situações praticamente irreversíveis quando se fala de dignidade e privacidade.

Para uma melhor compreensão, o conceito de dignidade fará parte da seara deste subtópico. A dignidade da pessoa humana é um tema extremamente subjetivo, visto que um mesmo ato poderá constituir uma violação da dignidade para alguns e ser normalmente acatado por outros. Tal sucede mesmo que quem pratica o ato tenha o intuito de elogiar. É, portanto, difícil elencar o que faz parte da dignidade da pessoa humana, pois o contexto desta ação poderá definir se está a ocorrer ou não uma violação deste princípio.[158]

Segundo Victor Correia, existem duas espécies de dignidade: a primeira, a dignidade relativa a uma profissão e ao direito ao respeito pelos próprios profissionais e pelos demais indivíduos da sociedade; a segunda, a dignidade inerente ao simples facto de se ser uma pessoa, sendo essa a que interessa nesta escrita. O direito à dignidade, assim como à própria privacidade, não é perdido quando o indivíduo, em qualquer situação, fere a sua própria dignidade. Neste caso, deve o Estado protegê-lo contra lesões de outros que não ele. A dignidade pessoal pode ser ferida quando há uma violação da privacidade, mas é preciso salientar que nem sempre o direito à integridade estará em consonância e fará parte do direito à dignidade. Existirão, deste modo, situações em que estará presente um conflito entre ambos e, em cada caso específico, um deverá prevalecer sobre o outro;[159] como quando ocorre um conflito entre direitos fundamentais.

O autor Ingo Sarlet conceitua, na sua obra *Dignidade da pessoa humana e direitos fundamentais*, da seguinte forma a dignidade da pessoa humana:

> é distinta a cada pessoa, a cada sociedade, e assim implica diretamente em como o Estado tratará tal facto. A busca poderá ser feita com base na eliminação do que seja degradante ou desumano para alguém, assim promovendo meios para garantir condições existenciais mínimas para que cada pessoa possua uma vida saudável.[160]

[158] Barroso, Luís Roberto – **Neoconstitucionalismo**. Disponível em <https://jus.com.br/artigos/7547/neoconstitucionalismo-e-constitucionalizacao-do-direito>. Acesso em: 10 mar. 2018.

[159] Correia, Victor – **Da Privacidade**: Significado e Valor. *Op. Cit.* P. 105.

[160] Sarlet, Ingo Wolfgang – **Constituição e Proporcionalidade**: o direito penal e os direitos fundamentais entre proibição de excesso e de insuficiência. 2005. Disponível em:

Emanuel Kant refere nos seus escritos que a dignidade de alguém é aquilo que não possui valor económico ou inalienável pois o homem, como animal racional, poderá delimitar tal situação para si mesmo. Assim, uma coisa poderá ter um preço ou uma dignidade. Quando uma coisa tem um preço, poderá ser substituída por algo equivalente, mas quando essa coisa possui um preço infinitamente elevado ou não é passível de atribuição de um valor monetário, não existindo equivalência de outra coisa para substituí-la, então esta possuirá cunho de dignidade.[161]

A dignidade da pessoa humana está relacionada com o indivíduo em concreto, seja ele homem ou mulher. Esta é inerente à proteção da vida da pessoa, tem caráter inviolável, e dispõe de igual valor, independentemente de quem a possua. A dignidade pertence ao indivíduo desde o seu nascimento ou até mesmo desde o momento da sua conceção. A proteção em si não é suficiente, pelo que é necessário concretizá-la através de ações que promovam essa dignidade, como a proteção da saúde do indivíduo, disponível e com qualidade. Essa proteção diz respeito ao ser vivo propriamente dito, bem como aos bens da vida, sejam embriões ou células.[162]

Voltando à Carta dos Direitos Fundamentais da União Europeia, esta menciona no seu artigo 7º, *in verbis*, que "Todas as pessoas têm direito ao respeito pela sua vida privada e familiar, pelo seu domicílio e pelas suas comunicações."[163] Esta afirmação vem reforçar a Declaração Universal dos Direitos do Homem, visto que tem como conceção a preservação e o respeito pela vida privada, assim como a inviolabilidade das comunicações pessoais.

Já no seu artigo 8º[164], é claro o pensamento voltado diretamente à proteção de dados, tratando acerca da salvaguarda deste direito e do tratamento adequado destas informações, com o devido consentimento do

<http://grupoddp.com.br/resources/Constituição e Proporcionalidade - Ingo Sarlet.pdf>. Acesso em: 24 ago. 2016.

[161] KANT, Immanuel – **Fundamentação da metafísica dos costumes e outros escritos**; Tradução de Leopoldo Holzbach – São Paulo: Martin Claret, 2004. P. 46.

[162] MIRANDA, Jorge – **Direitos Fundamentais.** *Op. Cit.* p. 225.

[163] **Carta dos Direito Fundamentais da União Europeia**. *Ibidem.*

[164] **Idem** – Artigo 8º. "1. Todas as pessoas têm direito à protecção dos dados de carácter pessoal que lhes digam respeito. 2. Esses dados devem ser objecto de um tratamento leal, para fins específicos e com o consentimento da pessoa interessada ou com outro fundamento legítimo previsto por lei. Todas as pessoas têm o direito de aceder aos dados

seu titular, cabendo perceber o que poderá ser retificado ou fiscalizado por uma agência reguladora.

O parágrafo anterior parece até retirado do Regulamento Geral de Proteção de Dados da Europa, servindo como complemento do artigo 35º da Constituição da República Portuguesa de 1976. Este será, no entanto, abordado mais adiante, visto que traz como um dos seus princípios o consentimento, a retificação e a proteção de dados.

É muito interessante perceber que a Europa possui, desde 2000, um dispositivo que procura proteger a privacidade no âmbito da proteção de dados, para além do constante na Diretiva da Constituição da República Portuguesa. Esta questão é, no entanto, abordada de uma forma mais explicativa e clara na Carta dos Direitos Fundamentais da Europa. Noutros locais, como o Brasil, tal não acontece, pois apenas em 2018 veio a surgir legislação voltada diretamente à proteção de dados com a lei 13.709, Lei de Proteção de Dados Pessoais. É certo que já estavam contidos, tanto na Constituição da República de 1988 do Brasil, quanto na Lei do Marco Civil da Internet de 2014, os princípios da preservação da vida privada, da intimidade, da personalidade, da inviolabilidade das comunicações e das correspondências, mas nada direcionado de forma plena para a proteção de dados.

Olhando para a ciberespaço e para as infinitas possibilidades de fazer com que a dignidade de um indivíduo seja violada através de fuga de dados, é imperioso que a Carta dos Direitos Fundamentais da União Europeia trate com ênfase a dignidade da pessoa humana. Só assim, estando a dignidade intrinsecamente ligada ao conceito de privacidade, se pode robustecer os direitos, liberdades e garantias fundamentais das pessoas. Por consequência, é também importante cuidar para que a proteção de dados seja atingida, questão que deve ser lembrada no contexto da busca pela conformidade – *Compliance* Digital – nos normativos nacionais vigentes junto de padrões internacionais de segurança para o ciberespaço.

2.7. Constituição da República do Brasil de 1988

A Constituição brasileira, logo no seu Artigo 1º, III[165], determina que o direito à dignidade da pessoa humana é um direito fundamental, sendo

coligidos que lhes digam respeito e de obter a respectiva rectificação. 3. O cumprimento destas regras fica sujeito a fiscalização por parte de uma autoridade independente.

[165] CONSTITUIÇÃO Federal Brasileira de 1988, de 05 de Outubro. **Art. 1º, III**: "A República Federativa do Brasil, formada pela união indissolúvel dos Estados e Municípios e do

esse um dos princípios fundamentais dessa Carta Magna. Com isso, o Estado promove a proteção, procurando garantir a privacidade e paz moral de cada indivíduo, enquanto fortalece a dignidade da pessoa humana. Logo a seguir, no Artigo 5º, X[166], é expressa a inviolabilidade da vida privada, da honra e da imagem das pessoas, sendo que o Estado promoverá proteção e segurança para que tal não ocorra. Assim como em Portugal, também no Brasil, viabilizado no Artigo 5º, inciso XII[167], encontra-se explícito que a correspondência deve ser igualmente sigilosa e inviolável.

No entanto, o termo "proteção de dados" não se encontra presente nestes documentos, pelo que a Constituição da República do Brasil de 1988 não a tem ainda como um Direito Fundamental, muito embora já exista uma PEC que visa atribuir-lhe esta propriedade. Nos termos da PEC 17/19,[168] que procura inserir o seguinte texto neste diploma: "Acrescenta o inciso XII-A, ao art. 5º, e o inciso XXX, ao art. 22, da Constituição Federal para incluir a proteção de dados pessoais entre os direitos fundamentais do cidadão e fixar a competência privativa da União para legislar sobre a matéria."

Com a inserção do texto acima citado na Carta Magna brasileira, haverá o entendimento direto de que a proteção de dados faz parte das garantias, liberdades e direitos fundamentais do povo brasileiro. Como consequência, existirá uma maior presença da tutela de proteção de

Distrito Federal, constitui-se em Estado democrático de direito e tem como fundamentos: III – a dignidade da pessoa humana;". [Em linha] [Consult. 20 Set. 2017]. Disponível em http://www2.camara.leg.br/legin/fed/consti/1988/constituicao-1988-5-outubro-1988-322142-publicacaooriginal-1-pl.html.

166 **Idem. Art. 5º, X**: "Todos são iguais perante a lei, sem distinção de qualquer natureza, garantindo-se aos brasileiros e aos estrangeiros residentes no País a inviolabilidade do direito à vida, à liberdade, à igualdade, à segurança e à propriedade, nos termos seguintes: X – são invioláveis a intimidade, a vida privada, a honra e a imagem das pessoas, assegurado o direito a indenização pelo dano material ou moral decorrente de sua violação;". ***Ibidem.***

167 CONSTITUIÇÃO Federal Brasileira de 1988, de 05 de Outubro. **Art. 5º, XII**: "Todos são iguais perante a lei, sem distinção de qualquer natureza, garantindo-se aos brasileiros e aos estrangeiros residentes no País a inviolabilidade do direito à vida, à liberdade, à igualdade, à segurança e à propriedade, nos termos seguintes: **XII** – é inviolável o sigilo da correspondência e das comunicações telegráficas, de dados e das comunicações telefônicas, salvo, no último caso, por ordem judicial, nas hipóteses e na forma que a lei estabelecer para fins de investigação criminal ou instrução processual penal;". – ***Ibidem.***

168 BRASIL. **PEC 17/19.** *Ibidem.*

dados nas próximas legiferações no Brasil, manifestando-se, tanto de em alterações, quanto em possíveis novos diplomas.

2.8. Regulamento UE 2016/679 e Lei n. 58/2019 de Portugal

25 de maio de 2018 foi a data em que o RGPD – Regulamento Geral de Proteção de Dados da Europa – entrou em vigor. Esta é a sigla mais amplamente utilizada nos países de língua portuguesa, não invalidando, porém, o uso da sigla GDPR, resultante do inglês *General Data Protection Regulation*. Esse regulamento menciona no seu termo a revogação da Diretiva 46/95/CE que, previamente a este diploma, era o normativo europeu vigente direcionado para a proteção de dados. O foco é proteger os dados dos residentes na União Europeia, sejam eles europeus ou não, o que nos é trazido pelo princípio extraterritorial manifestado como obrigação neste Regulamento.[169]

Essa proteção vem promover o tratamento adequado dos dados anteriormente citados, seja em ambiente digital, seja em ambiente físico. Vive-se, pois, um momento de transformação no nosso padrão social, sendo que, para a sociedade da informação, que conta com uma forte influência digital do espaço cibernético, a massa dos cuidados ocorrerá de forma imperiosa no armazenamento nos bancos de dados de *software* produzido por empresas dedicadas a esta área. Estas empresas deverão, assim, massificar a sua atenção para evitar o desenvolvimento de um *software* com falhas na segurança, bem como para promover as boas práticas e reeducação dos processos e controlo das pessoas que compõem as empresas.

Existem dados pessoais e dados que têm uma maior relação com o poder de violar a dignidade da pessoa humana – os dados sensíveis. Os dados pessoais são aqueles através dos quais se consegue identificar uma pessoa singular: o nome, o número de identificação, uma foto simples, um endereço físico ou eletrónico privado, entre outros. Já os dados sensíveis, conforme citado previamente, têm uma maior possibilidade

[169] SANTOS, Coriolano Aurélio de Almeida Camargo; CRESPO, Marcelo – **Como será o futuro dos negócios com a vigência do Regulamento Geral de Proteção de Dados Europeu?** 2017. [Em linha] [Consult. 13 dez. 2017]. Disponível em: http://www.migalhas.com.br/DireitoDigital/105,MI266327,51045-Como+sera+o+futuro+dos+negocios+com+a+vigencia+do+Regulamento+Geral.

de violar a dignidade de um indivíduo, sendo exemplo disso os dados da saúde de alguém, como um prontuário médico. Os dados sensíveis são protegidos de forma que processos de discriminação em razão dos seus titulares sejam evitados, e é por isso que estão relacionados com a saúde, políticas, associações sindicais, entre outros. Não deve ser esquecido que os dados biométricos são os dados que podem identificar uma pessoa no decorrer dos anos, embora constituam características distintas entre os indivíduos: a íris, impressão digital, cálculo da geometria facial, ADN, entre outros dados que identifiquem de forma plena quem é cada um.

Edison Fontes apresenta um breve exemplo da importância da proteção destas informações[170] ao elencar que a hotelaria e as empresas de aluguer de viaturas tratam dados de pessoas que normalmente não pertencem ao Estado onde estão a celebrar contrato. A tratar, então, dados de residentes na União Europeia, mesmo sem acordo de cooperação entre Estados, o mau tratamento por estas pessoas coletivas poderá fazer com que sofram boicotes no caso de os dados pessoais dos possíveis clientes não estarem a ser processados de acordo com o normativo de proteção de dados que os tutelam.

As coimas para os casos acima mencionados poderão ser de 4% sobre a faturação da pessoa que tratou os dados de forma inadequada ao possibilitar, por exemplo, a fuga ou violação dos mesmos. Esse valor poderá atingir um teto de até 20 milhões de Euros, numa tentativa de se provocar uma intimidação desta prática irregular.[171] Pessoas que tratam dados, sejam essas coletivas ou singulares, deverão, de forma a estar em conformidade jurídica e legal, permanecer em permanente aplicação do trabalho de *Compliance*. A procura pela conformidade deve encontrar-se em crescente evolução e, ainda assim, ocorrer de forma contínua, para que esse mecanismo de reestruturação da cultura organizacional tenha como resultado o tratamento adequado e eficiente dos dados.

170 FONTES, Edison. **GDPR – General Data Protection Regulation**. 2018. [Em Linha]. [Consult. 01 mai. 2018]. Disponível em: https://www.linkedin.com/pulse/gdpr-general-data-protection-regulation-edison-fontes/?published=t.

171 **REGULAMENTO (UE) 2016/679 DO PARLAMENTO EUROPEU E DO CONSELHO, de 27 de abril de 2016.** Disponível em: <http://eur-lex.europa.eu/legal-content/PT/TXT/?uri=celex%3A32016R0679>. Acedido em: 29 set. 2017.

O princípio da aplicação destas normas fora do território da União Europeia advém da necessidade de indivíduos, também eles de estados fora deste círculo, que desejam atuar no mercado europeu. Como consequência, procuram o *Compliance* diante do Regulamento Geral de Proteção de Dados, precisamente para atingir a preservação deste direito.

O Parlamento Europeu e do Conselho publicou, em 27 de abril de 2016, o Regulamento (UE) 2016/679, mais conhecido como Regulamento Geral de Proteção de Dados. Tem este por objetivo a tutela do direito à proteção de dados das pessoas singulares, trazendo princípios direcionados **à** conformidade do tratamento de dados. Na consideração 2[172] deste diploma **é elencado** que as pessoas singulares, independentemente da nacionalidade, deverão ter a tutela dos seus dados, bastando para isso ser residentes na União Europeia. O RGPD – Regulamento Geral de Proteção de Dados da Europa pode então ser considerado um marco fundamental para o tratamento dos dados pessoais, muito embora a União Europeia já tivesse a Diretiva 95/46/CE e, no caso de Portugal, a mesma já estivesse transposta na Lei 67/98.

Já a execução do Regulamento Geral de Proteção de Dados da Europa, denominado Regulamento UE 2016/679, ocorreu diante da criação da Lei 58/2019[173] de Portugal em 8 de agosto de 2019 e viria a assegurar a execução do regulamento na ordem jurídica portuguesa. Não custa lembrar que o fundamento deste diploma é a obtenção da proteção dos dados de pessoas singulares associada ao seu tratamento adequado, bem como à sua livre circulação.

Como mencionado anteriormente, vive-se em tempo de megadados, que se traduzem na grande quantidade de dados criados, transmitidos e recebidos, tudo isto a uma velocidade imensa e com um volume

[172] ***Idem*** – (2). "Os princípios e as regras em matéria de proteção das pessoas singulares relativamente ao tratamento dos seus dados pessoais deverão respeitar, independentemente da nacionalidade ou do local de residência dessas pessoas, os seus direitos e liberdades fundamentais, nomeadamente o direito à proteção dos dados pessoais. O presente regulamento tem como objetivo contribuir para a realização de um espaço de liberdade, segurança e justiça e de uma união económica, para o progresso económico e social, a consolidação e a convergência das economias a nível do mercado interno e para o bem-estar das pessoas singulares. Disponível em: <http://eur-lex.europa.eu/legal-content/PT/TXT/?uri=celex%3A32016R0679>. Acedido em: 29 set. 2017.

[173] PORTUGAL – **Lei 58/2019, de 8 de agosto**. [Em Linha]. [Consult. 20 set. 2019]. Disponível em: https://dre.pt/web/guest/pesquisa/-/search/123815982/details/maximized.

inestimável. Forma-se, assim, essa sociedade da informação, exponencialmente catalisada pelo ambiente digital, o ciberespaço.[174]

2.9. Lei Geral de Proteção de Dados do Brasil – 2018

A legiferação acerca de proteção de dados no Brasil não é algo comum e maturado, tendo este país vindo a possuir o seu primeiro diploma apenas em 2018 quando, a 14 de agosto, viu a Lei 13.709, mais conhecida como LGPD – Lei de Proteção dos Dados Pessoais do Brasil, publicada. No seu Artigo 1º está presente a disposição deste normativo legal:

> Art. 1º Esta Lei dispõe sobre o tratamento de dados pessoais, inclusive nos meios digitais, por pessoa natural ou por pessoa jurídica de direito público ou privado, com o objetivo de proteger os direitos fundamentais de liberdade e de privacidade e o livre desenvolvimento da personalidade da pessoa natural.[175]

Até a Emenda Constitucional 115, a Constituição da República de 1988 não referia no seu conteúdo textual a proteção de dados pessoais, direito fundamental já presente na Lei Fundamental Portuguesa de 1976 e que procura garantir o direito a inviolabilidade da intimidade, das comunicações e da vida privada.

Assim, em 10 de fevereiro de 2022, foi publicada a Emenda Constitucional 115[176], a apresentar os seguintes aditamentos à Constituição da República Federativa do Brasil:

[174] Magalhães, Filipa Matias; Pereira, Maria Leitão – **Regulamento Geral de Proteção de Dados**: Manual Prático. Porto: VidaEconómica, 2017. ISBN 978-989-768-435-7. p. 17.

[175] Lei 13.709/2018, de 14 de Agosto. **Dispõe sobre a proteção de dados pessoais e altera a Lei nº 12.965, de 23 de abril de 2014 (Marco Civil da Internet).** [Consult. 27 set. 2018]. Disponível em: http://www2.camara.leg.br/legin/fed/lei/2018/lei-13709-14-agosto-2018-787077-publicacaooriginal-156212-pl.html.

[176] BRASIL. EMENDA CONSTITUCIONAL Nº 115, DE 10 DE FEVEREIRO DE 2022. Altera a Constituição Federal para incluir a proteção de dados pessoais entre os direitos e garantias fundamentais e para fixar a competência privativa da União para legislar sobre proteção e tratamento de dados pessoais. [Consult. 03 jun. 2023]. Disponível em: https://www.planalto.gov.br/ccivil_03/constituicao/Emendas/Emc/emc115.htm#:~:text=EMENDA%20CONSTITUCIONAL%20N%C2%BA%20115%2C%20DE,e%20tratamento%20de%20dados%20pessoais.

Art. 1º O caput do art. 5º da Constituição Federal passa a vigorar acrescido do seguinte inciso LXXIX:
"Art. 5º ....
LXXIX – é assegurado, nos termos da lei, o direito à proteção dos dados pessoais, inclusive nos meios digitais.
....
(NR)
Art. 2º O caput do art. 21 da Constituição Federal passa a vigorar acrescido do seguinte inciso XXVI:
"Art. 21. ....
XXVI – organizar e fiscalizar a proteção e o tratamento de dados pessoais, nos termos da lei." (NR)
Art. 3º O caput do art. 22 da Constituição Federal passa a vigorar acrescido do seguinte inciso XXX:
"Art. 22. ....
XXX – proteção e tratamento de dados pessoais.
...."
(NR)[177]

A Lei 12.965 de 2014, mais conhecida como MCI – Marco Civil da Internet no Brasil, elenca, como princípio, o termo "proteção dos dados pessoais, na forma da lei", que posteriormente apresentou o teor do "na forma da lei", pela disposição da LGPD.

Embora no Brasil exista a Lei do Marco Civil da Internet, que traz alguns fundamentos como a própria proteção de dados pessoais, esta buca regular a internet com base no que é proposto na ordem jurídica brasileira. O Marco Civil da Internet traz então consigo uma série de princípios[178] reguladores para o funcionamento desta rede, para a proteção e privacidade do utilizador e para a manutenção das atividades *online*. Além disso, estabelece uma série de direitos fundamentais a serem respeitados na rede, em conjunto com os que já existiam para este mundo

[177] *Idem – Ibidem.*

[178] BRASIL. Lei nº 12.965, de 23 de abril de 2014. "Art. 3o A disciplina do uso da internet no Brasil tem os seguintes princípios: II – proteção da privacidade; III – proteção dos dados pessoais, na forma da lei; V – preservação da estabilidade, segurança e funcionalidade da rede, por meio de medidas técnicas compatíveis com os padrões internacionais e pelo estímulo ao uso de boas práticas;"

físico, determinando algumas obrigações a quem atua no mundo digital. Contempla-se aqui a privacidade, proteção de dados e a necessidade de conformidade segundo os padrões internacionais para se atingir o *Compliance*, como a implementação de padrões presentes na família da ISO 27000, direcionada à tecnologia da informação, num todo.

No Brasil, a própria legislação já sofreu alterações, o que obrigou o Estado brasileiro a criar uma agência reguladora, a ANPD – Autoridade Nacional de Proteção de Dados, que tem como competências zelar pela proteção de dados, cumprimento, elaboração de diretrizes, fiscalização, e promoção da educação para a sociedade. Isto surge, assim, em consequência da importância e necessidade de se preservar dados através de prevenção e cuidados de boas práticas, entre outros princípios.

Quando se aborda a prevenção e os cuidados para boas práticas, é imperioso perceber que essa é uma das bases para a aplicação do *Compliance* visto que, segundo Claudio Carneiro, o que destaca o *Compliance*, tanto nas esferas públicas quanto privadas, é o facto de este instituto se estar a tornar cada vez mais presente,[179] avançando e desenvolvendo-se a passos largos.[180] Como o Direito não se consegue alterar a essência das tecnologias com determinações legais, o caminho é a conformidade preventiva nas tecnologias da informação e comunicação, o *compliance digital*.

2.10. Diretiva UE 2016/1148 e Lei n. 46/2018 de Portugal

A Diretiva 2016/1148, também conhecida como Diretiva NIS/SRI, foi publicada em 19 de julho de 2016 pelo Parlamento e Conselho Europeus

[179] IAB – Instituto dos Advogados Brasileiros – **Cláudio Carneiro Destaca avanço do compliance na espera públicas e privada**. [Em Linha]. [Consult. 18 set. 2019]. Disponível em: https://www.iabnacional.org.br/noticias/claudio-carneiro-destaca-avanco-do-compliance-nas-esferas-publica-e-privada.

[180] *Ibidem* – ""O compliance é uma realidade mundial, e o Brasil tem avançado bastante na sua implantação e na sedimentação da cultura de integridade que ele propicia, tanto na esfera pública quanto na privada." Esta é a opinião do presidente da Comissão de Compliance e Governança do Instituto dos Advogados Brasileiros (IAB), Cláudio Carneiro, que fez palestra no Seminário Internacional de Compliance: perspectivas e novas dinâmicas, realizado pelo Instituto Universitário do Rio de Janeiro (Iurj), na sua sede, no Centro do Rio, nesta segunda-feira (16/9). O evento foi aberto pelo presidente do Iurj, Simão Aznar, e contou com as presenças da diretora-geral do Instituto, Carla Dolezel, e do presidente da Ethical & Compliance International Institute (ECII), com sede em Portugal, Pedro Trovão do Rosário, diretor do Departamento de Direito da Universidade Autônoma de Lisboa (UAL)."

com o intuito de promover um nível mais elevado de segurança no ciberespaço.[181] Essa diretiva traz conceitos orientadores de institutos relacionados a este espaço virtual, obrigando os Estados-membros a adotar medidas de estratégia nacional de segurança, tanto em redes, quanto nos sistemas da informação. Da mesma forma, cria um grupo de cooperação entre Estados, constrói uma rede europeia de equipas de resposta a incidentes de segurança da informação, ao mesmo tempo que concebe alguns pré-requisitos de segurança, obrigando os Estados-membros a possuir uma agência nacional de proteção de dados; ou seja, autoridades nacionais.[182]

Assim surge, a partir da transposição da diretiva de número 2016/1148, previamente citada, a lei 46 de 2018. Essa Lei portuguesa estabelece um regime jurídico da segurança do ciberespaço trazendo uma conceituação direta de vários institutos a ele relacionados. De entre esses institutos, alguns serão citados apenas para mostrar o nível de preocupação que o Estado maior possui em definir conceitos nessa seara, como os termos "risco" e "incidente". O primeiro é, então, definido como "uma circunstância ou um evento, razoavelmente identificáveis, com um efeito adverso potencial na segurança das redes e dos sistemas de informação"; já o segundo "é um evento com um efeito adverso real na segurança das redes e dos sistemas de informação".

O conteúdo dessa lei refere ainda que, para mitigar riscos e descobrir a origem do que pode ter causado o incidente ou para minimizar um possível risco, é necessária a presença e a atuação de uma equipa de resposta. Essa equipa tem, pois, como função estar presente "prestando um conjunto de serviços de segurança que inclua, designadamente, o serviço de tratamento e resposta a incidentes de segurança das redes e dos sistemas de informação".

Conclui-se então que é cada vez mais comum a existência de legiferações direcionadas para uma relação direta com o ciberespaço, mas que

[181] CNSP – Centro Nacional de Segurança de Portugal – **Transposição da Diretiva NIS/SRI**. 2019. [Em Linha]. [Consult. 28 set. 2019]. Disponível em: https://www.cncs.gov.pt/transposicao-da-diretiva-nissri/.

[182] PORTUGAL. **Diretiva (UE) 2016/1148** do Parlamento Europeu e do Conselho, de 6 de julho de 2016, relativa a medidas destinadas a garantir um elevado nível comum de segurança das redes e da informação em toda a União. [Consult. 03 jun. 2023]. Disponível em: https://eur-lex.europa.eu/legal-content/PT/TXT/?uri=celex:32016L1148.

esse diploma foi para ele concebido especificamente. Trata-se, pois, do espaço magnético para armazenamento de dados, formado por estruturas físicas como os computadores e cabos, possibilitando a comunicação entre pessoas e equipamentos.

2.11. Decreto 10.222 – Segurança Cibernética do Brasil

O Decreto 10.222 do Brasil, aprova a Estratégia Nacional de Segurança Cibernética, que discute os princípios, objetivos, ferramentas, atribuições e competências dos órgãos federais e entes da administração pública do ponto de vista da administração e gestão, assegura a elaboração da Estratégia Nacional de Segurança da Informação e dos Planos Nacionais para sua implementação.[183]

Dada a abrangência da segurança da informação, o Decreto nº 9.637 de 2018 em seu Artigo 6º que a Estratégia Nacional de Segurança da Informação seja construída em módulos para contemplar segurança cibernética, defesa cibernética, segurança de infraestruturas críticas, segurança de informações confidenciais e proteção contra dados vazamentos.

Importante a leitura do Anexo 1, visto apresentar de forma detalhada acerca da necessidade de políticas públicas para sensibilização, conscientização e formação de educadores para que discentes estejam preparados para as principais tecnologias da informação e comunicação e ainda assim estarem alinhados com o direito.[184]

2.12. Lei 27/2021 – Carta Portuguesa dos Direitos Humanos na era digital

A carta portuguesa dos direitos humanos na era digital é uma lei muito pertinente e com fundamentos claros, a proteção das pessoas naturais diante dessas novas tecnologias da indústria 4.0 e formação da nova sociedade cibernética, a 5.0.

Esta lei apresenta que a República Portuguesa participa no processo mundial de transformação da Internet num instrumento de conquista de liberdade, igualdade e justiça social e num espaço de promoção,

[183] BRASIL. DECRETO Nº 10.222, DE 5 DE FEVEREIRO DE 2020. Aprova a Estratégia Nacional de Segurança Cibernética. [Consult. 03 jun. 2023]. Disponível em: https://www.planalto.gov.br/ccivil_03/_ato2019-2022/2020/decreto/d10222.htm.

[184] *Idem – Ibidem.*

proteção e livre exercício dos direitos humanos, com vista a uma inclusão social em ambiente digital. As normas que na ordem jurídica portuguesa consagram e tutelam direitos, liberdades e garantias são plenamente aplicáveis no ciberespaço.

Apresenta como fundamentos: o direito de acesso à rede mundial de computadores, liberdade de expressão e criação em ambiente digital, garantia do acesso e uso, direito à proteção contra a desinformação, direitos de reunião, manifestação, associação e participação em ambiente digital, direito à privacidade, uso consciente da inteligência artificial e robôs, direito a neutralidade da rede, direito ao desenvolvimento de competências digitais, direito à identidade, direito ao esquecimento, direito à cibersegurança, direito à proteção de conteúdos, proteção contra a geolocalização abusiva, direito ao testamento digital, direitos digitais em face da administração pública, entre outros.

2.13. Outros diplomas

Diante de toda uma apresentação direcionada para a evolução da privacidade, proteção de dados e normativos para maximizar a preservação de garantias, liberdades e direitos fundamentais de pessoas singulares, não se poderia deixar de mencionar alguns dispositivos legais também direcionados ao ciberespaço.

2.13.1. *CLOUD Act – Clarifying Lawful Use of Overseas Data Act*

A CLOUD Act – *Clarifying Lawful Use of Overseas Data Act* – é um diploma dos EUA. Esse normativo legal possui poder para a quebra da privacidade no âmbito mundial, de acordo com os tratados de cooperação entre outros Estados e os Estados Unidos da América.[185]

O governo americano, através da *CLOUD Act*, possui força legal para aceder a dados das suas empresas e ainda para compartilhá-los com outros Estados. Tal situação não ocorre, porém, de forma aleatória, mas sim diante de caráter investigativo e cooperativo, devendo os países que solicitarem tal conteúdo estar em conformidade com os direitos

[185] Rodrigues, Katitza – **The U.S. CLOUD Act and the EU**: A Privacy Protection Race to the Bottom Et. Al. Electronic Frontier Foundation. 2018. [Em linha]. Acedido em 05 jul. 2018. Disponível em https://www.eff.org/deeplinks/2018/04/us-cloud-act-and-eu-privacy-protection-race-bottom.

humanos. Deste modo, os Estados devem, para obter essas informações, passar por uma apreciação e aprovação por parte do procurador-geral dos EUA.[186] O departamento de defesa possui, com a *CLOUD Act*, acesso aos dados das empresas norte americanas, mesmo que estas não estejam situadas no seu território. Essa situação poderá, contudo, violar o princípio soberano da territorialidade, instrumento fundamental do Estado Democrático de Direito.[187]

A Comissão Europeia de Justiça pode perceber que a possibilidade de recolha de dados pode ter como objetivo a monitorização ou simples visualização, quando necessária, da logística operacional de empresas atual perante o ciberespaço. Ainda assim, deve ser relembrado que o ambiente ciberespaço não possui barreiras geográficas territoriais, pelo que a cooperação entre Estados provocará uma possibilidade interna de investigação junto de outros países. A finalidade em questão é, assim, a tutela do seu povo, pois desta forma poder-se-á combater o crime e o terrorismo cibernéticos, por exemplo.[188] Essa cooperação faz com que ocorra um respeito mútuo no referente ao princípio da territorialidade, preservando a soberania, quer interna, quer externa, do Estado Democrático de Direito.[189]

Os Estados Unidos da América não possuem um diploma com tutela equivalente ao Regulamento Geral de Proteção de Dados da Europa. Muito embora não pode ser esquecido o CCPA – *California Consumer Privacy Act*, fortalece a cultura em formato de diploma legal estadual acerca da proteção de dados e o consumidor.[190]

2.13.2 *Convenção de Budapeste*

Apesar de enquadrada no Conselho Europeu, a Convenção do Conselho da Europa sobre o Cibercrime – mais conhecida por Convenção de Budapeste, por ter sido aberta à assinatura nesta cidade –, trata-se de uma convenção internacional. Nesta que constitui uma das mais

[186] *Idem – Ibidem.*

[187] *Idem – Ibidem.*

[188] *Idem – Ibidem.*

[189] Araujo, Valter Shuenquener – **Novas dimensões do princípio da soberania**. Editora Niterói, Rio de Janeiro, 2016. ISBN: 978-85-7626-895-6. P. 52-54.

[190] State of California Departament of Justice. CCPA – *California Consumer Privacy Act*. 2018. [Em linha]. Acedido em 24 de out. 2020. Disponível em: https://oag.ca.gov/privacy/ccpa.

evidentes Convenções do mundo no que se refere ao ciberespaço, é abordado o combate ao Cibercrime nos Estados-membros signatários deste diploma, tendo entrado em vigor dia 1 de julho de 2004. Assim, muitos outros países não membros do conselho da Europa são também signatários, como os Estados Unidos, Japão, Canadá, África do Sul, Israel, Chile entre outros.

Esta convenção traz, além da legislação predefinida a inserir no Código Penal de cada país signatário, considerações explicando detalhes do ambiente cibernético e do delito para, assim, procurar esclarecer o máximo de dúvidas possível. Destaque para alguns artigos: Falsidade Informática[191], Acesso Ilegítimo[192], Interceptação Ilegítima[193], Interferência em Dados e em Sistemas[194], entre outros.

Este tratado foi invocado na presente escrita devido à importância que detém no contexto internacional. Alguns dos artigos da Convenção de Budapeste direcionados para o crime cibernético poderão ser encontrados no Brasil, como a Burla Informática, que diante da Extorsão tipificada no Direito Penal Brasileiro, deve ser utilizado de forma comparada. E assim, o Brasil perde muito quando se fala em Direito Digital por não ser um país assinante da Convenção de Budapeste, visto que se trata de fortalecer o combate ao Cibercrime em âmbito nacional e cooperativo entre signatários. Já em Portugal, essa lei deu origem à Lei do Cibercrime de Portugal, mais precisamente à Lei número 109/2009.

Os diplomas supracitados foram elencados nesta escrita visto que a sociedade da informação promove cada vez mais a aproximação das pessoas e de Estados pelo advento da globalização e, principalmente, porque se torna imperioso conseguir regular os factos que proporcionam litígios entre as pessoas em Estados distintos. Percebe-se então uma intensa procura pela conformidade nas legislações, mecanismo que só funciona de modo preventivo, sendo que o *Compliance* é o único instrumento que conseguirá preservar os direitos dos titulares dos dados. Vive-se, pois, a era do *Compliance*.

191 **Convenção de Budapeste**. 2001. Disponível em <http://www.mpf.mp.br/atuacao-tematica/sci/normas-e-legislacao/legislacao/legislacoes-pertinentes-do-brasil/docs_legislacao/convencao_cibercrime.pdf>. Acedido em: 06 dez. 2017.

192 ***Idem – Ibidem.***

193 ***Idem – Ibidem.***

194 ***Idem – Ibidem.***

No Brasil, a Convenção de Budapeste, foi aprovada em 2021 através do Decreto Legislativo 37, e apenas em 12 de abril de 2023, através do Decreto 11.491, em seu preâmbulo "Promulga a Convenção sobre o Crime Cibernético, firmada pela República Federativa do Brasil, em Budapeste, em 23 de novembro de 2001".

2.13.3 *Anteprojeto de Lei – LGPD Penal*

O anteprojeto de lei brasileiro conhecido como "LGPD Penal", é uma iniciativa significativa no campo da proteção de dados pessoais no Brasil. A LGPD, na Lei 13.709/2018, é uma legislação abrangente que visa regulamentar o tratamento de informações pessoais, estabelecendo diretrizes e regras para as empresas e organizações lidarem com os dados dos cidadãos.

O anteprojeto de lei da LGPD Penal é uma proposta que busca fortalecer ainda mais a proteção dos direitos individuais no contexto criminal. Ele propõe a introdução de disposições penais específicas relacionadas à violação de dados pessoais, com o objetivo de garantir uma maior responsabilização daqueles que violarem a privacidade e a segurança dos dados dos indivíduos.[195]

Como por exemplo:

> Art. 154-C. Transmitir, distribuir, usar de forma compartilhada, transferir, comunicar, difundir dados pessoais ou interconectar bancos de dados pessoais sem autorização legal para obter vantagem indevida ou prejudicar o titular dos dados ou a terceiro a ele relacionados: (NR)
> Pena – reclusão, de 1 (um) a 4 (quatro), anos e multa. (NR)
> Parágrafo único. Aumenta-se a pena de um a dois terços se: (NR)
> I – os dados pessoais forem sensíveis ou sigilosos; (NR)

Como visto anteriormente, esse anteprojeto de lei prevê sanções penais para crimes relacionados à proteção de dados pessoais, como acesso não autorizado, exposição indevida, divulgação não autorizada, modificação ou destruição de informações pessoais.

[195] Ministério Público Federal. OFÍCIO Nº 539/2020/SPPEA/PGR. **Anteprojeto de Lei de Proteção de Dados para segurança pública e persecução penal**. [Consult. 17 jun. 2023]. Disponível em: https://criminal.mppr.mp.br/arquivos/File/ENCCLA_-_PGR-00456556-2020_NT.pdf.

O anteprojeto de lei da LGPD Penal estabelece penas proporcionais à gravidade das infrações, incluindo multas e até mesmo prisão em determinados casos. Essas penalidades visam dissuadir e punir os infratores, protegendo assim os direitos e a privacidade dos indivíduos.

É importante ressaltar que o anteprojeto de lei ainda está em discussão e pode passar por alterações antes de ser aprovado e se tornar lei. No entanto, sua introdução demonstra a importância dada à proteção de dados pessoais e à segurança cibernética no Brasil, e busca alinhar o país às melhores práticas internacionais nesse campo.

Caso esteja muito bem escrito, o ou os novos tipos penais apresentados pela "LGPD Penal", a implementação do anteprojeto de lei da LGPD Penal será um marco significativo na proteção da privacidade e dos dados pessoais no Brasil, reforçando a importância do respeito à privacidade individual e incentivando a adoção de medidas eficazes para garantir a segurança dos dados pessoais.

3. A ERA DO *COMPLICANCE*

Os dados são criados, transmitidos e recebidos a todo o momento com um volume imenso, contando também com grande velocidade e variedade. Deve também ser tido em conta que essa situação é catalisada pela existência do espaço cibernético sendo que, como exemplo, se pode mencionar a utilização massiva de dispositivos como telemóveis e computadores, principalmente quando associados à internet, possibilitando a criação de conteúdos, como fotos, vídeos, textos, entre outros.

Esses dados por muitas vezes são tratados ou processados por empresas, que têm como definição, segundo o RGPD:

> [...] uma operação ou um conjunto de operações efetuadas sobre dados pessoais ou sobre conjuntos de dados pessoais, por meios automatizados ou não automatizados, tais como a recolha, o registo, a organização, a estruturação, a conservação, a adaptação ou alteração, a recuperação, a consulta, a utilização, a divulgação por transmissão, difusão ou qualquer outra forma de disponibilização, a comparação ou interconexão, a limitação, o apagamento ou a destruição[196]

[196] PARLAMENTO Europeu e do Conselho. **Regulamento 679/2016**. "«Tratamento», uma operação ou um conjunto de operações efetuadas sobre dados pessoais ou sobre conjuntos de dados pessoais, por meios automatizados ou não automatizados, tais como a recolha, o registo, a organização, a estruturação, a conservação, a adaptação ou alteração, a recuperação, a consulta, a utilização, a divulgação por transmissão, difusão ou qualquer outra forma de disponibilização, a comparação ou interconexão, a limitação, o apagamento

Sabe-se que estes dados pertencem aos seus titulares, às pessoas singulares e que, quando se fala de dados pessoais, estes podem ser conceituados como aqueles que conseguem, de alguma forma, identificar um indivíduo, ou torná-lo identificável.[197] Deve ademais ser entendido que existem dados que podem ser denominados como sensíveis, como os dados biométricos e os relativos à saúde, por exemplo.

A proteção de dados possui um contacto direto com a preservação da privacidade das pessoas singulares. Como previamente apresentado no capítulo "Da privacidade à proteção de dados", percebe-se como conseguir evitar que esses dados, de imperiosa importância, venham a comprometer a dignidade do indivíduo através da sua possível fuga e/ou violação, desobedecendo aos princípios que vetam o abuso, a falta de consentimento, a finalidade, entre outros.

Impõe-se, assim, uma questão: como melhor proceder à proteção de dados? O melhor método é procurando a conformidade ou *Compliance*, que é o instrumento que proporciona a preservação de direitos das pessoas nesta nova era que, segundo Claudio Carneiro, é conhecida como a era do *Compliance*.[198] É mister, essencial e necessário que se procure a conformidade através do trabalho deste instrumento no contexto do espaço cibernético ou digital. A cultura de *Compliance* deve ser plenamente almejada, principalmente neste momento de transformação digital em que a sociedade se depara com novos instrumentos tecnológicos que, por imprudência, imperícia e ou negligência, conseguem muitas vezes violar normativos de proteção de dados. Como consequência, são gerados danos severos em garantias, liberdades e direitos dos indivíduos, sendo que o principal instrumento para contrariar este

ou a destruição". 2016. [Em Linha]. [Consult. 17 set. 2019]. Disponível em: https://eur-lex.europa.eu/legal-content/PT/TXT/?uri=celex%3A32016R0679.

197 *Ibidem* – "«Dados pessoais», informação relativa a uma pessoa singular identificada ou identificável («titular dos dados»); é considerada identificável uma pessoa singular que possa ser identificada, direta ou indiretamente, em especial por referência a um identificador, como por exemplo um nome, um número de identificação, dados de localização, identificadores por via eletrónica ou a um ou mais elementos específicos da identidade física, fisiológica, genética, mental, económica, cultural ou social dessa pessoa singular;"

198 Carneiro, Claudio – **Compliance e a cultura de paz**. Et al Galileu – Revista de Direito e Economia. e-ISSN 2184-1845. 2019. [Em Linha]. [Consult. 17 set. 2019]. Disponível em: http://journals.ual.pt/galileu/wp-content/uploads/2019/08/RG_XX1_Compliance.pdf. P. 38.

cenário é o trabalho baseado numa gestão preventiva, em direitos fundamentais, bem como em mecanismos que promovem a cibersegurança. Claudio Carneiro aborda, inclusive, o *Compliance* como uma ferramenta que impera estar diretamente ligada à promoção de uma cultura de paz.[199]

O *Compliance* tem as suas raízes na gestão de riscos e na boa governança,[200] sendo esta a base principiológica da conformidade. Os sistemas de gestão de conformidade são, assim, necessários para permitir um maior controlo nas organizações, sejam estas públicas ou privadas, não esquecendo que a boa governança neste cenário deve ser tratada, inclusive, como um direito fundamental.[201] Alterações nos processos operacionais serão imprescindíveis mas, para tal, apenas a capacitação através de formação aos colaboradores[202] irá fazer com que essas pessoas estejam mais preparadas, e por consequência, possuam uma habilitação baseada em boas práticas no ciberespaço, conseguindo uma maior eficácia na aplicação do trabalho de *Compliance*.

Quando se fala em *Compliance*, alguns percebem este instituto como uma ferramenta de combate à corrupção, mas ele não se limita a isso.[203] *Compliance* é conformidade, é ser coerente diante das obrigações, procurar o correto. Quando se trata de sociedade da informação, ciberespaço, e proteção de dados, há uma necessidade de aplicação de trabalho de *Compliance*, não só direcionado aos normativos de proteção de dados, mas também aos padrões ISO internacionais. Só assim se consegue, de forma técnica, diante da tecnologia e segurança da informação e qualidade, atingir uma maximização da cibersegurança da base de dados processada por empresas.

O artigo 3º, inciso 3, da Constituição da República Portuguesa de 1976, refere o termo "conformidade" como "A validade das leis e dos demais actos do Estado, das regiões autónomas, do poder local e de quaisquer outras entidades públicas depende da sua conformidade com a Constituição." É ainda de salientar que, para que uma lei tenha validade, é necessário que o diploma esteja em *Compliance* com a Carta Funda-

[199] *Idem – Ibidem.*

[200] *Idem – Ibidem.*

[201] Carneiro, Claudio; Santos Junior, Milton de Castro – **Compliance e Boa Governança**: Pública e Privada. 1 ed. Editora Juruá: Curitiba, 2018. ISBN: 9788536283876. P. 103.

[202] *Idem – Ibidem.*

[203] *Idem – Op. Cit.* 39.

mental Portuguesa. Este termo foi, deste modo, invocado nesta escrita para incitar uma maior cognição quando se trata de apresentar o instituto do *Compliance.*

Como já foi dito anteriormente, não existe, porém, um modelo específico para se aplicar em toda e qualquer empresa. Para uma boa aplicação de *Compliance,* é necessária uma avaliação específica de cada companhia onde será aplicado o programa. Um dos principais problemas é a falta de comunicação que existe entre o combate à corrupção e o combate aos problemas de natureza concorrencial tendo em vista que, em grande parte das situações, existe uma relação entre eles; ou seja, um trabalho relacionando os dois funcionaria de forma mais eficaz[204].

A elaboração contratual não proporcionará, por si só, a eficácia do programa, sendo necessário promover uma formação, gerando, assim, uma maior comunicação *inter partis,* bem como uma melhor preparação das pessoas, independentemente do cargo. No viés laboral, por exemplo, os negócios jurídicos são de forte importância para a eficácia do programa de *Compliance*; na verdade, o contrato é o instrumento que torna possível o trabalho de *Compliance,* visto que se trata de um instrumento físico de formalização de tais relações. Além disso, deve também ser obedecido o rito dos pré-requisitos do negócio jurídico, como a inexistência de vício. Observe-se o seguinte exemplo: no caso de uma empresa estar a enfrentar problemas com os funcionários que estejam a utilizar a internet e equipamentos da empresa de forma indevida, a solução do impasse pode ser a elaboração de políticas internas. Estas medidas viriam capacitar os colaboradores para a disciplina dos comportamentos admitidos e esperados de parte a parte, evitando conflitos. A falta de regras claras referentes ao acesso a conteúdos poderá resultar na divulgação de dados pessoais a terceiros não autorizados, comportamento inadequado diante das comunicações por aplicações de mensagens instantâneas, ou até mesmo no mau uso dos dispositivos. As formações no âmbito do *Compliance* poderão, assim, fazer com que tal situação seja prevenida ou minimizada e que o acesso ao sistema informático de titulares seja vedado a pessoas não autorizadas, impedindo litígios internos ou externos que se traduziriam em custosos conflitos.

[204] Mendes, Francico Schertel; Carvalho, Vinicius Marques de – **COMPLIANCE**: Concorrência e combate a corrupção. São Paulo: Trevisan Editora, 2017. ISBN 978-85-9545-006-6. p. 126.

A formalização de um contrato em que se insiram tais regras, assim como a formação para capacitação e explicação de cada tópico contratual, são de suma importância para a eficácia do trabalho de conformidade. Em consequência deste ato de *Compliance*, ocorrerá uma redução no número de litígios dentro da empresa, visto que os funcionários deverão estar cientes do que realmente não poderão questionar judicialmente, bem como da utilização adequada dos meios tecnológicos, seguindo as normas do controlador.

O trabalho de *Compliance* na União Europeia está presente para efetivação da conformidade jurídica, financeira e cibernética, sendo de cariz essencial para se atingir a finalidade positiva e eficiente.[205] O combate à corrupção e à fraude foca-se, deste modo, não só nas instituições públicas, mas também nas empresas privadas. Em consequência disso, o trabalho de conformidade é, se não a maior, uma das principais ferramentas de combate, visto que se a empresa estiver em conformidade com instituições financeiras, fornecedores, funcionários e clientes, está o mais longe possível de se ver envolvida, tanto em corrupção, quanto em fraudes. Contudo, torna-se igualmente imperioso perceber as palavras de Claudio Carneiro: "o *Compliance* não se resume ao combate à corrupção, assim como a Paz também não se esgota na simples conceção de ausência de guerra."[206]

3.1. *Compliance* digital

O *Compliance* é um trabalho de evolução de pessoas, processos e cultura organizacional para se atingir a conformidade, seja tenológica, jurídica ou simplesmente de gestão ou governança e que pode ocorrer em qualquer tipo de organização, seja esta pública ou privada. Quando esse trabalho de conformidade é direcionado ao ambiente ciberespacial, ou seja, diante das tecnologias da informação e comunicação, e, ainda assim, procura a tal adequação dos diplomas jurídicos que envolvam diretamente o ciberespaço, elenca-se com o termo "*Compliance* Digital".

[205] COMISSÃO EUROPEIA – **A luta da União Europeia contra a fraude e a corrupção**. 2014. [Consult. em: 13 dez. 2017]. Disponível em http://www.norte2020.pt/sites/default/files/public/uploads/documentos/LutaFraude.pdf.

[206] CARNEIRO, Claudio – **Compliance e a cultura de paz**. P. 39.

Atingir o *Compliance* Digital, envolve tecnologia da informação e comunicação e o direito. Para atingir essa conformidade o caminho ocorre através das aplicações de padrões técnicos para que, por exemplo, a segurança da informação e uma reorganização da cultura corporativa seja atingida, pela determinação da governança e da execução da gestão.

O *Compliance* Digital alberga na sua essência a função de alteração de técnicas, de processos, e da cultura organizacional através da sua própria reestruturação e da das pessoas que o formam, envolvendo o Direito, a Gestão e Governança e a Tecnologia da Informação. Assim, através de auditorias para análise de riscos, poderá ocorrer a adoção de medidas de prevenção que procurem adequação jurídico-organizacional diante dos novos cenários propostos pelas tecnologias e segurança da informação.[207]

A evolução das inovações fez e faz com que o ambiente mundial sofra transformações. Exemplo disso é o aparecimento do computador e da internet, que de certa forma são o berço tecnológico que deu origem ao ciberespaço. A cada dia surgem novas ferramentas no ambiente cibernético, como um produto ou serviço que altera o modo como as pessoas ou sociedade se relacionam com ele, constituindo os motores de busca um dos melhores exemplos. Este novo método de pesquisa veio revolucionar a forma como se procura informação, abrindo-nos uma infinidade de ambientes de pesquisa profissional, académica ou informal, deixando de parte as antigas enciclopédias e livros. Essa evolução precisa, no entanto, de estar em conformidade para que os dados pessoais permaneçam seguros e haja uma relação positiva entre pessoas, equipamentos, e sociedade[208].

Os profissionais da tecnologia da informação que mesclam a sua prestação de serviço com o *Compliance* digital, acabam por ser as pessoas que cuidam da saúde ou segurança organizacional de empresas públicas ou privadas. Isto sucede porque a gestão de tecnologia da informação pode ser considerada o centro de todo o negócio, principalmente aqueles que tratam de dados pessoais, como escritórios de advocacia.

[207] TI Inside – **Compliance Digital**: O que é e como afeta o trabalho de TI. 2017. [Em linha]. [Consult. 15 dez. 2017]. Disponível em http://convergecom.com.br/tiinside/seguranca/artigos-seguranca/25/04/2017/compliance-digital-o-que-e-e-como-afeta-area-de-t/.

[208] Mendes, Francisco Schertel; Carvalho, Vinicius Marques de – **COMPLIANCE**. ***Op. Cit.*** P. 282.

A prevenção perante ataques cibernéticos por terceiros mal-intencionados deve estar, portanto, sempre em primeiro plano.[209]

A relação entre pessoas tem vindo a sofrer revoluções devido aos avanços tecnológicos e ao surgimento de invenções que facilitam o quotidiano. O Direito, enquanto instrumento que regula a sociedade, não altera a essência das coisas podendo, então, os criadores adequar as suas invenções ou inovações aos princípios fundamentais, como o direito à privacidade, à proteção de dados, e à inviolabilidade das comunicações e correspondências, por exemplo. Para tal prática, são necessárias a procura e a aplicação do *Compliance* nesses novos produtos ou serviços.

A União Europeia possui o Regulamento Geral de Proteção de Dados, assim como no Brasil existe a Lei Geral de Proteção de Dados. Estes diplomas visam regular e consolidar o dever, por parte das empresas que fazem o processamento de dados pessoais, de efetuar um trabalho de conformidade quando se fala em proteção de dados, sejam estes físicos e ou digitais. Essa regulamentação não surgiu inadvertidamente, mas sim de uma enorme evolução, partindo do direito à privacidade até à necessidade de cuidados no contexto da proteção de dados, de forma a promover uma maior tutela quando se trata de garantias, liberdades e direitos fundamentais dos indivíduos, preservando a personalidade e a dignidade da pessoa singular.

Para adequação desses diplomas, normas de padrões técnicos internacionais são atualizadas ou criadas para atender a essa realidade da relação de normas jurídicas e técnicas. Neste caso, podem ser mencionadas as normas ISO 27001 e 27002, que citam padrões técnicos que consideram a gestão da segurança da informação, e a 27701,[210] criada em 2019, e que é uma extensão daquelas previamente elencadas, trazendo considerações para que ambientes organizacionais públicos e privados estejam adequados à proteção de dados exigida pelo Regulamento Geral de Proteção de Dados. Trata-se, pois, de uma evidência do *Compliance* digital, já que a norma 27701[211] procura sintetizar a união entre

[209] Idem – ***Op. Cit.*** P. 283.

[210] ISO – **ISO/IEC 27701:2019** – Security techniques – Extension to ISO/IEC 27001 and ISO/IEC 27002 for privacy information management – Requirements and guidelines. 2019. [Em linha]. [Consult 25 nov 2019]. Disponível em: https://www.iso.org/standard/71670.html.

[211] "This document specifies requirements and provides guidance for establishing, implementing, maintaining, and continually improving a Privacy Information Management Sys-

o diploma jurídico, segurança da informação e gestão da tecnologia da informação.

Analisaremos em seguida algumas das principais tarefas voltadas para a aplicação do *Compliance* Digital, bem como medidas de boas práticas normalmente presentes no trabalho de conformidade.

3.2. Protagonistas do *compliance* digital na proteção de dados

Alguns dos protagonistas estão presentes e conceituados em normativos de proteção de dados, seja pelo Regulamento Geral de Proteção de Dados da Europa, seja pela Lei Geral de Proteção de Dados do Brasil. Comecemos, então, por apresentar o titular e o encarregado de proteção de dados.

Segundo o previsto no artigo 4, no âmbito da definição de dados pessoais estes dados não pertencem a quem os recolhe ou processa, mas sim ao seu titular, que é a pessoa identificada ou identificável através dos mesmos.[212] Já o responsável pelo tratamento encontrado no RGPD da Europa é equivalente ao encarregado de proteção de dados da LGPD do Brasil, possuindo também outra denominação – DPO, *Data Protection Officer*.

Segundo Sirceia Macedo, o DPO teve origem em 1977 na Alemanha e pode ser encontrado, tanto nos normativos de proteção de dados europeus quanto nos brasileiros.[213]

> O profissional que irá atuar como dpo além do conhecimento jurídico, normas nacionais e internacionais, deverá ter conhecimentos práticos e concretos sobre proteção de dados pessoais que irão passar por todos os tratamentos de dados que ocorrerão a nível organizacional.[214]

tem (PIMS) in the form of an extension to ISO/IEC 27001 and ISO/IEC 27002 for privacy management within the context of the organization. This document specifies PIMS-related requirements and provides guidance for PII controllers and PII processors holding responsibility and accountability for PII processing. This document is applicable to all types and sizes of organizations, including public and private companies, government entities and not-for-profit organizations, which are PII controllers and/or PII processors processing PII within an ISMS." – *Ibidem*.

[212] PARLAMENTO Europeu e do Conselho. **Regulamento 679/2016.** *Ibidem*.

[213] CARNEIRO, Cláudio; MACEDO, Sirceia – **Compliance Officer & Data Protection Officer**. Instituto Memória: Curitiba, 2019. ISBN 978-85-5523-320-3. p. 05.

[214] *Idem – Op. Cit.* p. 06.

Esse responsável, também conhecido como DPO – *Data Protection Officer,* é um encarregado cuja função é efetuar o trabalho de conformidade digital direcionada à proteção de dados. Assim, no momento em que a empresa procura contratar um DPO, deverá analisar alguns fatores, pois o ideal é que esse profissional possua conhecimento, não só na área de tecnologia da informação – com ênfase em segurança da informação –, mas também na área legal cibernética e de gestão de TI.[215] O DPO deverá ser proativo e procurar sempre a aplicabilidade do *Compliance,* sendo que esta pessoa poderá pertencer a uma empresa externa ou ser contratado pela própria companhia para compor o quadro laboral, pois o principal fundamento deste profissional é a demanda pela excelência na manutenção desta empresa, em conformidade com o Regulamento Geral de Proteção de Dados.[216]

No Brasil, embora a LGPD não aborde sobre o nível de conhecimento do encarregado, apresenta suas atividades, assim, o DPO possui algumas atribuições, que são: I – aceitar reclamações e comunicações dos titulares, prestar esclarecimentos e adotar providências; II – receber comunicações da autoridade nacional e adotar providências; III – orientar os funcionários e os contratados da entidade a respeito das práticas a serem tomadas em relação à proteção de dados pessoais; e IV – executar as demais atribuições determinadas pelo controlador ou estabelecidas em normas complementares. Tudo isso para atender a adoção de medidas de segurança, técnicas e administrativas aptas a proteger os dados pessoais de acessos não autorizados e de situações acidentais ou ilícitas de destruição, perda, alteração, comunicação ou qualquer forma de tratamento inadequado ou ilícito, determinados pelo próprio diploma legal.

Já em Portugal, o nível necessário de conhecimentos especializados deverá ser determinado, em particular, em função do tratamento de dados realizado e da proteção exigida para os dados pessoais tratados pelo responsável pelo seu tratamento ou pelo subcontratante. Estes encarre-

[215] Sarmento, António – DPO. **Quem é o responsável pela proteção de dados**? O Encarregado de Proteção de Dados (DPO) vai integrar o 'job description' de muitas empresas e de muitas organizações. O Jornal Econômico, 2018. [em linha]. [Consult. 15 fev. 2018]. Disponível em http://www.jornaleconomico.sapo.pt/noticias/dpo-quem-e-o-responsavel-pela-protecao-de-dados-264580.

[216] Magalhães, Filipa Matias; Pereira, Maria Leitão – **Regulamento Geral de Proteção de Dados.** p. 24.

gados da proteção de dados, sejam ou não empregados do responsável pelo tratamento, deverão estar em condições de desempenhar as suas funções e atribuições com independência. "O encarregado da proteção de dados é designado com base nas suas qualidades profissionais e, em especial, nos seus conhecimentos especializados no domínio do direito e das práticas de proteção de dados, bem como na sua capacidade para desempenhar as funções referidas no artigo 39º.".[217]

Tem-se as funções:

> 1. O encarregado da proteção de dados tem, pelo menos, as seguintes funções:
>
> a) Informa e aconselha o responsável pelo tratamento ou o subcontratante, bem como os trabalhadores que tratem os dados, a respeito das suas obrigações nos termos do presente regulamento e de outras disposições de proteção de dados da União ou dos Estados-Membros;
>
> b) Controla a conformidade com o presente regulamento, com outras disposições de proteção de dados da União ou dos Estados-Membros e com as políticas do responsável pelo tratamento ou do subcontratante relativas à proteção de dados pessoais, incluindo a repartição de responsabilidades, a sensibilização e formação do pessoal implicado nas operações de tratamento de dados, e as auditorias correspondentes;
>
> c) Presta aconselhamento, quando tal lhe for solicitado, no que respeita à avaliação de impacto sobre a proteção de dados e controla a sua realização nos termos do artigo 35º;
>
> d) Coopera com a autoridade de controlo;
>
> e) Ponto de contacto para a autoridade de controlo sobre questões relacionadas com o tratamento, incluindo a consulta prévia a que se refere o artigo 36º, e consulta, sendo caso disso, esta autoridade sobre qualquer outro assunto.
>
> 2. No desempenho das suas funções, o encarregado da proteção de dados tem em devida consideração os riscos associados às operações de tratamento, tendo em conta a natureza, o âmbito, o contexto e as finalidades do tratamento.

[217] PARLAMENTO Europeu e do Conselho. **Regulamento 679/2016.** *Ibidem.*

Ainda assim, além do DPO, ou melhor, o Encarregado de Proteção de Dados Pessoais, há a figura do chefe de conformidade. Normalmente aparece junto de auditorias internas e gestores de risco, de forma permanente. Em sentido amplo.

No entanto, no caso de se procurar a conformidade plena da empresa e não exclusivamente do espaço cibernético, o profissional chefe de conformidade passa a ser denominado *Chief Compliance Officer – CCO*[218], sendo os demais apenas tratados por *Compliance Officer*.

Segundo Claudio Carneiro, o *Compliance* não é apenas necessário, mas um investimento pois, num futuro próximo, as empresas que não procurarem a conformidade através de um trabalho de *Compliance*, estarão fora do mercado.[219] Para a aplicação desse trabalho, o CCO é uma peça chave, visto que deverá atingir a observância fiel enquanto procura o máximo de precisão nas legislações em vigor.[220]

Esse profissional deve ter conhecimentos jurídicos e de governança corporativa, além do saber específico na área em que efetua o trabalho de conformidade. Profissionais apenas com conhecimentos jurídicos ou de gestão, possuem conhecimento insuficiente para aplicar num trabalho de *Compliance* voltado para qualquer seara da tecnologia ou sistemas da informação. Será, assim, necessária a formação de uma equipa que consiga promover tal conformidade. O contrato, juntamente com a formação para cada termo nele contido, constitui a base do trabalho de *Compliance*; de outra forma, como poderia um advogado apenas com conhecimento jurídico ou um administrador apenas com conhecimento de gestão preparar contratos com termos tecnológicos com magnitude? Assim como os profissionais acima referidos, também os responsáveis pela segurança da informação recebem breves formações sobre preparação de contratos no âmbito das suas licenciaturas. Contudo, necessitarão de adquirir conhecimentos voltados para a seara jurídica e gestora visto que, na ausência deste conhecimento, estes profissionais poderão,

[218] ÉPOCA Negócios – **Conheça o Chief Compliance Officer**. 2017. [Em linha]. [Consult. 15 dez. 2017]. Disponível em http://epocanegocios.globo.com/Inspiracao/Carreira/noticia/2015/09/conheca-o-chief-compliance-officer.html.

[219] Carneiro, Cláudio; Britto, José Geraldo Falcão – **Gestão de Riscos em Compliance**. Instituto Memória: Curitiba, 2019. ISBN 978-85-5523-319-7.

[220] *Idem – Ibidem.*

quando da promoção de proteção, incorrer em erro e deixar mais brechas contratuais a um advogado.

O *Chief Compliance Officer* ideal deverá então ser um advogado com formação em governança e gestão de riscos e, de preferência, que possua conhecimento técnico em segurança de TI. Caso contrário, deverá este trabalho ser realizado por uma equipa, conforme citado. Deverá ainda ser lembrado que, como o trabalho de *Compliance* exige conhecimentos de boa governança e gestão de riscos, caso seja aplicado em hospitais, clínicas médicas ou consultórios, o profissional de conformidade deverá ter os conhecimentos dos possíveis riscos da atividade na qual está a aplicar a conformidade.

Para além da qualificação acima citada, o profissional CCO terá de ser ético, modesto, proativo, inteligente, diligente, convicto, devendo ainda aprender rápido e possuir boas competências na área da comunicação.[221] Perante a advocacia preventiva, o profissional do *Compliance* deverá ser um advogado, visto que terá de estar preparado para interpretar leis, tendo também necessariamente de possuir conhecimento de gestão diante da atividade em que estiver a prestar o serviço.[222]

O conhecimento na atividade em particular é de extrema importância para que o profissional consiga proporcionar maior eficiência e confiabilidade nas decisões e na aplicabilidade do programa. Assim, o responsável pelo *Compliance* necessita de ter um conhecimento além do jurídico para obter o máximo de sucesso possível na aplicação do mesmo, podendo este profissional ser um advogado, gestor, e entusiasta da atividade finalística da instituição que receberá o benefício do programa.

3.3. Governança de TI, gestão de riscos e a auditoria

A boa governança possui um caráter preventivo que pode ser percebido como um remédio para complicações futuras,[223] pelo que a busca pela conformidade por parte de empresas proporcionará a proteção dos

[221] Robert Walters – **Carrer Advice:** The Role os Compliance Officer. [Em linha]. [Consult. 06 dez. 2017]. Disponível em https://www.robertwalters-usa.com/career-advice/the-role-of-a-compliance-officer.html

[222] Lira, Michael Pereira de – **O que é compliance e como o profissional da área deve atuar? *Ibidem.***

[223] Carneiro, Cláudio; Britto, José Geraldo Falcão – **Gestão de Riscos em Compliance.** *Ibidem.*

clientes,[224] assim como dos colaboradores diretos e indiretos, quer no que respeita à proteção de dados, quer no que se refere ao âmbito geral da cultura organizacional.

Quando alguém possui ou deseja abrir uma empresa, não se imagina um cenário trágico, como uma violação e/ ou fuga de dados de uma maneira massiva ao ponto de arrasar por completo a reputação dela. Para evitar essas situações, deve-se procurar uma gestão de riscos, de forma a analisar certezas, incertezas, e probabilidades de perdas,[225] percebendo e procurando mitigar esses riscos, sejam esses no escopo da organização, pessoas, produtos, serviços ou outros.[226]

Na senda por uma boa governança, é necessária ainda a realização de auditorias para que o trabalho seja posteriormente analisado e gerido através dos resultados. Quando se trata de auditorias neste campo, é imperioso frisar que as tecnologias são atualizadas com uma velocidade imensa, sejam produtos, serviços, *hardware* ou *software*. Desta forma, para execução delas, é mister que o auditor possua conhecimentos na área das tecnologias, assim como das legislações.[227]

Empresas que procuram estar em conformidade digital devem possuir tanto a governança quanto a gestão proativa. A gestão da tecnologia da informação de uma empresa acaba por se tornar no coração da gestão, pois tem contacto direto com bases de dados que contêm dados pessoais, processos, documentos, e dados sensíveis. O sucesso deste modelo de gestão dependerá, assim, da procura proativa por conformidade no setor de TI, chamando a si a responsabilidade de procura da manutenção de formação no âmbito do trabalho de *Compliance*.

É comum a confusão dos conceitos de gestão e de governança e, independentemente do resultado, a intenção da procura por um ambiente bem administrado é a base, tanto de um, quanto de outro. Neste capítulo adentrar-se-á uma breve comparação acerca do significado de ambos os conceitos. No entanto, para uma compreensão mais simples, imagine-se os 3 poderes basilares: executivo, legislativo e judiciário. Segundo o

[224] *Idem – Ibidem.*

[225] *Idem – Ibidem.*

[226] *Idem – Ibidem.*

[227] CARNEIRO, Claudio; SANTOS JUNIOR, Milton de Castro – **Compliance e Boa Governança**: Pública e Privada. 1 ed. Editora Juruá: Curitiba, 2018. ISBN: 9788536283876. P. 140.

TCU – Tribunal de Contas da União, Brasil, considere-se agora que a gestão é o poder executivo, e a governança os outros dois poderes.

Conforme Cláudio Carneiro, uma boa governança deve ser tratada como um direito fundamental[228] e, seja realizada em âmbito geral ou voltada à seara da Tecnologia da Informação, tem como objetivo agregar valor e minimizar os riscos. Ao contrário do que muitos pensam, essa área deve ser liderada pela alta administração da empresa, tendo em vista que uma boa governança deve ter o pensamento igualmente direcionado para área da Tecnologia da Informação, para a área administrativa e para as áreas de organização de negócios.[229]

Um princípio norteador da governança é a transparência, sendo importante disponibilizar informações de uma forma geral aos interessados, e não apenas oferecer aquelas que são impostas através de leis. Essa transparência, quando aplicada da forma correta, acaba por gerar um ambiente de confiança, tanto internamente, quanto nas relações externas à organização. Outros aspetos igualmente importantes são: equidade – é preciso tratar de forma igualitária todas as partes interessadas, pois qualquer tipo de tratamento diferenciado não condiz com os princípios da governança; prestação de contas (*accountability*) – é necessário que os responsáveis pela governança se responsabilizem pelos seus atos e respetivas consequências; responsabilidade corporativa – Os agentes de governança devem trabalhar com o intuito de zelar pela organização e pela sua perpetuação, agregando aos seus processos valores de ordem social e ambiental.[230]

A boa gestão baseia-se, assim, na gestão dos bens e serviços, além de contar também com uma participação ativa nos processos de planeamento e contratação, seguindo os parâmetros estabelecidos pela alta administração para a empresa pública e ou privada.[231]

[228] Carneiro, Claudio; Santos Junior, Milton de Castro – **Compliance e Boa Governança**: Pública e Privada. 1 ed. Editora Juruá: Curitiba, 2018. ISBN: 9788536283876. P. 103.

[229] Cavalcanti, Augusto César. **O Novo Modelo de Contratação de Soluções de Ti Pela Administração Pública** – 2ª Ed. Editora Fórum. São Paulo, 2015. P. 52.

[230] Maffei, José Luiz Gonçalves – **Curso de Auditoria**. Editora Saraiva: São Paulo, 2015. ISBN 9788502627635. P. 73.

[231] Idem. *Ibidem*.

São funções da governança:

> definir o direcionamento estratégico; supervisionar a gestão; envolver as partes interessadas; gerenciar riscos estratégicos; gerenciar conflitos internos; auditar e avaliar o sistema de gestão e controlo; e promover a *Accountability* (prestação de contas e responsabilidade) e a transparência.[232]

São funções da gestão:

> implementar programas; garantir a conformidade com as regulamentações; revisar e reportar o progresso de ações; garantir a eficiência administrativa; manter a comunicação com as partes interessadas; avaliar o desempenho e aprender.[233]

Cabe perceber que previamente foi apresentado o instituto da gestão, agora limitado à gestão de riscos, sendo que há, inclusive, uma ISO que visa regulamentar essa gestão – a ISO 30001:2018. Essa norma pode ser aplicada em empresas privadas, públicas e/ou comunitárias, trazendo vários princípios internacionais voltados à gestão de risco e, como abordado anteriormente, pode ser aplicada em praticamente qualquer tipo de negócio. As recomendações trazidas por esta ISO são: melhorias nas práticas e técnicas de gestão de forma a garantir uma maior segurança no local de trabalho de todos e a todo momento; eficiência operacional; governança; confiança *inter partis*; minimizar perdas; desenvolvimento com segurança. Porém, a sua essência é formar uma base sólida quando se fala em tomada de decisões, pois terá uma gestão completamente proativa em todas as áreas analisadas pelos possíveis riscos.

A auditoria prévia é, pois, essencial para que os riscos sejam analisados e geridos. Este processo visa identificar a probabilidade de incidentes capazes de prejudicar os objetivos da organização e, posteriormente, administrá-la, impedindo que o bom andamento organizacional seja comprometido. Além disso, esses riscos devem ser compatíveis com o apetite de risco para que se possa proceder à sua análise frente aos

232 PROVALORE. **Governança pública**. *Ibidem*.

233 Idem. *Ibidem*.

anseios e objetivos da organização e, dessa forma, possibilitar uma garantia razoável para o seu cumprimento.[234]

Quando a gestão de risco está voltada ao ciberespaço, devem ser analisados os pontos que podem trazer vulnerabilidades e/ou ameaças. A falta de capacitação de pessoas para a aquisição de uma cultura de boas práticas no ambiente digital é um fator de enorme preocupação, visto que esse é o ponto mais sensível para uma infração. Assim, para se atingir maior plenitude de proteção de dados, é imperiosa a aplicabilidade do *Compliance* no ambiente digital, diante de um ciberespaço.

3.4. *Digital literacy*, educação digital e o *accountability*

A sociedade da informação, conforme citado previamente, adentra cada vez mais as suas raízes na vida de todos e, com ela, traz uma tendência de interação cada vez maior com as tecnologias por meio dos equipamentos, sejam desktops, portáteis, móveis, ou dispositivos do lar com internet. Perante tantas novidades e tantos dados criados, enviados e recebidos, a medida mais eficiente para se conseguir preservar o direito à privacidade e proteção de dados pessoais é a prevenção. Para se atingir esse trunfo, a aplicação do *Compliance* torna-se cada vez mais necessária, tanto que profissionais de renome nacional e internacional já apresentam esta era como a era do *Compliance.*

Na aplicação do *Compliance,* é comum uma mudança de processos internos, assim como controlos operacionais e, para tanto, é necessária uma mudança de comportamento da equipa através da capacitação, sendo que o resultado disso é uma reeducação e ética em grande parte solidificadas.[235]

O principal intuito será também facilitar ou tornar a maneira como os humanos os utilizam para desempenhar as suas atividades do lar, laborais, lúdicas ou académicas mais simples e célere. Com isso, proporciona-se uma interação e comunicação entre as pessoas que, para que tal aconteça, precisam de estar habilitadas para essa nova roupagem de educação diante das novas tecnologias.[236]

[234] Maffei, José Luiz Gonçalves – **Curso de Auditoria**. *Op. Cit.* P. 90.

[235] Carneiro, Claudio – **Compliance e a cultura de paz**. "pela necessidade de uma mudança comportamental que se solidifica com a educação e a ética". Et al Galileu – *Ibidem.*

[236] Fraiman, Leo. Valores Essenciais em um mundo cada vez mais digital. et al. (Org.) Abrusio, Juliana. Educação Digital. São Paulo: Revista dos Tribunais, 2015. ISBN978-85-203-6293-8. p. 9.

Desta forma, torna-se cada vez mais imperiosa a aplicabilidade de instruções para o manuseio, além de uma maior compreensão acerca do funcionamento das tecnologias como a internet e os seus meios de comunicação. Estas seriam instruções relacionadas ao uso indevido do equipamento e um lembrete de que, mesmo operando novas tecnologias e/ou ferramentas de comunicação, é de extrema necessidade o respeito pelas legislações vigentes. Exemplos a ter em conta são a Carta fundamental do Estado e demais normativos em vigor que procuram promover garantias, direitos e liberdades, como a inviolabilidade das correspondências, das comunicações, da vida privada, assim como da intimidade das pessoas. É ainda de ressalvar que muitos acreditam que, por exemplo, a internet não possui lei nem deixa rasto.

O principal viés é disciplinar com vista à obtenção de uma maior consciência na utilização destas novas tecnologias, assim como expor a todos – dos sócios aos funcionários –, as consequências de usar, por exemplo, o ciberespaço e os dados de maneira irresponsável. Fica claro que, para que essa aplicabilidade da educação ocorra, seja no cartório ou no dia a dia, é necessária uma massificação na transmissão de valores éticos e morais, visto que a tecnologia, com todo o seu crescimento, implica a necessidade de passagem por um processo de educação digital por parte dos utilizadores.[237]

Além da formação para todos, deve ser percebido que hoje se está compulsoriamente inserido num meio digital, mas que nem todas as pessoas nasceram em tempos de internet e que, por isso, existe uma dificuldade de adequação e de habilitação no que ao espaço cibernético diz respeito. De facto, quando se versa acerca de educação digital, qualquer que seja o âmbito, conclui-se que a sociedade é, em grande parte, constituída por pessoas iletradas nesta área. Mudar este cenário torna-se, então, apenas possível através de uma transmissão massiva de valores éticos e morais que irão proporcionar uma evolução da educação de todos diante deste meio digital.[238]

A formação direcionada ao meio digital deve envolver novas tecnologias, canais digitais para comunicação, relação entre produtos e serviços digitais diante da proteção de dados e cibersegurança. Neste contexto,

[237] Idem. *Op. Cit.* p. 10.

[238] Pinheiro, Patricia Peck. DireitoDigital. 6. ed. São Paulo: Saraiva, 2016. *Op. Cit.* P. 38.

destaca-se a importância da digital literacy ou alfabetização digital, conceito que, segundo a Western Sidney University, significa, ter as competências necessárias para viver, aprender e trabalhar numa sociedade onde a comunicação e o acesso à informação estão cada vez mais presentes. por meio de tecnologias digitais, como plataformas de internet, mídias sociais e dispositivos móveis. Este esforço de educação digital, que inclui a inclusão tecnológica, visa preencher a enorme lacuna entre os atuais usuários dessas tecnologias e aqueles que pertencem ao grupo dos chamados "nativos digitais".[239]

Resoluções do ministério da educação determinou, no Brasil, que o Direito Digital, diante da aprendizagem de novas tecnologias e canais de comunicação estejam presentes nas academias jurídicas. Assim como o CNJ – Conselho Nacional de Justiça, através da Resolução 75, insere o Direito Digital, Governança e a Gestão de Riscos como conteúdo para o concurso da magistratura.

Ainda assim, não há registo de qualquer trabalho informativo em massa para educar o utilizador a cuidar das próprias informações no ambiente cibernético da sociedade da informação. Isto torna-se ainda mais preocupante num ambiente que se trata apenas com dados de terceiros e, acima de tudo, dados sensíveis, como nome, números de documentos pessoais, biometria, dados médicos, fotos, entre outros. A cultura da nossa sociedade não se encontra direcionada para a prevenção, principalmente no que diz respeito ao espaço cibernético, pois é uma inovação e muda a cada dia, com novos recursos e novos equipamentos, acabando por se tornar difícil atentar à questão, apesar da sua relevância.[240]

Uma das teorias expressas por um grupo de especialistas em segurança digital está relacionada com a falta de preparação da nossa sociedade no que concerne à proteção diante do ambiente cibernético. Por consequência, não estamos, de forma geral, habilitados para fazer uso deste recurso.[241] No seguimento deste facto, será possível treinar a competência de funcionários para se estar em conformidade diante do

[239] WESTERN SYDNEY UNIVERSITY. Digital Literacy. 2019. [Consult 17. Jun. 2023] Disponível em: https://www.westernsydney.edu.au/studysmart/home/digital_literacy/what_is_digital_literacy.

[240] PAESANI, Liliana Minardi. Direito da Informática: Comercialização e Desenvolvimento Internacional de Software. 9. ed. São Paulo: Editora Atlas S.A., 2014. P .66.

[241] PINHEIRO, Patricia Peck. DireitoDigital. 6. ed. São Paulo: Saraiva, 2016. *Op. Cit.* P. 39.

meio cibernético? De acordo com o *Compliance* digital, é necessário. Mas para que serve tanta educação no campo de um ambiente tão novo como a internet? Diante do exposto anteriormente, pode-se acreditar que os dados de um utilizador comum da rede de computadores não têm valor algum, mas quando se trata de dados sensíveis, existem pessoas conhecidas como *Crackers*[242] que se trata de invasores, intrusos que poderão estar à procura deles. Então, todo o cuidado é pouco quando se trata e mantém dados sensíveis de terceiros no ambiente cibernético. Para efetuar tal situação em segurança deve ser promovidas, de forma permanente, formações com boas práticas, assim como a oferta de exemplos valorosos com base ética, moral e de segurança da informação, que serão abordados posteriormente.

Diante das formações para capacitação digital promovidas pelo *Compliance,* deve ser dada ênfase ao *accountability*. Este termo é o resumo da evolução da responsabilidade, e essa evolução traz proatividade, resposta através de resultados, *feedback* imediato – seja positivo ou negativo –, entre outros. Resumindo, é o que todos os estabelecimentos na esfera privada e pública necessitam por parte dos seus colaboradores, incluindo sócios, gestores e funcionários.

Mas o que significa essa palavra estrangeira, que na verdade ainda utilizamos na sua forma original? Muito utilizada quando se fala sobre gestão e governança corporativa, *accountability* é uma virtude moral, uma evolução da resposta da proatividade e, explicada de forma resumida, é o ato de trazer para si a responsabilidade e alcançar resultados.[243]

De forma contrária ao *accountability*, existe também a desculpa para justificar alguma procrastinação. Esta resume-se em afastar de si a responsabilidade, de uma maneira ou de outra; ou seja, tendo culpa pelo ato malfeito ou ignorando a execução deste ato.[244] O intuito é livrar-se

[242] Vancim, Adriano Roberto; Matioli, Jefferson Luiz. Direito & Internet: Contrato Eletrônico e Responsabilidade Civil na Web. "O *cracker* recebe essa nomenclatura por ser Crime Hacker, ou simplesmente por serem quebradores, traduzindo diretamente o termo do inglês. Quando se fala quebrador, é pelo motivo que o cracker visa quebrar a segurança de algo. Os *crackers,* também conhecidos como *Black Hat* são aqueles que tem também um conhecimento acima da média, mas utilizam para se beneficiar de maneira ilícita, gerando assim delitos.". 2. ed. França – SP: Lemos & Cruz, 2014. ISBN 978-8599895559.

[243] Cordeiro, João. ***Accountability***: A evolução da responsabilidade pessoal nas empresas. 1 ed. Évora. São Paulo, 2013. ISBN:978-85-63993-71-7. P. 01.

[244] Idem. *Op. Cit.* P. 02.

de eventuais problemas, culpando o outro por situações que foram geradas pelos nossos atos. Tomemos por exemplo: "mas foi por causa da chuva que molhou os livros"; "mas foi por ter havido muita gente para atender ao balcão"; "a culpa foi do software, pois não avisou que estamos errados"; "a culpa foi do suporte técnico que não me ensinou isto ou aquilo"; "a culpa foi da internet, que caiu"; "a culpa foi do diretor"; "é que estou muito ocupado a estudar para as provas"; "é que viajo muito e não me lembrei". Elencar todo o tipo de desculpas, faria com que esta escrita a tais exemplos se dedicasse em exclusivo. Os poucos supracitados podem ser, contudo, percebidos corriqueiramente perante cartórios, instituições públicas ou privadas e pessoas. Resumindo, a culpa será sempre de terceiros quando não se traz a responsabilidade proativa do *accountability*, mas sim da desculpa pela procrastinação.[245] Não obstante, a desculpa é, infelizmente, algo natural no ser humano; todos nascem preparados para se defender com palavras, e essa função vai atuar como um mecanismo de defesa. Esse ato deverá, porém, ser desencorajado através da educação recebida no decorrer da vida, seja na escola, em casa ou, posteriormente, em estabelecimentos profissionais.[246]

Não é impossível nascer com a virtude de *accountability* e, mesmo que em minoria, são essas pessoas positivas que influenciam aqueles ao seu redor. Mas quem não nasce com ela, poderá procurar tornar-se assim através de análise de valores, estudando a ética, a moral, o Direito, a responsabilidade, a gestão, bem como adquirindo qualidades de líder. No entanto, o principal fator para se possuir o *accountability* é a ânsia pela justiça, pela anticorrupção pessoal e/ou profissional.[247] Ser adepto desse preceito ou fomentar em si e nos seus colaboradores tal qualidade diante do tratamento de dados, tornará a pessoa num profissional mais competente, num gestor com base na liderança e focado em resultados, num pai, uma mãe ou um filho melhores, numa pessoa mais flexível com maiores probabilidades de lidar melhor com situações mais delicadas mas, principalmente, num humano com mais qualidades.[248] Elencar-se-ão, seguidamente, algumas recomendações para pôr em prática o

[245] Idem. *Ibidem.*
[246] Idem. *Op. Cit.* P. 03.
[247] Idem. *Ibidem.*
[248] Idem. *Op. Cit.* 05.

conceito de *accountability*: dar sempre resposta ao que foi solicitado; ter prontidão; dar o exemplo; se algo for pedido, ignorar o que dispensável, como o telemóvel; anotar tudo que for solicitado, mantendo uma lista de tarefas; manter o foco no objetivo, colhendo o que for útil em reuniões, por exemplo; perguntar o que desejar entender não para testar outros, nem para reduzir alguém; responder com transparência; repetir o que foi solicitado para assim confirmar o pedido do líder; aperfeiçoar a capacidade de escutar; agradecer pelos resultados obtidos; nos erros, demonstrar como a pessoa poderá melhorar; mostrar as evoluções obtidas.

São conselhos simples que fazem com que todos acabem por evoluir enquanto pessoa, diante da execução responsável e contributiva de todos, sem escora, sócio, diretor, ou presidente como o centro de tudo e com uma administração assente num líder que fará uma gestão da sua equipa de forma a que esta evolua como um todo. Como consequência, os colaboradores obterão resultados de excelência e a sua autoestima aumentará, atingindo-se maior probabilidade de êxito na aplicação da conformidade digital. Só desta forma se conseguirá obter maior segurança nos dados e, assim, preservar as garantias, liberdades, e direitos fundamentais de cada indivíduo registado nas bases de dados do estabelecimento.

3.5. Políticas de conformidade digital

A aplicação do trabalho de conformidade é necessária, determinante, e de extrema importância, pelo que aqui será abordada – embora de forma breve e elementar –, de modo a proporcionar um melhor entendimento do conteúdo desta temática. Na busca pela conformidade, a criação da política de *Compliance* deve ser previamente definida e aplicada na organização, estabelecendo valores, éticas e crenças e organizando sistemas de controlo que proporcionarão um comportamento positivo para atingir o objetivo. Essas políticas devem ser iniciadas por aqueles a quem cabe dar o exemplo – a alta administração –, tendo de ser acatadas e obedecidas, tanto pelos sócios, quanto pelos funcionários.[249] Quando uma organização está em *Compliance*, os prestadores de serviço e clientes deverão também acatar as positivas ao relacionar-se profissional-

[249] Carneiro, Claudio; Santos Junior, Milton de Castro – **Compliance e Boa Governança**: Pública e Privada. *Op. Cit.* P. 51.

mente com esta empresa. Tomemos, pois, por exemplo o provedor de internet ou o profissional de infraestrutura de rede, dado que, quando se procura proteger a privacidade dos titulares dos dados, deve-se ir sempre além.

Quando, numa organização, se aborda e aplica sobre política de conformidade, quer dizer que esta empresa procura integridade, procura estar em *Compliance*, assumido um compromisso entre toda a equipa. Deve, por isso, ser percebido que, para tal aplicação, é importante começar pela alta organização, dando assim um exemplo a seguir pelos demais membros da equipa.[250]

O foco das políticas de conformidade que procuram a segurança do *Compliance* digital não se resume, contudo, a procedimentos educativos básicos e reiterados; consiste também, conforme abordado previamente, num trabalho de reaprendizagem e reeducação permanentes e em constante reestruturação. Mas como poderão estas medidas básicas prevenir que ciberataques terroristas por *ransomware* atinjam uma empresa? Para evitar que tal situação aconteça, se repita ou simplesmente que a probabilidade de ocorrência seja menor, deve o profissional de *Compliance* rever a formação sobre política da informação com todos os funcionários da companhia, focando-se na importância de que todos os arquivos abertos e de que todos os *downloads* feitos podem acarretar perigos, como um *ransomware*. É importante colher também um termo de confidencialidade e responsabilidade relativamente aos arquivos recebidos e compartilhados.

Entre as principais tarefas[251] do *Compliance Officer* estão: formação sobre cada detalhe presente nos termos; controles internos; recolha do termo de confidencialidade; recolha do termo de responsabilidade; contratos; aplicação das políticas definidas; atualização das políticas, sensibilização, conscientização e formações; manutenção reiterada da fiscalização.

Mas como o *Compliance Officer* conseguirá realizar todos os procedimentos citados? Possuindo uma equipe muito bem preparada, compondo um comitê multidisciplinar, constituído de profissionais jurídico, tecnologia da informação e comunicação, administração, e, ainda, o profissional com vasto conhecimento na área de atuação da empresa.

[250] *Idem – Ibidem.*

[251] Mendes, Francisco Schertel; Carvalho, Vinicius Marques de – **COMPLIANCE**. P. 125

Direcionando o conhecimento ao *Compliance Digital*, muitas vezes os *malwares – Malicious Softwares* são direcionados para o sistema operacional *Windows*, verifica-se o que a *Microsoft*, devido à sua massiva popularidade,[252] propôs como principais medidas de boas práticas para os utilizadores seguirem. São elas: não visitar sites não seguros, suspeitos ou falsos; não abrir emails e anexos de email não esperados ou enviados por pessoas desconhecidas (situação abordada nesta escrita); não abrir links mal-intencionados ou fraudulentos em emails, Facebook, Twitter e outros *posts* nas redes sociais ou em *chats* de mensagens instantâneas, como o Skype.

Segundo a *Microsoft*, entre as principais medidas de Segurança da Informação para os Profissionais aplicarem estão: manter o computador atualizado com a versão mais recente do *Windows*; manter o *Windows Defender Antivírus* para ajudar a proteger contra vírus e *malware*; manter o histórico de arquivos se ele não tiver sido ativado pelo fabricante do computador; fazer *backup* do conteúdo do computador com regularidade; aproveitar o espaço de armazenamento para manter duas cópias dos dados do computador. Inclusive o Microsoft Defender está disponibilizado tanto nas lojas Android quanto Apple.

O utilizador deve seguir uma *Checklist*[253] para se manter seguro. Entre alguns dos vários itens percebidos, estão: procurar utilizar o melhor antivírus e o navegador mais seguro; manter atualizados o *Windows*, aplicações instaladas e antivírus; nunca abrir anexos sem ter a certeza da origem; usar uma *firewall*; nunca usar softwares não originais; proteger as informações através de *backup* (como política de segurança). O *backup*[254] é uma cópia de segurança e é o maior trunfo contra a violação e o vazamento de informações através da encriptação causada, não só pelo *ransomware*, como por qualquer problema no equipamento. Através da

[252] MICROSOFT – **Proteger seu computador contra ransomware**. 2017. [Em linha]. [Consult. 15 dez. 2017]. Disponível em https://support.microsoft.com/pt-br/help/4013550/windows-protect-your-pc-from-ransomware

[253] SANTOS, Cleórbete – **Muito Além do Antivírus**. 1 ed. Palmas: [s.e.], 2017. [Edição do Kindle].

[254] ESET Portugal – **Ransomware? O backup pode ser seu melhor amigo**. 2016. [Em linha]. [Consult. 15 dez. 2017]. Disponível em https://blog.eset.pt/2016/04/ransomware-backup-pode-melhor-amigo/

cópia se segurança, os arquivos importantes estarão, portanto, seguros num dispositivo de armazenamento externo ou na própria nuvem.

O *cert.br* na sua Cartilha para Segurança na Internet ensina que:

> Fazer *backups* regularmente também é essencial para proteger os seus dados pois, se seu equipamento for infectado, a única garantia de que você conseguirá acessá-los novamente é possuir *backups* atualizados. O pagamento do resgate não garante que você conseguirá restabelecer o acesso aos dados.[255]

Se o computador parar ou por algum outro motivo os dados e as informações nele contidos ficarem indisponíveis ou danificadas bastará, por exemplo, repor as informações armazenadas no dispositivo de *backup* noutro computador sem defeito nem *malware* e continuar o trabalho. O *backup* deve ser frequente e periódico, seja de hora em hora, seja diário, tudo de acordo com a demanda e movimento das informações.

A aplicação efetiva do trabalho de *Compliance* digital minimizará os riscos diante da promoção e reeducação em toda equipa de funcionários ou servidores públicos, mas mesmo assim poderão ainda ser afetados por ataques de *hackers* ou infeção por algum *malware*. O simples clique num *link* malicioso ou a inserção de uma *pendrive* num computador poderão causar danos irreparáveis e, como consequência, poderá haver uma abertura do dispositivo a um atacante mal-intencionado não autorizado, fazendo com que dados possam ser violados e/ou vazados.

A busca pela boa governança e pela gestão de riscos de TI fazem apenas com que os riscos diminuam, visto que a segurança plena não existe. Segundo Fred Cohen, existem dois dos conceitos base para a segurança de TI, sendo o primeiro a não existência de segurança absoluta, e o segundo a não existência de risco zero. Esta disrupção acaba por ser inevitável dado que as redes se mantêm estáveis no tempo, não existindo atualizações das políticas e processos de segurança, o que se baseia muito no conceito de "se sempre funcionou desta maneira, não há que alterar". Outro dos fatores fundamentais que sustentam essas afirmações

[255] CERT.br – **Cartilha de Segurança na Internet**: ransomware. 2017. [Em linha]. [Consult. 15 dez. 2017]. Disponível em https://cartilha.cert.br/ransomware/#proteger.

são a grande superfície de ataque que impossibilita determinar todos os vetores onde possam surgir vulnerabilidades.[256]

Os argumentos apresentados por Fred Cohen continuam válidos e cada vez mais assentes na realidade tecnológica em que vivemos já que, com o aumento das superfícies de ataque, há uma maior probabilidade de surgimento de novas vulnerabilidades que não existiam. Tudo isso só confirma cada vez mais os seus dois conceitos: a segurança nunca será absoluta nem o risco será de zero, logo apenas conseguimos tornar um sistema menos inseguro.

Após uma análise de risco, determinamos que o único caso em que o risco pode ser zero é quando um sistema não possui vulnerabilidades nem ameaças que as pretendam explorar, ou quando as informações ou sistema presentes nesse ativo não possuem nem interesse, nem impacto para a pessoa coletiva ou singular. No caso mencionado trata-se de uma situação hipotética que se traduz no contexto real apenas quando esses ativos se tornam desprezíveis e são desativados para cessar funções.

Mesmo diante da não plenitude da proteção de dados e do enorme contributo da busca pela perfeição através do *Compliance*, pode-se dizer que os processos são de extrema importância para que a empresa alcance a proteção dos dados. Dentro desses processos, pode-se selecionar algumas medidas principais que permitem conformidade com o RGPD. O primeiro ponto está diretamente ligado à preparação dos funcionários, às medidas técnicas realizadas nos equipamentos e também ao estudo do ambiente em relação aos riscos inerentes aos principais setores e funções. Este consiste, assim, na adoção de medidas técnicas e organizacionais, verificando os ambientes aos quais se deve dedicar maior atenção. Outro ponto fundamental para comprovar a conformidade é que não basta seguir os processos e afirmar que estão feitos; é necessário gerar documentos probatórios para confirmar a sua versão. Por fim, observa-se a aplicação da proteção de dados desde a sua conceção e da proteção de dados por defeito, o que significa, respetivamente, a proteção dos dados desde o momento inicial da sua obtenção, de acordo com a regulamentação desde o consentimento do proprietário, e a proteção dos dados no que diz respeito ao seu tratamento, verificando todos os

[256] COHEN, Fred – **Dr. Fred Cohen**. [Em linha]. 2018. [Consult. 14 nov. 2018]. Disponível em: http://fc0.co/.

processos definidos pela empresa para garantir que esses dados tenham o tratamento correto de acordo com o RGPD.[257]

Com a intensão de nortear, nos apêndices, várias estruturas de documentação, como relatório de impacto, política de privacidade, termo de confidencialidade para o operador e funcionários, termo de contratação de encarregado de proteção de dados, entre outros.

3.6. As *softlaws* e o *compliance* digital

Para a efetivação da aplicação do *Compliance* digital diante da lei de proteção de dados, é necessário seguir alguns padrões internacionais, nomeadamente algumas ISO[258] da família 27000, como a 27001 e 27002. É igualmente primordial a execução da ISO 27701 e 29151 que trazem o *Compliance* digital para promover a proteção de dados de forma técnica e seguir a determinação jurídica presente no Regulamento Geral de Proteção de Dados da Europa. A ISO 27035 refere procedimentos direcionados ao âmbito forense e diretamente associados à Lei 46/2018, visto que são esses os procedimentos a ser seguidos pela equipa de resposta aos incidentes de fuga e violação de dados. No que visa a gestão do *Compliance* e antissuborno, podem serem elencadas as ISO 19600 e 37001, respetivamente.

Os países não criam as suas próprias normas técnicas e, mesmo as normas internas – conforme acontece com a transposição de convenções internacionais –, podem ser trazidas para o seu ordenamento apenas de forma parcial. As normas técnicas são direcionadas, nesse caso, ao ambiente de segurança da informação e esse meio informático normalmente possui protocolos, tecnologias, sistemas idênticos no mundo todo. Como exceção, ocorre a hipótese de criação, pelo próprio Estado, de uma tecnologia que se utilize dentro das suas fronteiras, de forma exclusiva, e em nada impedindo a utilização da ISO como base para normas internas, como a NBR.

Para explicar melhor essas ISO diante do Direito e de um ordenamento jurídico, é necessário entender o que são as *softlaws*. O instrumento que regula a sociedade é o Direito e, quando essa regulação está

[257] Antunes, Luís – **Pôr em Prática o RGPD**. FCA – Editora de Informática: Lisboa. ISBN: 978-972-722-896-6. P. 89.

[258] ISO – Internacional Standard Organization – Organização de Padrões Internacionais.

direcionada ao contexto mundial, elenca-se o Direito internacional. A sociedade internacional possui, assim, o Direito Internacional, com os seus mecanismos e normativos, para regular a ação entre os sujeitos.[259]

O Direito Internacional pode ser retratado em duas vertentes. Numa primeira abordagem, apresenta-se como um mecanismo de imposição de poder que traz aos países mais poderosos a imposição da sua regulação diante dos mais enfraquecidos. Já a segunda vertente expõe o Direito Internacional como limitador, pois regula a imposição dos países mais fortes face aos mais fracos, o que sucede pela limitação do uso da força no pleno respeito pelos direitos humanos.[260]

O ambiente internacional possui diversas normas, como declarações, acordos, convenções, tratados, e ainda normas de padrão técnico internacional. A *Softlaw* pode ser considerada um padrão de norma flexível[261] não positivada na ordem jurídica do país, pelo que pode ser elencada a ISO 27701 e 28151. Esta norma, não sendo obrigatória, constitui a essência para se atingir o *Compliance* de um diploma jurídico, como o Regulamento Geral de Proteção de Dados da Europa.

A definição de *Softlaw* é o inverso da definição de *Hardlaw*. Assim, como previamente mencionado, a *Softlaw* é flexível e o Estado não a tem como obrigatória. Já a Hardlaw está positivada e tem caráter impositivo, com o dever obrigacional de obediência.[262] As *softlaws* podem ser tratadas por algumas doutrinas de forma horizontal junto das fontes autónomas, devendo por isso ser tidas como relevantes e, inclusive, como fonte do Direito Internacional formal.[263]

Quando se trata de fonte do Direito Internacional formal, o Artigo 38º do Estatuto da Corte Internacional de Justiça faz referência aos seus tratados, costumes e princípios gerais que possuem autonomia. Há quem verse sobre a inexistência de órgãos competentes internacionais para legiferação, bem como de uma autoridade regulatória para impor os diplomas internacionais diante dos países. Em consequência,

[259] NEVES, Miguel Santos et al. Introdução ao Direito. Et al. Introdução ao Direito. ***Op. Cit.*** p. 67

[260] *Idem – Ibidem.*

[261] NASSER, Salem Hikmat – **Fontes do direito internacional**: um estudo sobre a softlaw. 2 ed. São Paulo: Atlas, 2006.

[262] *Idem – Ibidem.*

[263] *Idem – Ibidem.*

nega-se o este tipo de Direito que, diante do mundo globalizado, é cada vez mais necessário, tanto no contexto da atuação do Direito Internacional, quanto da relação cooperativista e comunitarista entre Estados.

A aplicação de *softlaws* como a ISO 27701, que é um marco regulatório internacional não obrigatório, torna-se necessária no âmbito de empresas públicas ou privadas. Está-se, deste modo, a procurar a sua adequação diante do Regulamento Geral de Proteção de Dados da Europa e, por consequência, de outros diplomas de proteção de dados de diferentes Estados. Trata-se, indubitavelmente, de um marco para o *Compliance* Digital.

Mas como implementar uma ISO? Primeiramente é necessário estudar detalhadamente a ISO em questão, para compreender quais os controles que são determinados por ela. Assim, através de uma auditoria na organização que se deseja implementar a ISO, é comparado quais controles da ISO já estão implementados, quais controles não estão implementados e quais precisam melhorar.

Assim, diante do exposto no parágrafo anterior, percebe-se melhor a organização. Assim o profissional contratado, deve documentar todo o processo de conformidade, desde o termo de abertura do trabalho de compliance, todas as etapas realizadas, e posteriormente a prestação de conta do resultado através das entregas efetivadas.

3.7. Paradigmas cibernéticos para mitigar pelo *compliance*

O crescimento tecnológico traz mudanças nos padrões de uma sociedade. Nesta escrita, esse momento é apresentado como sociedade da informação, sociedade essa que se transforma exponencialmente com o advento do ciberespaço, conceito que vem criar possibilidades para a vida de todos, sobretudo positivas, mas também negativas. São, pois, originados conflitos diante dos normativos regulatórios, conflitos esses que poderiam ser evitados caso a conformidade fosse procurada de uma maneira massiva e preventiva através do *Compliance* digital.

Cláudio Carneiro elabora um discurso imperioso em que reforça que atualmente se vive na era do *Compliance*. As suas palavras são de extrema relevância para o tema visto que, observando pela perspetiva da sociedade da informação e da proteção de dados, a procura pela preservação de direitos, garantias e liberdades deve ser cada vez mais tutelada preventivamente. Isto acontece, pois, nem sempre se conseguirá regular de forma posterior diante das novas tecnologias, como quando se armazena algo numa *blockchain*.

Assim como as novas possibilidades acedidos pelos ataques híbridos, seja através do espaço magnético para parar estruturas físicas, como hospitais, transportes públicos, por exemplo, como ataques a ambientes físicos para indisponibilizar serviços digitais.

3.7.1. *Blockchain e o esquecimento*

A *Blockchain* é também conhecida como o protocolo da confiança. Consiste numa tecnologia que, através da descentralização, proporcionará segurança da prova de trabalho por meio da validação das transações, sendo que esta fragmentação proporciona um armazenamento do seu conteúdo em vários locais e não num único servidor. A tecnologia *blockchain* fragmenta e descentraliza os dados que fazem uso dessa tecnologia mantendo, assim, uma cópia de segurança de todas as validações das transações. Ficam, deste modo praticamente impossibilitadas a perda e/ou alteração de algum dado já validado no bloco. A *blockchain* é uma tecnologia inovadora pois é a única do mundo digital que não pode ver o seu conteúdo alterado nem excluído dado que, depois de validada a transação, esta torna-se imutável.[264] A comunicação *inter partis* ponto a ponto (*peer-to-peer*), é uma comunicação direta entre duas partes sem que seja necessário algum tipo de intermediário. Como exemplo, poder-se-á referir o registo de um contrato exclusivamente entre duas partes, excluindo um terceiro elemento, como um advogado ou cartório. Difere, pois, dos modelos de transações atuais que, para além da eterna procura pela centralização de informação, ainda necessitam de um terceiro elemento que irá proporcionar a validação da transação e só assim indicar a vontade das partes envolvidas na transação. A sociedade em geral não está, no entanto, pronta para excluir totalmente os terceiros de confiança para efetuar todos os tipos de registo, pois vários negócios jurídicos poderiam acabar viciados por má-fé ou por falta de preenchimento dos pré-requisitos legais proporcionados pelo desconhecimento legal das partes.

[264] Araújo, Humberto Xavier de; Prata, David Nadler; Santos, Cleórbete – **Fundamentos da Tecnologia Blockchain**. Editora Amazon. [Kindle]. ISBN 978-10-80003-40-2. 11%

Alguns princípios são mais evidentes da tecnologia *blockchain*, de acordo com William Mougayar,[265] como por exemplo, a prova de trabalho. Satoshi Nakamoto, fala que a tecnologia *blockchain* tem como base a validação de transações, valores, ativos entre partes, sem a assistência de intermediários, devido a segurança técnica da distribuição aberta.

A *blockchain* não é uma tecnologia exclusiva dos Criptoativos, sendo que as mais conhecidas são as públicas,[266] como a do Bitcoin e Ethereum. Podem, no entanto, também ser desenvolvidas *blockchains* privadas, mesmo que a sua validade seja questionada.

Normalmente, a denominação dada ao ato de eliminar conteúdo do ambiente cibernético é "remoção de conteúdo". Todos têm direito ao esquecimento e à eliminação, o que comummente ocorre quando existe informação errada ou uma notícia falsa que afeta a dignidade da pessoa relacionada, unida à falta de relevância social, penal e fiscal.[267] Por outro lado, surge um embate entre dois fatores: de um lado tem-se a previsão legal para a exclusão de dados da rede ou simples necessidade de exclusão da informação errada, do outro tem-se a existência de tecnologias que normalmente não permitem essa exclusão, como é o caso da *blockchain*.[268] Como previamente mencionado, *blockchain* é uma cadeia de dados que não podem ser alterados ou apagados; ela é inviolável por vias comuns, assim manifestando o problema inerente à sua utilização. Através de pesquisas[269] foi possível encontrar diversos conteúdos de teor ilícito, incluindo pornografia infantil. A possibilidade de adicionar conteúdo ilícito que não pode ser apagado ou alterado implica, desta forma, a possibilidade de a própria tecnologia se tornar ilícita.[270]

Assim, de acordo com a situação descrita, fica evidente a incerteza que tal tecnologia implica diante da sua aplicabilidade direta, pois o conteúdo armazenado na *blockchain* pode ser inapagável, incorrendo na

[265] MOUGAYAR, William. **Blockchain para Negócios** – *Ibidem*.

[266] ARAÚJO, Humberto Xavier de; PRATA, David Nadler; SANTOS, Cleórbete – **Fundamentos da Tecnologia Blockchain**. *Ibidem*.

[267] GUERREIRO, Pedro. **RGPD e o Blockchain: uma nova lei e um novo desafio**. 2018. Disponível em <https://www.publico.pt/2018/03/25/tecnologia/noticia/uma-nova-lei-e-um-novo-desafio-1807875>. Acedido em 03 mai. 2018.

[268] Idem. *Ibidem*.

[269] Idem. *Ibidem*.

[270] Idem. *Ibidem*.

possibilidade de violação direta da privacidade de uma pessoa singular. Tal procedimento poderia ser evitado através de *Compliance* digital no desenvolvimento de uma aplicação que utilize a tecnologia *blockchain*, pois indicaria para o armazenamento na *blockchain* apenas conteúdos não pessoais, tal como o que propõe a sua finalidade: um livro razão.

3.7.2 *Privacidade x informação*

A privacidade e a intimidade das pessoas fazem parte dos direitos, liberdades, e garantias pessoais e estão positivados, tanto na Constituição Federal Brasileira de 1988, quanto na Constituição da República de Portugal de 1976. Tais direitos, quando violados, acabam por causar danos e ofensa à dignidade da pessoa humana.

Surge então um debate sobre o aspeto absoluto do direito à privacidade pois, quando há conflito entre o direito à privacidade e outros direitos de personalidade, é possível que o direito à privacidade sofra algum tipo de limitação. Essa situação é claramente observável quando existe uma ameaça de terrorismo, uma vez que acontece uma limitação ou total retirada do direito de privacidade dos suspeitos da ação, ressalvando-se o direito à vida e à segurança sobre o direito à privacidade. Outro momento em que é possível perceber a limitação do direito à privacidade é quando este vai de encontro à liberdade de expressão e ao direito à informação, pois tratando-se de pessoas que possuam notoriedade pública e de informações do interesse da coletividade, é claramente possível a limitação da privacidade desses indivíduos. Deve, porém, haver sempre lugar à ponderação entre esses direitos incompatíveis, não sendo permitido o excesso. É possível verificar, em diversas áreas da vida privada, a limitação do direito à privacidade, que deve ocorrer sempre que o bem jurídico tutelado seja, de certa forma, superior à privacidade do indivíduo.[271]

O Artigo 25º, 1,[272] da Constituição portuguesa inicia o provimento de tal proteção ao versar que "a integridade moral e física das pessoas é

[271] Correia, Victor – Da Privacidade: Significado e Valor. *Op. Cit.* P. 68.

[272] CONSTITUIÇÃO da República Portuguesa de 1976, de 10 de abril. **Artigo 25, 1** – "A integridade moral e física das pessoas é inviolável.". 4ª ed. Coimbra: Almedina, 2017. ISBN 978-972-40-6867-1. p. 16.

inviolável", assim como o Artigo 26º, 1[273] refere que deve ser dada magnitude "...à reserva da intimidade da vida privada e familiar e à protecção legal contra quaisquer formas de discriminação". Desta maneira, a importância da preservação da integridade moral está presente em ambos os artigos, tal como a necessidade da intimidade da vida privada. Já na Constituição Brasileira, o Artigo 1º, III[274] versa que o direito à dignidade da pessoa humana é um direito fundamental, sendo esse um dos princípios basilares de tal Carta Magna. Com isso, o Estado promove a proteção, procurando, assim, garantir a paz moral de cada indivíduo. Por sua vez, no Artigo 5º, X,[275] é expressa inviolável inviolabilidade da vida privada, da honra e da imagem das pessoas, sendo da obrigação do Estado a promoção de tal proteção e segurança para que isso não ocorra.

Contudo, mesmo com tantas garantias de ambas as Constituições – tanto do Brasil quanto de Portugal –, a proteção da intimidade e da privacidade bate-se diretamente com outras garantias constitucionais, também contempladas em ambos os documentos. São exemplo disso o direito à informação e o direito ao exercício de trabalho de qualquer profissão, nomeadamente na área do jornalismo.

No Brasil, a Constituição compreende as proteções citadas no Artigo 5º, XIII,[276] que garante o direito ao exercício do trabalho profissional,

[273] Idem – **Artigo 26, 1** – "A todos são reconhecidos os direitos à identidade pessoal, ao desenvolvimento da personalidade, à capacidade civil, à cidadania, ao bom nome e reputação, à imagem, à palavra, à reserva da intimidade da vida privada e familiar e à protecção legal contra quaisquer formas de discriminação." – ***Ibidem***.

[274] CONSTITUIÇÃO Federal Brasileira de 1988, de 05 de Outubro. **Art. 1º, III**: "A República Federativa do Brasil, formada pela união indissolúvel dos Estados e Municípios e do Distrito Federal, constitui-se em Estado democrático de direito e tem como fundamentos: III – a dignidade da pessoa humana;". [Em linha] [Consult. 20 Set. 2017]. Disponível em http://www2.camara.leg.br/legin/fed/consti/1988/constituicao-1988-5-outubro-1988-322142-publicacaooriginal-1-pl.html

[275] Idem – **Art. 5º, X**: "Todos são iguais perante a lei, sem distinção de qualquer natureza, garantindo-se aos brasileiros e aos estrangeiros residentes no País a inviolabilidade do direito à vida, à liberdade, à igualdade, à segurança e à propriedade, nos termos seguintes: X – são invioláveis a intimidade, a vida privada, a honra e a imagem das pessoas, assegurado o direito a indenização pelo dano material ou moral decorrente de sua violação;". [Em linha] [Consult. 20 Set. 2017]. Disponível em http://www2.camara.leg.br/legin/fed/consti/1988/constituicao-1988-5-outubro-1988-322142-publicacaooriginal-1-pl.html

[276] CONSTITUIÇÃO Federal Brasileira de 1988, de 05 de Outubro. **Art. 5º, XIII**: "Todos são iguais perante a lei, sem distinção de qualquer natureza, garantindo-se aos brasileiros

bem como no Artigo XIV,[277] que assegura ao povo o direito a receber informação, excluindo-se aqui os artigos que versam acerca da liberdade de expressão. Já na Constituição Portuguesa de 1976 está patente, no seu Artigo 38º,1, a garantia da liberdade de imprensa assim como, no Artigo 37º, se versa sobre a garantia a liberdade de expressão e, por último, no Artigo 39º, 1, se assegura o direito à informação, assim como à liberdade de imprensa.

No decorrer de ambas as Constituições poderão ser encontradas garantias contra os discursos de ódio, bem como o veto ao anonimato e outros artigos que, direta ou indiretamente, poderão ser abordados para favorecer o entendimento e as decisões acerca do direito a ser esquecido.

O direito à informação caminha de mãos dadas com a liberdade de expressão de quem emite a informação, tal como o direito de informar e ser informado. Todos têm o direito de receber, dos órgãos públicos e empresas de notícias privadas, informações do seu interesse, sejam essas de cunho particular, coletivo ou geral. Excetuam-se, no entanto, os casos cujo sigilo seja imprescindível à segurança da sociedade e do Estado.

Assim como o direito à informação caminha, conforme citado anteriormente, juntamente com a liberdade de expressão, surgem também os discursos de ódio, que normalmente são direcionados a pessoas com ideologias diferentes das de quem os profere. Existe, assim, um embate entre discursos de ódio e a liberdade de expressão.

No Congresso americano, foi afirmado que "o Congresso não pode elaborar nenhuma lei limitando – cerceando a liberdade de expressão ou de imprensa", assim permitindo que tais discursos se mantenham ativos no seu Estado soberano. Porém, no Brasil essa visão de liberdade de expressão não foi acatada, tendo em vista que o país já passou, por diversas vezes, por situações em que os direitos humanos foram completa-

e aos estrangeiros residentes no País a inviolabilidade do direito à vida, à liberdade, à igualdade, à segurança e à propriedade, nos termos seguintes: XIII – é livre o exercício de qualquer trabalho, ofício ou profissão, atendidas as qualificações profissionais que a lei estabelecer;". – ***Ibidem***.

[277] CONSTITUIÇÃO Federal Brasileira de 1988, de 05 de Outubro. **Art. 5º, XIV**: "Todos são iguais perante a lei, sem distinção de qualquer natureza, garantindo-se aos brasileiros e aos estrangeiros residentes no País a inviolabilidade do direito à vida, à liberdade, à igualdade, à segurança e à propriedade, nos termos seguintes: XIV – é assegurado a todos o acesso à informação e resguardado o sigilo da fonte, quando necessário ao exercício profissional;". – ***Ibidem***.

mente violados; portanto, essa decisão é tomada tendo como base a luta contra processos e pensamentos discriminatórios[278].

Em Portugal existe um movimento contra o discurso de ódio, seja *online*, seja *off-line* que luta contra os que "propagam, incitam, promovem ou justificam o ódio racial, a xenofobia, a homofobia" e outras formas de ódio baseadas na intolerância, assim como o *Cyberbullying*, reconhecendo tal ato como uma violação dos direitos humanos.[279] Trazendo a questão para um âmbito mais jurídico, é importante verificar até que ponto essa liberdade de expressão pode ser limitada e se, para que tal se verifique, é possível limitar um direito em detrimento de outro. Assim, quando a liberdade de expressão ferir outros princípios constitucionais igualmente importantes, poderá ser cerceada. Verifica-se, então, que vetar a liberdade de expressão é ferir os direitos humanos, mas quando esta viola outros direitos humanos como a honra, a dignidade, a paz e o direito à vida através de discursos de ódio, estes últimos deverão sobrepor-se-lhe.

O direito à informação por sua vez caminha lado-a-lado com o direito de imprensa promovido pelos jornais. O direito a prover informação tem caráter fundamental, mas caso se trate de conteúdo sensível e for publicado no espaço cibernético, essa situação poderá afetar diretamente o direito à proteção de dados de uma pessoa singular e, consequentemente, a sua personalidade. Estamos na era do *Compliance* e, como tal, a conformidade é a base para a prevenção contra a possível fuga e/ou violação de dados.

3.7.3. *Extorsão por bloqueio de dados*

Segundo a IBM, o *Ransomware*, como o próprio nome indica, é um *Malware*[280] nefasto que retém dados como se de um sequestro se tratasse, exigindo assim um pagamento como forma de resgate para que estes fiquem novamente acessíveis.[281] Ataques semelhantes às variantes

[278] ***Idem* – *Op. Cit.*** p. 1134

[279] COUNCIL OF EUROPE – **Movimento contra o discurso de ódio**: Jovens pelos direitos humanos online. 2017. [em linha]. [Consult. em: 28 nov. 2017]. Disponível em http://www.odionao.com.pt/.

[280] *Malicious Software*, traduzindo, Software Malicioso.

[281] IBM – **Are you safe from ransomware attacks**? [em linha]. Acesso em: 27 nov. 2017. Disponível em https://www.ibm.com/security/ransomware.

Petya ou *WannaCry* são versões muito mais sofisticadas do *Malware* típico e que aproveitam as explorações vazadas e usam criptografia forte.

O *WannaCry*, acima citado, é uma praga do género *ransomware* e da espécie criptovírus.[282] Trata-se, pois, de um *software* malicioso direcionado exclusivamente a computadores que utilizam a plataforma *Windows* como sistema operacional, muito embora outros *ransomware* possam ser voltados para a plataforma *Linux*.[283]

Normalmente um *hacker* disponibiliza um *link* em sites inseguros, em aplicações piratas ou por email e, assim que é acedido pelo utilizador, pode abrir caminho a um posterior acesso por um terceiro não autorizado, podendo até permitir que um *ransomware* seja plantado. O invasor poderá violar a confidencialidade, integridade e disponibilidade do conteúdo, possibilitando o seu *status quo* apenas com o pagamento de um valor em criptomoeda.[284] A encriptação é, pois, o método mais seguro para se proporcionar a confidencialidade de informações e é precisamente esse o meio necessário para se proteger arquivos, senhas e, na verdade, tudo que tiver relevância quando se fala em informação. Para efetuar encriptação, é exigida uma senha – denominada chave –, sendo que só através desta se consegue fazer a decriptação e assim tornar as informações acessíveis novamente.[285] Concluindo, esta prática poderá ser utilizada, quer para proteger, quer para indisponibilizar, como no caso do *ransomware*. Quando tal encriptação é utilizada por um *hacker* para reter informações, não há uma real garantia de decriptação para tornar as informações disponíveis novamente, mesmo que o resgate seja pago.

3.7.4. *Depósitos de sítios eletrónicos*

Os sítios eletrónicos de notícias são, de forma geral, atualizados diariamente, podendo-se proceder à remoção de conteúdos, seja facultativa-

[282] Santos, Cleórbete – **Ataques do ransomware WannaCry e a Lei Carolina Dieckmann**. Acesso em: 13 dez. 2017. Disponível em https://cleorbete.jusbrasil.com.br/artigos/458420417/ataques-do-ransomware-wannacry-e-a-lei-carolina-dieckmann.

[283] TECMUNDO – **Entenda o que é ransomware**: o malware que sequestra computadores. Acesso em: 13 dez. 2017. Disponível em https://www.tecmundo.com.br/seguranca-de-dados/116360-especialista-explica-crescimento-ransomware-brasil.htm.

[284] ***Idem – Ibidem.***

[285] Wykes, Sean Michael – **Cr1ptografia Essenc1al**: A Jornada do Criptógrafo.1 ed. Rio de Janeiro: Elsevier, 2016. ISBN 978-85-352-8605-2. P. 13.

mente, seja forma compulsória. Existem, no entanto, formas de aceder novamente a esses conteúdos, qualquer que seja a data, como a aplicação *Internet Archive – WaybackMachine,*[286] que pode ser acedida através do link *https://archive.org/web.*

O *WaybackMachine* tem a função de recolher páginas da internet, assim como um depósito de sítios eletrónicos, gerando um histórico de mudanças. Essa ferramenta fará com que se consiga apresentar conteúdo que existiu em tempos em páginas *online,* mas que entretanto foi alterado. Como exemplo, pode-se referir as atualizações de páginas de um endereço como *www.uol.com.br,* que o *WaybackMachine* torna acessíveis, possibilitando navegar no próprio *site* e aceder na íntegra ao seu conteúdo textual. Note-se, porém, que algumas imagens ou vídeos poderão ter desaparecido com o passar do tempo.

O principal propósito da apresentação do *WaybackMachine* é, não só referir o que foi citado no parágrafo anterior, mas também expor esta ferramenta como um meio de preservação de uma prova cibernética. Por exemplo, ao receber uma ameaça por meio de uma rede social, é possível inserir o link com esse conteúdo ofensivo no site *WaybackMachine* e este dá início ao processo de monitorização do mesmo gerando, assim, um histórico de todas as movimentações. Deste modo, no caso de a ameaça ser apagada, o *WaybackMachine* registará também esse facto.

Diante desse depósito de sítios eletrónicos, surge a possibilidade de se pedir um esquecimento de tal conteúdo, visto que esse repositório promove um acúmulo massivo de todo o conteúdo na internet. Mas e se o tal repositório utilizar a *blockchain* para garantir a organização e segurança do armazenamento dos sítios eletrónicos no seu depósito?

3.7.5. *Tratamento automatizado*

Segundo o Regulamento Geral de Proteção de Dados – RGPD da Europa, como base para a análise de tal caso procura-se versar acerca das decisões automatizadas perante o perfil do utilizador numa plataforma de uma empresa.

A definição de perfil ocorre quando se leva em consideração as características de um indivíduo para que, através desse mapa de caracterís-

[286] INTERNET Archive – **WaybackMachine.** 2017. [em linha]. [Consult. em: 28 nov. 2017]. Disponível em https://archive.org/web.

ticas, seja possível fazer previsões. As decisões automáticas, por sua vez, consistem em decisões tomadas exclusivamente por máquinas, sem haver envolvimento humano, utilizando-se ou não a definição de perfis.

Este diploma aborda essa matéria, vedando as decisões tomadas exclusivamente por meios automatizados e que venham gerar efeitos jurídicos referentes ao indivíduo. Além da seara jurídica, existem outras áreas que utilizam este tipo de decisão, sendo mais comum na área financeira e bancária e gerando, assim, decisões mais rápidas, porém, mais limitadas. Há situações nas quais é possível a existência de decisões exclusivamente automatizadas, desde que a utilização de algoritmos seja permitida por lei e que o meio adequado para a sua realização seja utilizado. Também é possível que esse método seja aplicado se se tratar da única forma de celebrar um contrato com um indivíduo ou quando haja o consentimento expresso por parte do mesmo. É de salientar que, nesses casos, é necessário proteger os direitos e liberdades individuais através do método adequado. Além disso, o indivíduo deve ser informado de todos os seus direitos, podendo este perante os mesmos contestar a decisão e exigir intervenção humana.[287]

Os seguintes artigos do RGPD, mais precisamente o 21º, 5, em grifo nosso, da Secção 4,[288] no inciso 5, mencionam que o utilizador poderá opor-se ao processamento de dados por meios automatizados. Perante um desconhecimento do setor de desenvolvimento de sistemas e mesmo sendo opcional por parte do titular, poderá surgir uma oposição. O meio que evitaria tal situação seria a busca pela conformidade através de uma boa governança no desenvolvimento do *software*, pois desta forma os processamentos automatizados passariam a gerar um alerta preventivo.

287 COMISSÃO Europeia – Posso ser sujeito a decisões individuais automatizadas, incluindo a definição de perfis? 2019. [Em linha]. [Consult. 28 jun. 2019]. Disponível em: https://ec.europa.eu/info/law/law-topic/data-protection/reform/rights-citizens/my-rights/can-i-be-subject-automated-individual-decision-making-including-profiling_pt.

288 EUR-Lex – Regulamento (EU) 2016/679. do Parlamento Europeu e do Conselho, de 27 de abril de 2016, relativo à proteção das pessoas singulares no que diz respeito ao tratamento de dados pessoais e à livre circulação desses dados e que revoga a Diretiva 95/46/CE (Regulamento Geral sobre a Proteção de Dados) (Texto relevante para efeitos do EEE). 2016. [Em Linha]. [Consult. 28 jun. 2018]. Disponível em: https://eur-lex.europa.eu/legal-content/PT/TXT/?uri=celex%3A32016R0679.

O artigo 21, 5 do RGPD é claro ao expressar que o titular dos dados pode opor-se ao tratamento por meios automatizados. Para completar tal raciocínio, veja-se o artigo 22, 1 do RGPD, em grifo nosso, da Secção 4.[289] O Regulamento Gerado de Proteção de dados da Europa, no seu Artigo 22, esclarece diretamente aquilo que ao tratamento automático dos dados diz respeito, trazendo também os casos em que este será permitido, ou melhor, as circunstâncias em que será autorizado.

> Decisões individuais automatizadas, incluindo definição de perfis: 1. O titular dos dados tem o direito de não ficar sujeito a nenhuma decisão tomada exclusivamente com base no tratamento automatizado, incluindo a definição de perfis, que produza efeitos na sua esfera jurídica ou que o afete significativamente de forma similar.

O artigo 22, 1 determina que o titular dos dados tem o direito de não se sujeitar a decisão tomadas exclusivamente de forma automática que produzam efeito jurídico ou similar. Cabe então perceber que o indivíduo sofrerá uma punição que acarreta três meses de suspensão e que, com isso, terá o seu direito afetado por tal decisão. Todavia, esse ponto possui algumas exceções. Veja-se então os pontos a, b, c, que ditam a existência de casos excecionais quando:

> a) For necessária para a celebração ou a execução de um contrato entre o titular dos dados e um responsável pelo tratamento; b) For autorizada pelo direito da União ou do Estado-Membro a que o responsável pelo tratamento estiver sujeito, e na qual estejam igualmente previstas medidas adequadas para salvaguardar os direitos e liberdades e os legítimos interesses do titular dos dados; ou c) For baseada no consentimento explícito do titular dos dados.: [290]

A decisão não se aplica ao 1 se: o titular dos dados possuir contrato celebrado com a empresa que está a efetuar o tratamento; for para

[289] EUR-Lex – Regulamento (EU) 2016/679. do Parlamento Europeu e do Conselho, de 27 de abril de 2016, relativo à proteção das pessoas singulares no que diz respeito ao tratamento de dados pessoais e à livre circulação desses dados e que revoga a Diretiva 95/46/CE (Regulamento Geral sobre a Proteção de Dados) (Texto relevante para efeitos do EEE). 2016. [Em Linha]. [Consult. 28 jun. 2018]. Disponível em: https://eur-lex.europa.eu/legal-content/PT/TXT/?uri=celex%3A32016R0679.

[290] *Idem – Ibidem.*

salvaguardar direitos e liberdades legítimas do indivíduo; o titular possuir consentimento explícito desta pessoa singular.

Neste âmbito, apresentou-se, inclusive, um acórdão - o ECLI:EU: C:2017:197 do processo C-398/15- Manni, não diante do RGPD, mas da anterior Diretiva 95/46/CE.[291] Sabe-se que a situação mencionada pode ser de cariz simples, mas pode igualmente ser atingida pelo RGPD e, por consequência, acarretar uma penalidade. Isso sucede, pois, há casos em que a pessoa singular se pode sentir moralmente ferida, tendo a sua personalidade e dignidade sido afetadas e os seus direitos, garantias e liberdades fundamentais violados diante da quebra de privacidade e da violação de dados.

3.7.6. *A empresa como consumidora no serviço de implementação da LGPD*

A essencialidade da transparência e do procedimento interdisciplinar para a proteção de direitos é algo que vem se elevando cada vez mais, principalmente pela velocidade que ocorrem, por exemplo, a criação, coleta ou troca de dados e informações.

Mas e quando esses dados são pessoais? A Lei Geral de Proteção de Dados Pessoais - LGPD, Lei 13.709/2018, determina que o tratamento de dados pessoais de pessoas naturais deve ocorrer de forma adequada com os fundamentos, princípios e requisitos expressos neste diploma legal.

Há de perceber que a LGPD possui um vasto âmbito de aplicação, seja em organizações públicas ou privadas, pessoas físicas ou jurídicas, sejam estes dados, digitais ou físicos.

O processo de implementação deve estar adequado com o que está determinado pela lei, visto que, segundo o art. 3º da LINDB, ninguém pode se escusar desconhecer a lei. Assim, mais precisamente em seu artigo 46:

[291] Processo C-398/15. Acórdão do Tribunal de Justiça (Segunda Secção) de 9 de março de 2017. Camera di Commercio, Industria, Artigianato e Agricoltura di Lecce contra Salvatore Manni. Pedido de decisão prejudicial apresentado pela Corte suprema di cassazione. Reenvio prejudicial — Dados pessoais — Proteção das pessoas singulares no que respeita ao tratamento desses dados — Diretiva 95/46/CE — Artigo 6º, nº 1, alínea e) — Dados sujeitos à publicidade do registo das sociedades — Primeira Diretiva 68/151/CEE — Artigo 3º — Dissolução da sociedade em causa — Limitação do acesso de terceiros a esses dados.

> Art. 46. Os agentes de tratamento devem adotar medidas de segurança, técnicas e administrativas aptas a proteger os dados pessoais de acessos não autorizados e de situações acidentais ou ilícitas de destruição, perda, alteração, comunicação ou qualquer forma de tratamento inadequado ou ilícito.

As medidas de segurança, devem ter um caráter legal, visto à LINDB, técnicas, envolvendo o ambiente de hardware e softwares, assim como também administrativas, envolvendo o âmbito, da governança de TI, gestão de processos, projetos e de riscos, sendo realizado em todo o processo da auditoria.

O consumidor do serviço de implementação da LGPD: A empresa contratante é consumidora da empresa contratada para realizar o processo de implementação, assim ocorrendo uma relação de consumo que deve estar plenamente à luz do CDC, visto que:

> CDC Art. 3º Fornecedor é toda pessoa física ou jurídica, pública ou privada, nacional ou estrangeira, bem como os entes despersonalizados, que desenvolvem atividade de produção, montagem, criação, construção, transformação, importação, exportação, distribuição ou comercialização de produtos ou prestação de serviços.
> § 1º Produto é qualquer bem, móvel ou imóvel, material ou imaterial.
> § 2º Serviço é qualquer atividade fornecida no mercado de consumo, mediante remuneração, inclusive as de natureza bancária, financeira, de crédito e securitária, salvo as decorrentes das relações de caráter trabalhista.

Com isso, é imperioso que esse fornecedor de serviço seja transparente com a empresa contratante sobre o serviço de implementação da LGPD que será realizado, especificando: Se será realizado em sentido amplo ou parcial, quem serão os profissionais que farão parte do processo, assim como quais normas técnicas serão implementadas. Tudo isso para gerar transparência diante desse investimento, como também fazer com que a empresa contratante esteja consciente sobre o que será contratado.

> CDC Art. 6º São direitos básicos do consumidor:
> III – a informação adequada e clara sobre os diferentes produtos e serviços, com especificação correta de quantidade, características,

> composição, qualidade, tributos incidentes e preço, bem como sobre os riscos que apresentem;

O processo de implementação que não esteja de acordo com o que está determinado no sentido amplo pela LGPD, poderá, de forma objetiva, responsabilizar o agente de tratamento envolvido:

> LGPD Art. 42. O controlador ou o operador que, em razão do exercício de atividade de tratamento de dados pessoais, causar a outrem dano patrimonial, moral, individual ou coletivo, em violação à legislação de proteção de dados pessoais, é obrigado a repará-lo.

Ainda assim, este normativo legal determina que o tratamento de dados será irregular quando não atender a lei, como também não observar o modo, resultado e os riscos e técnicas adequadas de tratamento. Veja, o Artigo 44

> Art. 44. O tratamento de dados pessoais será irregular quando deixar de observar a legislação ou quando não fornecer a segurança que o titular dele pode esperar, consideradas as circunstâncias relevantes, entre as quais:
> I – o modo pelo qual é realizado;
> II – o resultado e os riscos que razoavelmente dele se esperam;
> III – as técnicas de tratamento de dados pessoais disponíveis à época em que foi realizado.

Assim, fica claro que o processo de implementação da LGPD é algo necessário que envolve investimento não só de dinheiro e tempo, mas também de direitos. Compliance amplo e muito delicado, envolvendo alto nível de detalhamento, e profissionais de diversas áreas, envolvendo o âmbito do direito, gestão e governança e engenharia de segurança da informação, executando juntos um trabalho, inclusive tema abordado em setembro de 2021 no evento nacional da OAB, no painel que abordou sobre a LGPD e o CDC.

Contudo, o problema não é vender o serviço de implantação da LGPD, o detalhe está em ser transparente com o que está vendendo, assim também como o contratante desconfiar também de promessas fáceis para realização desse projeto.

3.7.7. *Quem implementa o programa de conformidade da LGPD?*

A LGPD – Lei Geral de Proteção de Dados Pessoais, Lei 13.709/2018, apresenta ao cenário brasileiro uma profissão aparentemente nova, a do Encarregado de Proteção de Dados Pessoais, internacionalmente conhecida como DPO – Data Protection Officer.

O DPO possui um papel que poderá ser cada vez mais esclarecido pela ANPD – Autoridade Nacional de Proteção de Dados, e nas regras presentes no Artigo 23, determina que "seja indicado um encarregado quando realizarem operações de tratamento de dados pessoais", assim perceba no artigo 5º,

> VIII – encarregado: pessoa indicada pelo controlador e operador para atuar como canal de comunicação entre o controlador, os titulares dos dados e a Autoridade Nacional de Proteção de Dados (ANPD)

Perceba que segundo o artigo exposto, o encarregado é a pessoa indicada pelo controlador e operador. Já no artigo 41, "O controlador deverá indicar encarregado pelo tratamento de dados pessoais", o que já diverge com o Artigo 5º. Inciso VIII.

Os dados dos encarregados como identidade e contato devem estar públicos, claros e objetivos, preferencialmente nos "sítios eletrônicos", o que é diverso que que ocorre na maioria das plataformas web, o qual apresentam apenas um email, escondidos dentro de uma política de privacidade.

As atividades do encarregado estão no mesmo artigo:

> § 2º As atividades do encarregado consistem em:
> I – aceitar reclamações e comunicações dos titulares, prestar esclarecimentos e adotar providências;
> II – receber comunicações da autoridade nacional e adotar providências;
> III – orientar os funcionários e os contratados da entidade a respeito das práticas a serem tomadas em relação à proteção de dados pessoais; e
> IV – executar as demais atribuições determinadas pelo controlador ou estabelecidas em normas complementares.

A ANPD poderá determinar novas atribuições assim como dispensar a necessidade do encarregado de proteção de dados.

Visto que a LGPD não apresentou de forma clara quais as competências o encarregado precisa estar capacitado, será apresentado alguns pontos do RGPD – Regulamento Geral de Proteção de Dados da Europa, que trata sobre este instituto.

> Consideração – 97
>
> ...O nível necessário de conhecimentos especializados deverá ser determinado, em particular, em função do tratamento de dados realizado e da proteção exigida para os dados pessoais tratados pelo responsável pelo seu tratamento ou pelo subcontratante. Estes encarregados da proteção de dados, sejam ou não empregados do responsável pelo tratamento, deverão estar em condições de desempenhar as suas funções e atribuições com independência.
>
> Artigo 37. 5.
> O encarregado da proteção de dados é designado com base nas suas qualidades profissionais e, em especial, nos seus conhecimentos especializados no domínio do direito e das práticas de proteção de dados, bem como na sua capacidade para desempenhar as funções referidas no artigo 39º.

Assim, deve ser percebido que o encarregado deve estar em condições de desempenhar as suas funções e atribuições com independência, assim sendo necessário possuir qualidades profissionais e, em especial, nos seus conhecimentos especializados no domínio do direito e das práticas de proteção de dados.

O artigo 39º do Regulamento 679/2016 apresenta as funções do Encarregado de Proteção de Dados para a UE, consequentemente para os demais Estados que desejam realizar negócios jurídicos entre eles e os Estados-Membros.

> 1. O encarregado da proteção de dados tem, pelo menos, as seguintes funções:
> a) Informa e aconselha o responsável pelo tratamento ou o subcontratante, bem como os trabalhadores que tratem os dados, a respeito das suas obrigações nos termos do presente regulamento e de outras disposições de proteção de dados da União ou dos Estados-Membros;

> b) Controla a conformidade com o presente regulamento, com outras disposições de proteção de dados da União ou dos Estados-Membros e com as políticas do responsável pelo tratamento ou do subcontratante relativas à proteção de dados pessoais, incluindo a repartição de responsabilidades, a sensibilização e formação do pessoal implicado nas operações de tratamento de dados, e as auditorias correspondentes;
> c) Presta aconselhamento, quando tal lhe for solicitado, no que respeita à avaliação de impacto sobre a proteção de dados e controla a sua realização nos termos do artigo 35º;
> d) Coopera com a autoridade de controlo;
> e) Ponto de contacto para a autoridade de controlo sobre questões relacionadas com o tratamento, incluindo a consulta prévia a que se refere o artigo 36º, e consulta, sendo caso disso, esta autoridade sobre qualquer outro assunto.
> 2. No desempenho das suas funções, o encarregado da proteção de dados tem em devida consideração os riscos associados às operações de tratamento, tendo em conta a natureza, o âmbito, o contexto e as finalidades do tratamento.

Essa nova profissão apresenta um profissional interdisciplinar, com conhecimento em proteção de dados, tanto jurídico, como em tecnologia da informação e comunicação e principalmente nas áreas da gestão e governança. Lembrando, ainda também com conhecimento na logística da organização.

4. CONCLUSÃO

Dado o exposto diante desta contínua investigação científica e presente escrita, percebe-se um crescimento desenfreado de dados no globo terrestre; as pessoas que compõem a sociedade nunca criaram, enviaram e/ou receberam tanta informação. Vivemos numa época em que uma troca faz com que fronteiras sejam ignoradas e as soberanias consigam estar sob ameaça do ciberespaço.

O ciberespaço surge, assim, de uma maneira mais potente a partir da popularização dos computadores, telemóveis e internet entre as pessoas. Um espaço magnético, armazenamento lógico, com estrutura física e interligada, o ciberespaço faz com que o processo de globalização se acelere, possibilitando a comunicação entre pessoas que estão em Estados diferentes, seja para uma simples conversa, para estudar, trabalhar, comprar ou vender, entre outras infinitas possibilidades. Constrói-se, desta forma, uma nova cultura entrelaçada com modelos sociais estatais distintos e que desconstrói padrões, pois o simples contacto entre culturas diferentes faz com que o ser humano, sem que se aperceba, altere conceitos prévios. Criam-se, assim, relações através de uma comunicação entre pessoas que muitas vezes desconhecem o Estado soberano em que se encontra a outra parte, mas que se relacionam socialmente através da soberania do ciberespaço.

O Direito é o instituto que regula a sociedade, sendo que a sua base se constrói a partir de factos que são relevantes e possuem valor e que, posteriormente, se transformam em norma. Como exemplo disso, tome-

-se as novas legiferações direcionadas para o mundo *online*, que não teriam lugar na sociedade caso a internet não existisse. Assim, diante dos novos factos advindos dos mais recentes padrões de interação social, convenções, Cartas Fundamentais, e demais normativos direcionam as suas forças também para a criação ou alteração de diplomas de forma que estes se adequem à realidade emergida pela existência do ciberespaço. A procura pela proteção das pessoas quando se trata desse espaço magnético objetiva proteger o conteúdo que essas tratam e que é da sua titularidade. Para tanto, foram redigidos normativos legais direcionados para a promoção da preservação do direito à privacidade, direito à proteção dos dados e cibersegurança.

A procura pela inviolabilidade da personalidade através do direito à intimidade, imagem, privacidade, dignidade da pessoa, é cada vez mais comum. Antes do ciberespaço construir a sociedade da informação, quando se tratava de violar privacidade imaginava-se alguém a espiar por cima do muro ou a entrar sem permissão num local privado. Hoje, imagina-se alguém que, sem autorização, acede indevidamente aos dados pessoais de outrem, ou que, de má-fé, indisponibilizar um perfil de rede social pertencente a outra pessoa. Por tudo isto, é possível afirmar que a sociedade na qual se vive consiste num novo conceito social, com necessidades diferentes do anterior, nomeadamente na área jurídica. No entanto, para promover a preservação de um direito, é importante que a Constituição da República ampare esta premissa. Neste caso, a Constituição da República Portuguesa de 1976 dá um exemplo repleto de pioneirismo, tanto na sua entrada em vigor, quanto diante das Revisões Constitucionais de 1982 e 1989, reforçando cada vez mais a regulação da informática e da proteção de dados quando comparada com a Constituição da República do Brasil de 1988. Na verdade, enquanto na Constituição Portuguesa a proteção de dados é já contemplada como um direito fundamental positivado, na brasileira ainda se fica a aguardar um projeto de emenda constitucional com essa proposta para aprovação.

A preocupação com o que os algoritmos podem fazer quando se trata de violação da privacidade de uma pessoa singular tem vindo a ser manifestada no meio internacional desde 1981. É, na verdade, muito gratificante saber que existe essa preocupação para a qual a União Europeia, por meio de uma diretiva, já procurou assegurar uma solução através da operação correta dos dados automatizados. Essa Diretiva foi posteriormente transposta, fazendo com que em Portugal figurasse já uma Lei de Proteção de Dados Pessoais. Mas esta questão não fica pela esfera europeia, com o Brasil, logo após a entrada em vigor do Regulamento Geral de Proteção de Dados da Europa, a publicar a Lei Geral de Proteção de Dados Pessoais brasileira. Esta lei tornou-se, assim, num marco para a nação, já que não existia nada semelhante no território. O que esses diplomas têm em comum é que, para serem aplicados, é necessária a conformidade – sinónimo de *Compliance* –, palavra contida praticamente em todos os normativos. O século XXI vem, pois, sendo caracterizado como a era do *Compliance* e da revolução digital.

A prevenção é o que faz com que um diploma seja cumprido de forma eficaz e, quando se trata de obedecer a leis que estão diretamente ligadas de forma interdisciplinar com a tecnologia através da segurança informática para se preservar a privacidade de pessoas e dados pessoais, é necessário conhecimento técnico da segurança informática para se obter maior eficiência. Perante esta realidade, quando da união entre as competências jurídicas e tecnológicas em busca da conformidade, aparece o *Compliance* digital, instrumento que proporcionará a tão desejada prevenção por meio de uma boa governança e da análise e gestão de riscos para se atingir o máximo de segurança nestas áreas. Só assim se consegue preservar o direito à privacidade e o direito à proteção de dados dos seus titulares.

A aplicação do *Compliance* digital é o método através do qual se poderá atingir o máximo de efetividade na preservação da privacidade via proteção de dados e, portanto, é indispensável a capacitação das pessoas através de formações frequentes direcionadas à transmissão de uma cultura preventiva e de sensibilização para as possíveis consequências para si e para outrem quando não obedecida.

Quando se fala sobre capacitação das pessoas, seja numa empresa pública, seja numa privada, esta deve ocorrer sem distinção para toda a equipe – do mais alto cargo até os demais colaboradores, seja o sócio, diretor ou presidente. Deverá, no entanto, abranger igualmente os demais prestadores de serviço internos pois, para mitigar os riscos, há necessidade de participação e compromisso por parte de todos. O processo de educação para explicar o ambiente cibernético, as suas possibilidades, os seus riscos e as melhores condutas é, deste modo, essencial para todos, e essa formação nunca poderá cessar, visto que a cada dia surgem novas vulnerabilidades e diferentes produtos.

As *softlaws* – neste caso, as ISO (Normas Internacionais de Padronização) –, são imperiosamente necessárias visto que possuem padrões técnicos para promover a segurança da informação, gestão de riscos, resposta a incidentes e gestão de *Compliance*, para citar apenas alguns. A união destas ISO às normas positivadas de um Estado provocará o resultado que se espera do *Compliance* digital – a conformidade exigida pelo diploma jurídico. Assim, a ISO 27701, publicada em 2019, surge como um marco para a relação que forma o *Compliance* digital: o Direito, a Tecnologia, a segurança da informação, e ainda a gestão e governança.

A busca pela conformidade digital, diante da proteção de dados, vai tornando-se cada vez mais complexo diante da necessidade da prevenção em relação à inovação proporcionada pelas novas tecnologias.

O Direito e Tecnologia da Informação e Comunicação caminham cada vez mais juntos, e o que proporciona esta relação é a conformidade, por isso se denomina "era do *Compliance*" esta na qual estamos a viver. Assim, percebe-se que esse crescimento tecnológico presente na vida de todos continuará, cada vez mais, a trazer novos produtos e serviços que, por sua vez, produzirão factos novos. Por outro lado, poderá acontecer que, por algum meio, se consiga violar cada vez mais a privacidade das pessoas através dos dados e que os Estados procurem preservar o direito à proteção de dados com legiferação, conceitos, mecanismos de prevenção, bem como com repressão para as pessoas que provocam violação e/ou fuga destes dados. Contudo, a prevenção torna-se cada vez mais uma evidência para a sustentabilidade e o tratamento de dados deverá ser executado cada vez com maior cautela, sendo que essa virtude precisa de profissionais competentes, comprometidos, e que procurem conhecimento diariamente para conseguir o máximo de conformidade possível.

5. FONTES DOCUMENTAIS

5.1. Geral

a) Livros

PORTUGAL – **CONSTITUIÇÃO da República Portuguesa de 1976, de 10 de abril**. 4ª ed. Coimbra: Almedina, 2017. ISBN 978-972-40-6867-1.

b) Internet

BRASIL – **Constituição da República de 1988, de 05 de outubro**. [Em linha]. [Consult. 20 set. 2017]. Disponível em http://www2.camara.leg.br/legin/fed/consti/1988/constituicao-1988-5-outubro-1988-322142-publicacaooriginal-1-pl.html

________. **DECRETO Nº 10.222, DE 5 DE FEVEREIRO DE 2020**. Aprova a Estratégia Nacional de Segurança Cibernética. [Consult. 03 jun. 2023]. Disponível em: https://www.planalto.gov.br/ccivil_03/_ato2019-2022/2020/decreto/d10222.htm

________. **EMENDA CONSTITUCIONAL Nº 115, DE 10 DE FEVEREIRO DE 2022**. Altera a Constituição Federal para incluir a proteção de dados pessoais entre os direitos e garantias fundamentais e para fixar a competência privativa da União para legislar sobre proteção e tratamento de dados pessoais. [Consult. 03 jun. 2023]. Disponível em: https://www.planalto.gov.br/ccivil_03/constituicao/Emendas/Emc/emc115.htm#:~:text=EMENDA%20CONSTITUCIONAL%20N%C2%BA%20115%2C%20DE,e%20tratamento%20de%20dados%20pessoais.

________ – **Lei nº 12.965, de 23 de abril de 2014**. [Em Linha]. [Consult. 03 set. 2019]. Disponível em: https://www2.camara.leg.br/legin/fed/lei/2014/lei-12965-23-abril-2014-778630-publicacaooriginal-143980-pl.html

________ – **Lei nº 12.737/2012, de 30 de novembro**. Lei Carolina Dieckmann. [Em Linha]. [Consult. 03 set. 2019]. Disponível em: https://www2.camara.leg.br/legin/fed/lei/2012/lei-12737-30-novembro-2012-774695-norma-pl.html

________ – **Lei nº 13.709/2018, de 14 de Agosto**. Dispõe sobre a proteção de dados pessoais e altera a Lei nº 12.965, de 23 de abril de 2014 (Marco Civil da Internet). [Consult. 27 set. 2018]. Disponível em: http://www2.camara.leg.br/legin/fed/lei/2018/lei-13709-14-agosto-2018-787077-publicacaooriginal-156212-pl.html

COUNCIL OF EUROPE – **Convention on Cybercrime. 2004.** [Em Linha]. [Consult. 19 ago. 2018]. Disponível em: http://www.migliorisiabogados.com/wp-content/uploads/2014/04/Convencion-de-Budapest-firmantes-Convecion-contra-el-cibercrimen.docx

________ – **Convenção Europeia dos Direitos Humanos.** [Em Linha]. [Consult. 19 ago. 2018]. Disponível em: https://www.echr.coe.int/Documents/Convention_POR.pdf

________ – **Carta dos Direito Fundamentais da União Europeia**. 2002. [Em linha]. [Consult. 27 nov. 2018]. Disponível em: http://www.europarl.europa.eu/charter/pdf/text_pt.pdf

________ – **Convenção 108 +**. Convenção para a proteção das pessoas relativamente ao tratamento de dados de carácter pessoal. [Consult. 03 jun. 2023]. Disponível em: https://rm.coe.int/cm-convention-108-portuguese-version-2756-1476-7367-1/1680aa72a2

CONVENÇÃO de Budapeste. 2001. [Em Linha]. [Consult. 06 dez. 2017]. Disponível em: http://www.mpf.mp.br/atuacao-tematica/sci/normas-e-legislacao/legislacao/legislacoes-pertinentes-do-brasil/docs_legislacao/convencao_cibercrime.pdf.

DECLARAÇÃO Universal dos Direitos Humanos. 1948. [Em Linha]. [Consult. 19 set. 2018] Disponível em: https://www.ohchr.org/EN/UDHR/Documents/UDHR_Translations/por.pdf

ISO – **ISO/IEC 27701:2019** – Security techniques – Extension to ISO/IEC 27001 and ISO/IEC 27002 for privacy information management – Requirements and guidelines. 2019. [Em linha]. [Consult 25 nov 2019]. Disponível em: https://www.iso.org/standard/71670.html

Ministério Público Federal. OFÍCIO N° 539/2020/SPPEA/PGR. **Anteprojeto de Lei de Proteção de Dados para segurança pública e persecução penal**. [Consult. 17 jun. 2023]. Disponível em: https://criminal.mppr.mp.br/arquivos/File/ENCCLA_-_PGR-00456556-2020_NT.pdf

NAÇÕES Unidas – **Carta das Nações Unidas**. 1945. [Em linha]. [Consult. 29 set. 2018]. Disponível em https://nacoesunidas.org/wp-content/uploads/2017/11/A-Carta-das-Na%C3%A7%C3%B5es-Unidas.pdf

PARLAMENTO Europeu e do Conselho. **Directiva 46/95/CE**, de 24 de outubro. [Em Linha]. [Consult. 17 set. 2019]. Disponível em: https://eur-lex.europa.eu/legal-content/ES/ALL/?uri=CELEX%3A31995L0046

________ – **Regulamento 679/2016, de 27 de abril**. [Em Linha]. [Consult. 17 set. 2019]. Disponível em: https://eur-lex.europa.eu/legal-content/PT/TXT/?uri=celex%3A32016R0679

________ – Grupo de Trabalho do Artigo 29. **Orientações relativas ao consentimento na aceção do Regulamento (EU) 2016/679**. 2017. [Em Linha]. [Consult 04 set. 2019]. Disponível em: https://www.cnpd.pt/bin/rgpd/docs/wp259rev0.1_PT.pdf

PORTUGAL. **Diretiva (UE) 2016/1148** do Parlamento Europeu e do Conselho, de 6 de julho de 2016, relativa a medidas destinadas a garantir um elevado nível comum de segurança das redes e da informação em toda a União. [Consult. 03 jun. 2023]. Disponível em: https://eur-lex.europa.eu/legal-content/PT/TXT/?uri=celex:32016L1148

PORTUGAL – **Lei** nº **67/98, de 26 de outubro**. Lei da Proteção de Dados Pessoais. [Em Linha]. [Consult. 17 set. 2019]. Disponível em: https://dre.pt/web/guest/pesquisa/-/search/239857/details/maximized

________ – **Lei** nº **109/2009, de 15 de setembro**. Lei do Cibercrime. [Em Linha]. [Consult. 03 set. 2019]. Disponível: http://www.pgdlisboa.pt/leis/lei_mostra_articulado.php?nid=1137&tabela=leis

________ – **Lei 58/2019, de 8 de agosto**. [Em Linha]. [Consult. 20 set. 2019]. Disponível em: https://dre.pt/web/guest/pesquisa/-/search/123815982/details/maximized

State of California Departament of Justice. CCPA – *California Consumer Privacy Act.* 2018. [Em linha]. Acedido em 24 de out. 2020. Disponível em: https://oag.ca.gov/privacy/ccpa

UNICEF – **Declaração Universal dos Direitos Humanos.** [Em linha]. 1948. [Consult. 20 nov. 2018]. Disponível em: https://www.unicef.org/brazil/pt/resources_10133.htm

c) Acórdãos e Jurisprudências

ACÓRDÃO do Tribunal de Justiça (Segunda Secção). **Processo C-398/15**. de 9 de março de 2017. Camera di Commercio, Industria, Artigianato e Agricoltura di Lecce contra Salvatore Manni. Pedido de decisão prejudicial apresentado pela Corte suprema di cassazione. Reenvio prejudicial – Dados pessoais – Proteção das pessoas singulares no que respeita ao tratamento desses dados – Diretiva 95/46/CE – Artigo 6º, nº 1, alínea e) – Dados sujeitos à publicidade do registo das sociedades – Primeira Diretiva 68/151/CEE – Artigo 3º – Dissolução da sociedade em causa – Limitação do acesso de terceiros a esses dados.

6. BIBLIOGRAFIA

6.1. Geral

a) Livros

ARAUJO, Valter Shuenquener – **Novas dimensões do princípio da soberania**. Editora Niterói, Rio de Janeiro, 2016. ISBN: 978-85-7626-895-6. p. 29.

BOBBIO, Norberto – **A Era dos Direitos**. Rio de Janeiro: Campus, 1992.

CASTELLS, Manuel – **A Galáxia da Internet**: Reflexões sobre a Internet, os negócios e a sociedade; Tradução Maria Luiza X. de A. Borges. Rio de Janeiro: Zahar, 2003. ISBN: 978-85-7110-740-3.

CAVALCANTI, Augusto César. **O Novo Modelo de Contratação de Soluções de Ti Pela Administração Pública** – 2ª Ed. Editora Fórum. São Paulo, 2015.

CORDEIRO, João. ***Accountability***: A evolução da responsabilidade pessoal nas empresas. 1 ed. Évora. São Paulo, 2013. ISBN:978-85-63993-71-7.

FRAIMAN, Leo. Valores Essenciais em um mundo cada vez mais digital. et al. (Org.) ABRUSIO, Juliana. Educação Digital. São Paulo: Revista dos Tribunais, 2015. ISBN 978-85-203-6293-8.

GABRIEL, Martha. Marketing na era digital (p. 1). Atlas. Edição do Kindle.

GIBSON, William – **Neuromancer**. 5 ed. Editora Aleph, 2016. ISBN 978-8576573005.

LUSA. Diário de Notícias. Disponível em: <https://www.dn.pt/lusa/fake-news-ataques-no-ciberespaco-minam-confianca-dos-cidadaos-

---embaixador-para-a-ciberdiplomacia--10603364.html>. Acedido em 26 mai. 2023.

MAFFEI, José Luiz Gonçalves – **Curso de Auditoria**. Editora Saraiva: São Paulo, 2015. ISBN 978-85-026-2763-5.

MAYER-SHCONBERGER, Viktor; CUKIER Kenneth – **Big Data**: Como extrair volume, variedade, velocidade e valor da avalanche de informação cotidiana. Tradução: Paulo Polzonoff Júnior. 1. Ed. Rio de Janeiro: Elsevier, 2013. ISBN: 978-85-352-9070-7.

MENDES, Francisco Schertel; CARVALHO, Vinicius Marques de – **COMPLIANCE**: Concorrência e combate a corrupção. São Paulo: Trevisan Editora, 2017. ISBN 978-85-9545-006-6.

MOUGAYAR, William. Blockchain para Negócios: Promessa, Prática e Aplicação da Nova Tecnologia da Internet. Rio de Janeiro: Alta Books, 2017. ISBN 978-85-508-0067-7.

PAESANI, Liliana Minardi. Direito da Informática: Comercialização e Desenvolvimento Internacional de Software. 9. ed. São Paulo: Editora Atlas S.A., 2014. ISBN 978-85-224-9811-6.

OLIVEIROS, Litrento. Fundamentos Filosoficos Do Direito Romano E Sua Repercussões No Pensamento Jurídico Conteporâneo. Rio de Janeiro: 1982.

PINHEIRO, Patrícia Peck – **#DireitoDigital**. 6 ed. São Paulo: Saraiva, 2016. ISBN 978-85-02-63561-6.

POLICARPO, Poliana; BENNARD, Edna – **Cibercrimes na E-Democracia**. 2 ed. Belo Horizonte: Editora D'Plácido, 2017. ISBN 978-85-8425-635-8.

SAKAMOTO, Leonardo – **O que aprendi sendo xingado na internet**. 1 ed. São Paulo: Leya, 2016. ISBN 978-85-441-0420-0.

SHWAB, Klaus – **A Quarta Revolução Industrial**. Ed. 1. São Paulo: Edipro, 2016. ISBN 978-85-7283-978-5.

VANCIM, Adriano Roberto; MATIOLI, Jefferson Luiz. Direito & Internet: Contrato Eletrônico e Responsabilidade Civil na Web. 2. ed. França – SP: Lemos & Cruz, 2014. ISBN: 978-8599895559.

WYKES, Sean Michael – **Cr1ptografia Essenc1al**: A Jornada do Criptógrafo.1 ed. Rio de Janeiro: Elsevier, 2016. ISBN 978-85-352-8605-2.

b) Internet

Araújo, Humberto Xavier de; Prata, David Nadler; Santos, Cleórbete – **Fundamentos da Tecnologia Blockchain**. Editora Amazon. [Kindle]. ISBN 978-10-80003-40-2.

Besemer, Leo – **EXIN: Privacidade, Dados Pessoais e GPDR**. 2017. [Em Linha]. [Consult. 10 ago. 2018]. Disponível em: https://dam.exin.com/api/&request=asset.permadownload&id=3813&type=this&token=b919a584f9c26623c236268316de989f.

Carvalho, Fábio Rodrigues de – **Saiba o que significa o instituto Drittwirkung**. [Em linha]. [Consult. 11 set. 2019]. Disponível em: http://sqinodireito.com/saiba-o-que-significa-o-instituto-do/

CERT.br – **Cartilha de Segurança na Internet**: ransomware. 2017. [Em linha]. [Consult. 15 dez. 2017]. Disponível em https://cartilha.cert.br/ransomware/#proteger

CNSP – Centro Nacional de Segurança de Portugal – **Transposição da Diretiva NIS/SRI**. 2019. [Em Linha]. [Consult. 28 set. 2019]. Disponível em: https://www.cncs.gov.pt/transposicao-da-diretiva-nissri/

Cohen, Fred – **Dr. Fred Cohen**. [Em linha]. 2018. [Consult. 14 nov. 2018]. Disponível em: http://fc0.co/

COMISSÃO Europeia – **Posso ser sujeito a decisões individuais automatizadas, incluindo a definição de perfis**? 2019. [Em linha]. [Consult. 28 jun. 2019]. Disponível em: https://ec.europa.eu/info/law/law-topic/data-protection/reform/rights-citizens/my-rights/can-i-be-subject-automated-individual-decision-making-including-profiling_pt

________ – **A luta da União Europeia contra a fraude e a corrupção**. 2014. [Consult. em: 13 dez. 2017]. Disponível em http://www.norte2020.pt/sites/default/files/public/uploads/documentos/LutaFraude.pdf

ÉPOCA Negócios – **Conheça o Chief Compliance Officer**. 2017. [Em linha]. [Consult. 15 dez. 2017]. Disponível em http://epocanegocios.globo.com/Inspiracao/Carreira/noticia/2015/09/conheca-o-chief-compliance-officer.html

ESET Portugal – **Ransomware? O backup pode ser seu melhor amigo**. 2016. [Em linha]. [Consult. 15 dez. 2017]. Disponível em https://blog.eset.pt/2016/04/ransomware-backup-pode-melhor-amigo/

EUROPE Council – **Convention for the Protection of Individuals with regard to Automatic Processing of Personal Data**. 1981. [Em linha]. [Consult. 27 nov. 2018]. Disponível em: https://rm.coe.int/1680078b37

EXIN – **Privacy e Data Protection Foundation**. [Em linha]. 2018. [Consult. 10 out. 2018]. Disponível em: https://dam.exin.com/api/&request=asset.permadownload&id=3813&type=this&token=b919a584f9c26623c236268316de989f

FONTES, Edison. **GDPR – General Data Protection Regulation**. 2018. [Em Linha]. [Consult. 01 mai. 2018]. Disponível em: https://www.linkedin.com/pulse/gdpr-general-data-protection-regulation-edison-fontes/?published=t

GUERREIRO, Pedro. **RGPD e o Blockchain: uma nova lei e um novo desafio**. 2018. Disponível em <https://www.publico.pt/2018/03/25/tecnologia/noticia/uma-nova-lei-e-um-novo-desafio-1807875>. Acedido em 03 mai. 2018.

IAB – Instituto dos Advogados Brasileiros – **Cláudio Carneiro Destaca avanço do compliance na espera públicas e privada**. [Em Linha]. [Consult. 18 set. 2019]. Disponível em: https://www.iabnacional.org.br/noticias/claudio-carneiro-destaca-avanco-do-compliance-nas-esferas-publica-e-privada

IBM – **Are you safe from ransomware attacks**? [em linha]. Acesso em: 27 nov. 2017. Disponível em https://www.ibm.com/security/ransomware

INTERNET Archive – **WaybackMachine**. 2017. [em linha]. [Consult. em: 28 nov. 2017]. Disponível em https://archive.org/web

KAMINSKI, Omar – **A Informática Jurídica, a Juscibernética e a Arte de Governar**. [Em Linha]. [Consult 04 set. 2019]. Disponível em: https://www.conjur.com.br/2002-jul-17/informatica_juridica_juscibernetica_arte_governar

LIRA, Michael Pereira de – **O que é compliance e como o profissional da área deve atuar? 2013.** [Em Linha]. [Consult. 06 dez. 2017]. Disponível em: https://michaellira.jusbrasil.com.br/artigos/112396364/o-que-e-compliance-e-como-o-profissional-da-area-deve-atuar

LÓSSIO, Claudio Joel Brito – **A Soberania e as Leis de Proteção de Dados**. 2 ed. Et. al. O Direito e o Ciberespaço. 2023. Salvador, Editora Juspodivm.

MICROSOFT – **Proteger seu computador contra ransomware**. 2017. [Em linha]. [Consult. 15 dez. 2017]. Disponível em https://support.microsoft.com/pt-br/help/4013550/windows-protect-your-pc-from-ransomware

MINISTÉRIO de Negócios Estrangeiros – **Manual de Boas Práticas para a Negociação, Transposição e Aplicação de Legislação da União Europeia**. 2018. [Em linha]. [Consult. 07. Set. 2018]. Acedido em https://infoeuropa.eurocid.pt/files/database/000061001-000062000/000061756.pdf. p. 08.

MASSENO, Manoel David – **Ciberespaço e Território na Sociedade Mundial em Rede**. 2016. [Em Linha]. [Consult. 18 ago. 2019]. Disponível em: https://www.academia.edu/30689541/Ciberespa%C3%A7o_e_Territ%C3%B3rio_na_Sociedade_Mundial_em_Rede

________ – **Da segurança no tratamento dos dados pessoais** [no âmbito do RGPD]. No Internet Society Chapter Portugal. 2018. [Em Linha]. [Consult 04 set. 2019]. Disponível em: https://www.youtube.com/watch?v=_Jictcw_ZRA

________ – **Os Fundamentos e as Fontes**. 2018. [Em Linha]. [Consult. 13 ago. 2019]. Disponível em: https://www.academia.edu/37566233/Os_Fundamentos_e_as_Fontes_da_Prote%C3%A7%C3%A3o_de_Dados_

________; WENDT, Emerson – **O ransonware na Lei**: apontamentos breves do direito português e brasileiro. 2017. [Em Linha]. [Consult. 06 dez. 2017]. Disponível em: http://direitoeti.com.br/artigos/o-ransomware-na-lei-apontamentos-breves-de-direito-portugues-e-brasileiro/.

OLIVEIRA JUNIOR, José de Anchieta – **A importância dos Direitos Fundamentais para o Direito**. 2017. [Em linha]. Acedido em 15 mar. 2018. Disponível em: https://jus.com.br/artigos/58108/a-importancia-das-geracoes-dos-direitos-fundamentais-para-o-direito

OLIVO, Luís Carlos Cancellier de. "Aspectos Jurídicos do Comércio Eletrônico". In: ROVER, Aires José (Org.) – **Direito, sociedade e informática**. Limites e perspectivas da vida digital. Florianópolis: Fundação Boiteaux, 2000.

POLITIZE! – **O que é Globalização**. 2017. [Em linha]. [Consult. 26 set. 2018]. Disponível em: http://www.politize.com.br/globalizacao-o-que-e/

PROVALORE. **Governança pública** – saiba a diferença entre governança e gestão. 2018. Disponível em: <https://www.provalore.com.br/governanca-publica-saiba-a-diferenca-entre-governanca-e-gestao/>. Acedido em: 11 mai. 2018.

Rodrigues, Katitza – **The U.S. CLOUD Act and the EU**: A Privacy Protection Race to the Bottom Et. Al. Electronic Frontier Foundation. 2018. [Em linha]. Acedido em 05 jul. 2018. Disponível em https://www.eff.org/deeplinks/2018/04/us-cloud-act-and-eu-privacy-protection-race-bottom

Robert Walters – **Carrer Advice:** The Role of Compliance Officer. [Em linha]. [Consult. 06 dez. 2017]. Disponível em https://www.robertwalters-usa.com/career-advice/the-role-of-a-compliance-officer.html

Santos, Cleórbete – **Ataques do ransomware WannaCry e a Lei Carolina Dieckmann**. Acesso em: 13 dez. 2017. Disponível em https://cleorbete.jusbrasil.com.br/artigos/458420417/ataques-do-ransomware-wannacry-e-a-lei-carolina-dieckmann

________ – **Muito Além do Antivírus**. 1 ed. Palmas: [s.e.], 2017. [Edição do Kindle].

Santos, Coriolano Aurélio de Almeida Camargo; Crespo, Marcelo – **Como será o futuro dos negócios com a vigência do Regulamento Geral de Proteção de Dados Europeu?** 2017. [Em linha] [Consult. 13 dez. 2017]. Disponível em: http://www.migalhas.com.br/DireitoDigital/105,MI266327,51045-Como+sera+o+futuro+dos+negocios+com+a+vigencia+do+Regulamento+Geral

Sarmento, António – DPO. **Quem é o responsável pela proteção de dados? O Encarregado de Proteção de Dados (DPO) vai integrar o 'job description' de muitas empresas e de muitas organizações**. O Jornal Econômico, 2018. [em linha]. [Consult. 15 fev. 2018]. Disponível em http://www.jornaleconomico.sapo.pt/noticias/dpo-quem-e-o-responsavel-pela-protecao-de-dados-264580

TECMUNDO – **Entenda o que é ransomware**: o malware que sequestra computadores. Acesso em: 13 dez. 2017. Disponível em https://www.tecmundo.com.br/seguranca-de-dados/116360-especialista-explica-crescimento-ransomware-brasil.htm

TI Inside – **Compliance Digital**: O que é e como afeta o trabalho de TI. 2017. [Em linha]. [Consult. 15 dez. 2017]. Disponível em http://convergecom.com.br/tiinside/seguranca/artigos-seguranca/25/04/2017/compliance-digital-o-que-e-e-como-afeta-area-de-t/

US DEPT OF DEFENSE – **DOD's Cyber Strategy: 5 Things to Know**. By Katie Lange. 2018. [Em Linha]. [Consult. 18 ago. 2019]. Disponível em: https://www.defense.gov/explore/story/Article/1648425/dods-cyber-strategy-5-things-to-know/

Warren, Samuel D.; Brandeis, Louis D. – **The Right to Privacy**. Vol. 4, No. 5. Harvard Law Review: [Em linha]. 1890. [Consult. 20 nov. 2018]. Disponível em: https://www.cs.cornell.edu/~shmat/courses/cs5436/warren-brandeis.pdf 193-220.

WESTERN SYDNEY UNIVERSITY. Digital Literacy. 2019. [Consult 17. Jun. 2023] Disponível em: https://www.westernsydney.edu.au/studysmart/home/digital_literacy/what_is_digital_literacy

6.2. Específica

a) Livros

Antunes, Luís – **Pôr em Prática o RGPD**. FCA – Editora de Infromática: Lisboa. ISBN: 978-972-722-896-6.

Araujo, Valter Shuenquener – **Novas dimensões do princípio da soberania**. Editora Niterói, Rio de Janeiro, 2016. ISBN: 978-85-7626-895-6.

Bonavides, Paulo. Curso de Direito Constitucional. 19 ed. Editora Malheiros: São Paulo, 2006.

Burrows, Leah – **To be let alone: Brandeis foresaw privacy problems**. What would the privacy-law champion make of surveillance programs like PRISM?. [Em linha]. 2013. [Consult. 20 nov. 2018]. Disponível em: http://www.brandeis.edu/now/2013/july/privacy.html

Canotilho, José Joaquim Gomes; Moreira, Vital. (2007). *CRP*: **Constituição da República Portuguesa** – *Anotada, Artigo 1 a 107. 4 ed. Vol I.* Editora Coimbra.

Comparato, Fábio Konder – **A Afirmação Histórica dos Direitos Humanos**. 7 ed. Editora Saraiva: São Paulo. ISBN: 9788547216139.

Correia, Victor – **Da Privacidade**: Significado e Valor. Editora Almedina: Coimbra, 2018. ISBN 978-972-40-77-4.

CANOTILHO, José Joaquim Gomes; MOREIRA, Vital – **CRP: Constituição da República Portuguesa** – Anotada, Artigo 1 a 107. 4 ed. Vol I. Editora Coimbra, 2007. ISBN 978-972-32-1462-8.

CARNEIRO, Cláudio; BRITTO, José Geraldo Falcão – **Gestão de Riscos em Compliance**. Instituto Memória: Curitiba, 2019. ISBN 978-85-5523-319-7.

________; MACEDO, Sirceia – **Compliance Officer & Data Protection Officer**. Instituto Memória: Curitiba, 2019. ISBN 978-85-5523-320-3.

________; SANTOS JUNIOR, Milton de Castro – **Compliance e Boa Governança:** Pública e Privada. 1 ed. Editora Juruá: Curitiba, 2018. ISBN: 978-85-362-8387-6.

FRIEDMAN, Mark – **Direitos Humanos**. São Paulo: Hedra Educação, 2013. ISBN: 978856520677-8.

KANT, Immanuel – **Fundamentação da metafísica dos costumes e outros escritos**; Tradução de Leopoldo Holzbach – São Paulo: Martin Claret, 2004.

LENZA, Pedro – **Direito Constitucional**. 21 ed. São Paulo: Saraiva, 2017. ISBN 978-85-472-1751-8.

LOSANO, Mario G. – **Giuscibernetica**: Macchine e Modelli Cibernetici Nel Diritto. 1 ed. Editora Einaudi, 1969. ASIN: B009W2TVSY.

LOSANO, Mário – **Lições de Informática Jurídica**. 1 ed. São Paulo: Resenha Tributária Ltda, 1974.

LEVY, Pierre – **Cyberculture**. 1997. [Em Linha]. Editora 34. ISBN 8573261269. P. 97.

LUHMANN, Niklas – **O direito da sociedade**. 1. Ed. Martins Fontes: São Paulo, 2016. ISBN: 978-8580632569.

MAGALHÃES, Filipa Matias; PEREIRA, Maria Leitão – **Regulamento Geral de Proteção de Dados**: Manual Prático. Porto: VidaEconómica, 2017. ISBN 978-989-768-435-7.

MARTINS, Paulo – **O Privado em Público**: Direito à Informação e Direitos de Personalidade. Coimbra: Almedina, 2013. ISBN 978-972-40-5279-3.

NASSER, Salem Hikmat – **Fontes do direito internacional**: um estudo sobre a softlaw. 2 ed. São Paulo: Atlas, 2006.

NEVES, Miguel Santos et al. Introdução ao Direito. Coimbra: Almedina, 2018. ISBN 978-972-40-6474-1.

REALE, Miguel. Lições Preliminares do Direito. 25. ed. São Paulo: Editora Saraiva, 2001. ISBN 978-8502041264.

Rousseau, Jean-Jacques – **O Contrato Social**. Et. Al. Warburton, Nigel – Grandes Livros de Filosofia. 2. ed. Editora 70: Lisboa, 2017.

Velloso, Fernando de Castro – **Informática**: Conceitos Básicos. 10 ed. Rio de Janeiro. 2017. ISBN 978-85-352-8813.

Wiener, Norbert. **Cybernetics**: or the control and communication in the animal and the machine. Massachusetts Institute of Technology, 1948. ISBN: 978-8527311045

b) Internet

Barroso, Luís Roberto – **Neoconstitucionalismo**. Disponível em <https://jus.com.br/artigos/7547/neoconstitucionalismo-e-constitucionalizacao-do-direito>. Acesso em: 10 mar. 2018.

Bauman, Zygmunt – **A Cultura no Mundo Líquido Moderno**. Tradução por Carlos Alberto Medeiros. [Em Linha]. Editora Zahar. [Consult. 04 set. 2019]. Disponível em: http://lelivros.love/book/baixar-livro-a-cultura-no-mundo-liquido-moderno-zygmunt-bauman-em-pdf-epub-e-mobi-ou-ler-online/.

Carneiro, Claudio – **Compliance e a cultura de paz**. Et al Galileu – Revista de Direito e Economia. e-ISSN 2184-1845. 2019. [Em Linha]. [Consult. 17 set. 2019]. Disponível em: http://journals.ual.pt/galileu/wp-content/uploads/2019/08/RG_XX1_Compliance.pdf.

Castro, Catarina Sarmento e – **40 anos de "Utilização da Informática" – O artigo 35º da Constituição da República Portuguesa**. 2016. [Em Linha]. [Consult. 20 set.2019]. Disponível em: http://www.scielo.mec.pt/scielo.php?script=sci_arttext&pid=S2183-184X2016000300004#_ftn7.

Nader, Paulo – **Introdução ao Estudo do Direito**. [Em Linha]. [Consult. 03 set. 2019]. Disponível: https://www.academia.edu/38425921/Introdu%C3%A7%C3%A3o_ao_Direito_Introdu%C3%A7%C3%A3o_ao_Estudo_de_Direito_Paulo_Nader. p. 271.

Sarlet, Ingo Wolfgang – **Constituição e Proporcionalidade**: o direito penal e os direitos fundamentais entre proibição de excesso e de insuficiência. 2005. [Em Linha]. [Consult. 03 set. 2019]. Disponível: http://grupoddp.com.br/resources/Constituição e Proporcionalidade – Ingo Sarlet.pdf.

7. CONCEITOS E DEFINIÇÕES

Os conceitos e as definições presentes nesse capítulo foram transcritos *in verbis*, dos diplomas legais trabalhados neste livro:

Termo	Definição	Fonte
Rede e sistema de informação	Uma rede de comunicações eletrónicas na aceção do artigo 2º, alínea a), da Diretiva 2002/21/CE; Um dispositivo ou um grupo de dispositivos interligados ou associados, um ou mais dos quais efetuam o tratamento automático de dados digitais com base num programa; ou Os dados digitais armazenados, tratados, obtidos ou transmitidos por elementos indicados nas alíneas a) e b) tendo em vista a sua exploração, utilização, proteção e manutenção	Portugal Diretiva 2016/1148
Segurança das redes e dos sistemas de informação	a capacidade das redes e dos sistemas de informação para resistir, com um dado nível de confiança, a ações que comprometam a disponibilidade, a autenticidade, a integridade ou a confidencialidade dos dados armazenados, transmitidos ou tratados, ou dos serviços conexos oferecidos por essas redes ou por esses sistemas de informação, ou acessíveis através deles	Portugal Diretiva 2016/1148
Estratégia nacional de segurança das redes e dos sistemas de informação	um enquadramento que estabelece objetivos estratégicos e prioridades em matéria de segurança das redes e dos sistemas de informação a nível nacional	Portugal Diretiva 2016/1148

Operador de serviços essenciais», uma entidade pública ou privada pertencente a um dos tipos referidos no anexo	uma entidade pública ou privada pertencente a um dos tipos referidos no anexo II e que cumpre os critérios previstos no artigo 5º, nº 2	Portugal Diretiva 2016/1148
Serviço digital	um serviço na aceção do artigo 1º, nº 1, alínea b), da Diretiva (UE) 2015/1535 do Parlamento Europeu e do Conselho (17), pertencente a um dos tipos enumerados no anexo III	Portugal Diretiva 2016/1148
Prestador de serviços digitais	uma pessoa coletiva que presta um serviço digital	Portugal Diretiva 2016/1148
Incidente	um evento com um efeito adverso real na segurança das redes e dos sistemas de informação	Portugal Diretiva 2016/1148
Tratamento de incidentes	todos os procedimentos de apoio à deteção, análise e contenção de um incidente, e à resposta ao incidente	Portugal Diretiva 2016/1148
Risco	uma circunstância ou um evento, razoavelmente identificáveis, com um efeito adverso potencial na segurança das redes e dos sistemas de informação	Portugal Diretiva 2016/1148
Representante	uma pessoa singular ou coletiva, estabelecida na União, expressamente designada para atuar por conta de um prestador de serviços digitais não estabelecido na União, que pode ser contactada por uma autoridade competente nacional ou por uma CSIRT em vez do prestador de serviços digitais quanto às obrigações que incumbem a este último por força da presente diretiva	Portugal Diretiva 2016/1148
Ponto de troca de tráfego	uma estrutura de rede que permite a interligação de mais de dois sistemas autónomos independentes, sobretudo a fim de facilitar a troca de tráfego na Internet; um ponto de troca de tráfego só interliga sistemas autónomos; um ponto de troca de tráfego não implica que o tráfego na Internet entre um par de sistemas autónomos participantes passe através de um terceiro sistema autónomo, não altera esse tráfego nem interfere nele de qualquer outra forma	Portugal Diretiva 2016/1148
Sistema de nomes de domínio (DNS)	um sistema de nomes distribuídos hierarquicamente numa rede que encaminha pesquisas sobre nomes de domínio	Portugal Diretiva 2016/1148
Prestador de serviços do sistema de nomes de domínio	uma entidade que presta serviços de DNS na Internet	Portugal Diretiva 2016/1148
Registo de nomes de domínio de topo	uma entidade que administra e opera o registo de nomes de domínio da Internet no contexto de um domínio de topo específico	Portugal Diretiva 2016/1148

Mercado em linha	um serviço digital que permite aos consumidores e/ou aos comerciantes, tal como definidos, respetivamente, no artigo 4º, nº 1, alínea a) e alínea b), da Diretiva 2013/11/UE do Parlamento Europeu e do Conselho (18), celebrarem contratos de venda ou de prestação de serviços por via eletrónica com comerciantes, quer no sítio web do mercado em linha, quer no sítio web de um comerciante que utilize os serviços de computação disponibilizados pelo mercado em linha	Portugal Diretiva 2016/1148
Motor de pesquisa em linha	um serviço digital que permite aos utilizadores consultarem, em princípio, todos os sítios web, ou sítios web numa determinada língua, com base numa pesquisa sobre qualquer assunto, sob a forma de uma palavra-chave, de uma frase ou de outros dados, e que responde fornecendo ligações onde podem ser encontradas informações relacionadas com o conteúdo solicitado	Portugal Diretiva 2016/1148
Serviço de computação em nuvem	um serviço digital que permite o acesso a um conjunto modulável e adaptável de recursos computacionais partilháveis	Portugal Diretiva 2016/1148
dados pessoais	refere-se a qualquer informação relativa a uma pessoa singular identificada ou identificável ("titular dos dados")	Europe Convenção 108+
tratamento de dados automatizado	refere-se a qualquer operação ou conjunto de operações efetuadas sobre dados pessoais, tais como a recolha, armazenamento, preservação, alteração, recuperação, divulgação, disponibilização, supressão, destruição ou execução de operações lógicas e/ou aritméticas sobre esses dados	Europe Convenção 108+
tratamento de dados	refere-se a uma operação ou a um conjunto de operações efetuadas sobre dados pessoais no âmbito de um conjunto estruturado desses dados, acessíveis ou recuperáveis de acordo com critérios específicos	Europe Convenção 108+
responsável pelo tratamento	refere-se à pessoa singular ou coletiva, autoridade pública, serviço, agência ou qualquer outro organismo que, individualmente ou em conjunto com outros, tenha poder de decisão em matéria de tratamento de dados	Europe Convenção 108+
destinatário	refere-se à pessoa singular ou coletiva, autoridade pública, serviço, agência ou qualquer outro organismo a quem sejam comunicados ou disponibilizados dados	Europe Convenção 108+
subcontratante	refere-se a uma pessoa singular ou coletiva, autoridade pública, serviço, agência ou qualquer outro organismo que trate dados pessoais por conta do responsável pelo tratamento	Europe Convenção 108+

Dados pessoais	informação relativa a uma pessoa singular identificada ou identificável (titular dos dados). É considerada identificável uma pessoa singular que possa ser identificada, direta ou indiretamente, em especial por referência a um identificador, como por exemplo um nome, um número de identificação, dados de localização, identificadores por via eletrónica ou a um ou mais elementos específicos da identidade física, fisiológica, genética, mental, económica, cultural ou social dessa pessoa singular;	UE Regulamento 2016/679
Tratamento	uma operação ou um conjunto de operações efetuadas sobre dados pessoais ou sobre conjuntos de dados pessoais, por meios automatizados ou não automatizados, tais como a recolha, o registo, a organização, a estruturação, a conservação, a adaptação ou alteração, a recuperação, a consulta, a utilização, a divulgação por transmissão, difusão ou qualquer outra forma de disponibilização, a comparação ou interconexão, a limitação, o apagamento ou a destruição;	UE Regulamento 2016/679
Limitação do tratamento	a inserção de uma marca nos dados pessoais conservados com o objetivo de limitar o seu tratamento no futuro	UE Regulamento 2016/679
Definição de perfis	qualquer forma de tratamento automatizado de dados pessoais que consista em utilizar esses dados pessoais para avaliar certos aspetos pessoais de uma pessoa singular, nomeadamente para analisar ou prever aspetos relacionados com o seu desempenho profissional, a sua situação económica, saúde, preferências pessoais, interesses, fiabilidade, comportamento, localização ou deslocações;	UE Regulamento 2016/679
Pseudonimização	o tratamento de dados pessoais de forma que deixem de poder ser atribuídos a um titular de dados específico sem recorrer a informações suplementares, desde que essas informações suplementares sejam mantidas separadamente e sujeitas a medidas técnicas e organizativas para assegurar que os dados pessoais não possam ser atribuídos a uma pessoa singular identificada ou identificável;	UE Regulamento 2016/679
Ficheiro	qualquer conjunto estruturado de dados pessoais, acessível segundo critérios específicos, quer seja centralizado, descentralizado ou repartido de modo funcional ou geográfico	UE Regulamento 2016/679
Responsável pelo tratamento	a pessoa singular ou coletiva, a autoridade pública, a agência ou outro organismo que, individualmente ou em conjunto com outras, determina as finalidades e os meios de tratamento de dados pessoais; sempre que as finalidades e os meios desse tratamento sejam determinados pelo direito da União ou de um Estado-Membro, o responsável pelo tratamento ou os critérios específicos aplicáveis à sua nomeação podem ser previstos pelo direito da União ou de um Estado-Membro	UE Regulamento 2016/679

Subcontratante	uma pessoa singular ou coletiva, a autoridade pública, agência ou outro organismo que trate os dados pessoais por conta do responsável pelo tratamento destes	UE Regulamento 2016/679
Consentimento	do titular dos dados, uma manifestação de vontade, livre, específica, informada e explícita, pela qual o titular dos dados aceita, mediante declaração ou ato positivo inequívoco, que os dados pessoais que lhe dizem respeito sejam objeto de tratamento	UE Regulamento 2016/679
Violação de dados pessoais	uma violação da segurança que provoque, de modo acidental ou ilícito, a destruição, a perda, a alteração, a divulgação ou o acesso, não autorizados, a dados pessoais transmitidos, conservados ou sujeitos a qualquer outro tipo de tratamento	UE Regulamento 2016/679
Dados genéticos	os dados pessoais relativos às características genéticas, hereditárias ou adquiridas, de uma pessoa singular que deem informações únicas sobre a fisiologia ou a saúde dessa pessoa singular e que resulta designadamente de uma análise de uma amostra biológica proveniente da pessoa singular em causa	UE Regulamento 2016/679
Dados biométricos	dados pessoais resultantes de um tratamento técnico específico relativo às características físicas, fisiológicas ou comportamentais de uma pessoa singular que permitam ou confirmem a identificação única dessa pessoa singular, nomeadamente imagens faciais ou dados dactiloscópicos	UE Regulamento 2016/679
Dados relativos à saúde	dados pessoais relacionados com a saúde física ou mental de uma pessoa singular, incluindo a prestação de serviços de saúde, que revelem informações sobre o seu estado de saúde	UE Regulamento 2016/679
dado pessoal	informação relacionada a pessoa natural identificada ou identificável	Brasil Lei 13.709
dado pessoal sensível	dado pessoal sobre origem racial ou étnica, convicção religiosa, opinião política, filiação a sindicato ou a organização de caráter religioso, filosófico ou político, dado referente à saúde ou à vida sexual, dado genético ou biométrico, quando vinculado a uma pessoa natural	Brasil Lei 13.709
dado anonimizado	dado relativo a titular que não possa ser identificado, considerando a utilização de meios técnicos razoáveis e disponíveis na ocasião de seu tratamento	Brasil Lei 13.709
banco de dados	conjunto estruturado de dados pessoais, estabelecido em um ou em vários locais, em suporte eletrônico ou físico	Brasil Lei 13.709
titular	pessoa natural a quem se referem os dados pessoais que são objeto de tratamento	Brasil Lei 13.709
controlador	pessoa natural ou jurídica, de direito público ou privado, a quem competem as decisões referentes ao tratamento de dados pessoais	Brasil Lei 13.709

operador	pessoa natural ou jurídica, de direito público ou privado, que realiza o tratamento de dados pessoais em nome do controlador	Brasil Lei 13.709
encarregado	pessoa indicada pelo controlador e operador para atuar como canal de comunicação entre o controlador, os titulares dos dados e a Autoridade Nacional de Proteção de Dados (ANPD)	Brasil Lei 13.709
agentes de tratamento	o controlador e o operador	Brasil Lei 13.709
tratamento	toda operação realizada com dados pessoais, como as que se referem a coleta, produção, recepção, classificação, utilização, acesso, reprodução, transmissão, distribuição, processamento, arquivamento, armazenamento, eliminação, avaliação ou controle da informação, modificação, comunicação, transferência, difusão ou extração	Brasil Lei 13.709
anonimização	utilização de meios técnicos razoáveis e disponíveis no momento do tratamento, por meio dos quais um dado perde a possibilidade de associação, direta ou indireta, a um indivíduo	Brasil Lei 13.709
consentimento	manifestação livre, informada e inequívoca pela qual o titular concorda com o tratamento de seus dados pessoais para uma finalidade determinada	Brasil Lei 13.709
bloqueio	suspensão temporária de qualquer operação de tratamento, mediante guarda do dado pessoal ou do banco de dados	Brasil Lei 13.709
eliminação	exclusão de dado ou de conjunto de dados armazenados em banco de dados, independentemente do procedimento empregado	Brasil Lei 13.709
transferência internacional de dados	transferência de dados pessoais para país estrangeiro ou organismo internacional do qual o país seja membro	Brasil Lei 13.709
uso compartilhado de dados	comunicação, difusão, transferência internacional, interconexão de dados pessoais ou tratamento compartilhado de bancos de dados pessoais por órgãos e entidades públicos no cumprimento de suas competências legais, ou entre esses e entes privados, reciprocamente, com autorização específica, para uma ou mais modalidades de tratamento permitidas por esses entes públicos, ou entre entes privados	Brasil Lei 13.709
relatório de impacto à proteção de dados pessoais	documentação do controlador que contém a descrição dos processos de tratamento de dados pessoais que podem gerar riscos às liberdades civis e aos direitos fundamentais, bem como medidas, salvaguardas e mecanismos de mitigação de risco	Brasil Lei 13.709

órgão de pesquisa	órgão ou entidade da administração pública direta ou indireta ou pessoa jurídica de direito privado sem fins lucrativos legalmente constituída sob as leis brasileiras, com sede e foro no País, que inclua em sua missão institucional ou em seu objetivo social ou estatutário a pesquisa básica ou aplicada de caráter histórico, científico, tecnológico ou estatístico	Brasil Lei 13.709
autoridade nacional	órgão da administração pública responsável por zelar, implementar e fiscalizar o cumprimento desta Lei em todo o território nacional	Brasil Lei 13.709

8. ANEXOS

8.1. Anexo 1 – estratégia nacional de segurança cibernética

A presente Estratégia Nacional de Segurança Cibernética – E-Ciber é orientação manifesta do Governo federal à sociedade brasileira sobre as principais ações por ele pretendidas, em termos nacionais e internacionais, na área da segurança cibernética e terá validade no quadriênio 2020-2023.

1. Considerações preliminares

1.1. Sumário executivo

Em 2015, o Governo federal deu publicidade à Estratégia de Segurança da Informação e Comunicações e de Segurança Cibernética da Administração Pública Federal1, com validade até 2018, como um importante instrumento de apoio ao planejamento dos órgãos e entidades do Governo, cujo objetivo foi de melhorar a segurança e a resiliência das infraestruturas críticas e dos serviços públicos nacionais. Esse documento impulsionou as discussões sobre o tema no âmbito da Administração Pública federal, e em outros setores da sociedade.

O Decreto nº 9.637, de 26 de dezembro de 20182, que instituiu a Política Nacional de Segurança da Informação e dispõe sobre princípios, objetivos, instrumentos, atribuições e competências de segurança da informação para os órgãos e entidades da Administração Pública federal, sob o prisma da governança, previu, para sua implementação, a elaboração da Estratégia Nacional de Segurança da Informação e dos

Planos Nacionais. Em virtude da abrangência da Segurança da Informação o Decreto nº 9.637, de 2018, indicou, em seu art. 6º, que a Estratégia Nacional de Segurança da Informação seja construída em módulos, a fim de contemplar a segurança cibernética, a defesa cibernética, a segurança das infraestruturas críticas, a segurança da informação sigilosa e a proteção contra vazamento de dados.

Em cumprimento ao estabelecido na Política Nacional de Segurança da Informação, e considerada a Segurança Cibernética – Seg Ciber como a área mais crítica e atual a ser abordada, o Gabinete de Segurança Institucional da Presidência da República elegeu, em janeiro de 2019, a EstratégiaNacional de Segurança Cibernética – E-Ciber como primeiro módulo da Estratégia Nacional de Segurança da Informação, a seu cargo, a ser elaborada.

Desse modo, por coordenação do Gabinete de Segurança Institucional da Presidência da República, e com participação de mais de quarenta órgãos e entidades do Governo, além de instituições privadas e do setor acadêmico, que foram distribuídos em três subgrupos de trabalho, foi elaborada a presente E-Ciber, após trinta e uma reuniões e sete meses de estudos e de debates.

Por meio de metodologia *bottom up*, e com base nas conclusões dos subgrupos de trabalho, em avaliação comparativa – benchmarking sobre estratégias correlatas de outros países, e em cumprimento ao contido na Política Nacional de Segurança da Informação, chegou-se ao diagnóstico da segurança cibernética global e do Brasil. Em seguida, foram estabelecidos os objetivos estratégicos nacionais, e as respectivas ações estratégicas, segundo sete eixos de atuação, que demonstram à sociedade brasileira os pontos considerados relevantes para o País na área da segurança cibernética.

1.2. Introdução

A revolução digital está transformando profundamente nossa sociedade. Nas últimas duas décadas, bilhões de pessoas se beneficiaram do crescimento exponencial do acesso à internet, da rápida adoção dos recursos de tecnologia da informação e comunicação, e das oportunidades econômicas e sociais oriundas do ambiente digital.

Os rápidos avanços na área de tecnologia da informação e comunicação resultaram no uso intenso do espaço cibernético para as mais variadas atividades, inclusive a oferta de serviços por parte do Governo federal, em coerência com as tendências globais. Entretanto, novas e crescentes ameaças cibernéticas surgem na mesma proporção, e colocam em risco a administração pública e a sociedade.

Desse modo, proteger o espaço cibernético requer visão atenta e liderança para gerenciar mudanças contínuas, políticas, tecnológicas, educacionais, legais e internacionais. Nesse sentido, o Governo, a indústria, a academia e a sociedade em geral devem incentivar a inovação tecnológica e a adoção de tecnologias de ponta, e manter constante atenção à segurança nacional, à economia e à livre expressão.

Em nível superior aos debates sobre a segurança no espaço cibernético está a Segurança da Informação, área sistêmica, e diretamente relacionada à proteção de um conjunto de informações e ao valor que estas possuem para um indivíduo ou para uma organização. Desse modo, segundo o art. 2º do Decreto nº 9.637, de 2018, a Segurança da Informação abrange a segurança cibernética, a defesa cibernética, a segurança física e a proteção de dados organizacionais, e tem como princípios fundamentais a confidencialidade, a integridade, a disponibilidade e a autenticidade.

Entende-se que os recursos tecnológicos empregados na segurança sistêmica devem apoiar políticas que garantam os princípios fundamentais da autenticidade e da integridade dos dados, e prover mecanismos para proteção da legitimidade contra sua alteração ou eliminação não autorizada. Do mesmo modo, as informações coletadas, processadas e armazenadas na infraestrutura de tecnologia da informação e comunicação devem ser acessíveis apenas a pessoas, a processos ou a entidades autorizadas, a fim de garantir a confidencialidade das informações. Adicionalmente, os recursos de tecnologia da informação e comunicação devem prover disponibilidade permanente e apoiar de forma contínua todos os acessos autorizados.

A E-Ciber, além de preencher importante lacuna no arcabouço normativo nacional sobre segurança cibernética, estabelece ações com vistas a modificar, de forma cooperativa e em âmbito nacional, características que refletem o posicionamento de instituições e de indivíduos sobre o assunto. Em primeiro lugar, verifica-se que há boas iniciativas gerenciais nessa área, entretanto, mostram-se fragmentadas e pontuais, o que dificulta a convergência de esforços no setor. Em segundo, nota-se a falta de um alinhamento normativo, estratégico e operacional, o que frequentemente gera retrabalho ou resulta na constituição de forças-tarefas para ações pontuais, que prejudicam a absorção de lições aprendidas e colocam em risco a eficácia prolongada dessas ações. Em terceiro, vê-se a existência de diferentes níveis de maturidade da sociedade em segurança cibernética, o que resulta em percepções variadas sobre a real importância do tema.

Após a presente parte introdutória, discorre-se sobre a metodologia adotada nas linhas de análise, que tiveram por base o estudo de dois conjuntos de eixos temáticos: os de proteção e segurança, e os denominados transformadores. Aborda-se, ainda, como os subgrupos de trabalho se estruturaram, de acordo com os temas propostos.

Na Parte I, apresenta-se um diagnóstico da segurança cibernética, baseado no cenário internacional e o no cenário nacional, com especial atenção às ameaças, aos ataques e às vulnerabilidades cibernéticas, e ao modo como esses elementos impactam a sociedade e as instituições.

Os eixos temáticos são apresentados separadamente na Parte II. Primeiro, abordam-se os relativos à proteção e à segurança: governança da Segurança cibernética nacional, o universo conectado e seguro e a proteção estratégica. Depois, analisam-se aqueles que, por sua natureza, são chamados de Transformadores: a dimensão normativa; a pesquisa, desenvolvimento e inovação; a dimensão internacional e parcerias estratégicas; e a educação.

Em virtude da análise diagnóstica e do estudo dos eixos temáticos, apresentam-se os objetivos estratégicos e, em seguida, as ações estratégicas, elaboradas com o fim de atingir os objetivos especificados. Por meio dessas ações, para cuja realização recomenda-se a elaboração de planos, apontam-se valiosas direções, capazes de conduzir a sociedade e as instituições a um ambiente próspero, resiliente e seguro, como condição ideal para o crescimento econômico e para o desenvolvimento social.

Por fim, é importante ressaltar que no decorrer da apresentação da Estratégia são mencionados diversos termos relacionados não apenas à segurança cibernética, mas também ao grande campo de estudos da segurança da informação. Com o propósito de esclarecê-los, caso necessário, recomenda-se a consulta ao Glossário de Segurança da Informação, publicado pela Portaria nº 93, de 26 de setembro de 2019, do Gabinete de Segurança Institucional da Presidência da República 3.

Em decorrência da presente Estratégia, recomenda-se que cada órgão do setor público e do setor privado, planeje e realize gestões no sentido de colocar em prática os aspectos que lhe cabem e que estão estabelecidos nas ações estratégicas, em um esforço conjunto e dedicado, em prol do pleno alcance dos objetivos estratégicos do País, no crítico e atual tema da segurança cibernética nacional.

1.3. Metodologia adotada

A Estratégia é resultado de trabalho realizado por representantes de órgãos públicos, de entidades privadas, e do meio acadêmico, que participaram de uma série de reuniões técnicas, para debater vários aspectos da segurança cibernética. Ao considerar a vasta gama de assuntos, esses representantes foram divididos em três subgrupos, constituídos do seguinte modo:

- Subgrupo 1 – governança cibernética, dimensão normativa, pesquisa, desenvolvimento e inovação, educação, dimensão internacional e parcerias estratégicas.;
- Subgrupo 2 – confiança digital e prevenção e mitigação de ameaças cibernéticas; e
- Subgrupo 3 – proteção estratégica – proteção do Governo e proteção às infraestruturas.

Foram realizadas trinta e uma reuniões dos subgrupos, com a participação efetiva de todos esses representantes de notável saber, o que possibilitou o intercâmbio de conhecimentos e de ideias, e que contribuíram de forma decisiva para estabelecer a concepção estratégica.

Com o fim de estruturar os debates, o trabalho seguiu quatro etapas:

Primeira – Diagnóstico – levantamento e mapeamento de iniciativas, atores relacionados e ações existentes;

Segunda – Debates dos subgrupos – reuniões semanais com os atores relacionados e convidados de notório saber;

Terceira – Consulta pública – disponibilização do documento na internet para contribuições e ampla participação da sociedade em geral; e

Quarta – Aprovação e publicação – finalização da proposta e submissão à aprovação presidencial.

Adicionalmente, foi considerado o modelo de maturidade da capacidade em segurança cibernética 4, que define cinco dimensões:

- política e estratégia de segurança cibernética;
- cultura cibernética e de sociedade;
- educação, de treinamento e de habilidades em segurança cibernética;
- marcos legais e regulatórios; e
- padrões, organizações e tecnologias.

Essas dimensões, por sua transversalidade, abrangem as extensas áreas que devem ser consideradas no aumento da capacidade em segurança cibernética. Ao considerar as cinco dimensões do modelo, chegou-se à estrutura de sete eixos de atuação da Estratégia, anteriormente citados, que mantém relação direta com o modelo de maturidade da capacidade em segurança cibernética.

Os eixos temáticos da E-Ciber foram considerados de forma transversal, e podem ser descritos como:

- Eixos de Proteção e Segurança:
- governança da segurança cibernética nacional;
- universo conectado e seguro: prevenção e mitigação de ameaças cibernéticas; e
- proteção estratégica; e
- Eixos Transformadores:
- dimensão normativa;
- dimensão internacional e parcerias estratégicas;
- pesquisa, desenvolvimento e inovação; e
- educação.

A metodologia acima descrita permitiu o levantamento de informações relevantes, que resultaram numa concepção estratégica nacional sistêmica.

As conclusões finais desse trabalho resultaram numa primeira versão da E-Ciber, que foi disponibilizada para participação da sociedade em forma de consulta pública, lançada via internet em 10 de setembro de 2019, disponibilizada por vinte por dias consecutivos e acessada por quarenta e um participantes. Desse total, houve a participação de trinta e um indivíduos e de dez organizações públicas e privadas que enviaram cento e sessenta e seis contribuições. Após análise de todas as contribuições recebidas, chegou-se à presente versão aprovada pelo Excelentíssimo Senhor Presidente da República.

1.4. Concepção estratégica

Da análise dos Eixos Temáticos constantes na Parte II, chegou-se à presente concepção, que resulta da interação entre os mencionados eixos, a visão, e os objetivos estratégicos, em uma abordagem que culminou nas ações estratégicas nacionais.

2. A estratégia nacional de segurança cibernética

2.1. Visão para o Brasil

Tornar-se país de excelência em segurança cibernética.

2.2. Objetivos estratégicos

No intuito de atender à visão proposta, na concepção dos objetivos estratégicos foram considerados os parâmetros estabelecidos na Política Nacional de Segurança da Informação: o estágio de maturidade e as necessidades do País em segurança cibernética e os aspectos relativos ao ecossistema digital, no âmbito nacional e internacional.

Desse modo, estes objetivos estratégicos visam a nortear as ações estratégicas do País em segurança cibernética, e representam macrodiretrizes basilares para que o setor público, o setor produtivo e a sociedade possam usufruir de um espaço cibernético resiliente, confiável, inclusivo e seguro. São os objetivos estratégicos:

1. Tornar o Brasil mais próspero e confiável no ambiente digital;
2. Aumentar a resiliência brasileira às ameaças cibernéticas; e
3. Fortalecer a atuação brasileira em segurança cibernética no cenário internacional.

2.3. Ações estratégicas

Em virtude dos aspectos abordados na Parte I – Diagnóstico, e das considerações realizadas sobre a situação da segurança cibernética nacional na Parte II – Análise dos Eixos Temáticos, estabeleceram-se dez ações estratégicas.

Enfatiza-se ser absolutamente fundamental que cada órgão do setor público e do setor privado identifique, planeje e execute as ações de sua competência, para que o País torne realidade os rumos materializados por cada ação estratégica.

2.3.1. *Fortalecer as ações de governança cibernética*

Fortalecer as ações de governança em segurança cibernética, por parte do setor público e do setor privado, que contemplem iniciativas relacionadas à gestão de pessoas, ao atendimento aos requisitos de segurança cibernética e à gestão dos ativos de informação. Dentre as ações que podem ser adotadas nesse sentido, mencionam-se:

- realizar fóruns de governança;
- criar controles para o tratamento de informações com restrição de acesso;
- estabelecer requisitos mínimos de segurança cibernética nas contratações pelos órgãos públicos;
- implantar programas e projetos sobre governança cibernética;
- adotar, além dos normativos de governança emitidos pelo Gabinete de Segurança Institucional da Presidência da República, normas, padrões e modelos de governança reconhecidos mundialmente;
- adotar, a indústria, padrões internacionais no desenvolvimento de novos produtos desde sua concepção(privacy/security by design and default);
- recomendar a adoção de soluções nacionais de criptografia, observada, para tanto, a legislação específica;
- intensificar o combate à pirataria de software;
- adotar soluções de segurança cibernética que abordem iniciativas integradoras;
- designar o gestor de segurança da informação;
- recomendar a certificação em segurança cibernética, conforme padrões internacionais; e
- ampliar o uso do certificado digital.

2.3.2. *Estabelecer um modelo centralizado de governança no âmbito nacional*

Estabelecer um modelo centralizado de governança para o País, por meio da criação de um sistema nacional de segurança cibernética, com as seguintes atribuições:

- promover a coordenação dos diversos atores relacionados com a segurança cibernética, além da esfera federal;
- promover a análise conjunta dos desafios enfrentados no combate aos crimes cibernéticos;
- auxiliar na formulação de políticas públicas;
- criar um conselho nacional de segurança cibernética;
- criar grupos de debate sobre segurança cibernética, em diferentes setores, sob coordenação do Gabinete de Segurança Institucional da Presidência da República, para fomentar discussões sobre o tema, por meio de mecanismos informais de participação;
- estabelecer rotina de verificações de conformidade em segurança cibernética, internamente, nos órgãos públicos e nas entidades privadas; e
- permitir a convergência dos esforços e de iniciativas, e atuar de forma complementar para receber denúncias, apurar incidentes e promover a conscientização e a educação da sociedade quanto ao tema. Para viabilizar a sua implementação, ficará a cargo do Gabinete de Segurança Institucional da Presidência da República a coordenação da segurança cibernética em âmbito nacional, que possibilite a atuação de modo amplo, cooperativo, participativo, e alinhado com as ações de defesa cibernética, a cargo do Ministério da Defesa.

2.3.3. *Promover ambiente participativo, colaborativo, confiável e seguro, entre setor público, setor privado e sociedade*

Promover um ambiente participativo, colaborativo e seguro, entre as organizações públicas, as instituições privadas, a academia e a sociedade, por meio do acompanhamento contínuo e proativo das ameaças e dos ataques cibernéticos, com o objetivo de:

- estimular o compartilhamento de informações sobre incidentes e vulnerabilidades cibernéticas;

- realizar exercícios cibernéticos com participação de múltiplos atores;
- estabelecer mecanismos que permitam a interação e o compartilhamento de informações em diferentes níveis;
- fortalecer o Centro de Tratamento e Resposta a Incidentes Cibernéticos de Governo – CTIR Gov e mantê-lo atualizado em pessoal e material;
- ressaltar o papel dos Centros de Tratamento e Resposta a Incidentes Cibernéticos – CSIRTs nacionais;
- aperfeiçoar a infraestrutura nacional de investigação de crimes cibernéticos;
- incentivar a criação e a atuação de equipe de tratamento e resposta aos incidentes cibernéticos – ETIRs, com ênfase no uso de tecnologias emergentes;
- emitir alertas e recomendações; e
- estimular o uso de recursos criptográficos, no âmbito da sociedade em geral, para comunicação de assuntos considerados sensíveis.

2.3.4. *Elevar o nível de proteção do Governo*

Elevar o nível de proteção do Governo, por meio de ações no campo cibernético, a exemplo de:

- incluir requisitos de segurança cibernética nas contratações estabelecidas pelos órgãos e entidades do Governo;
- aperfeiçoar e incentivar o uso dos dispositivos de comunicação segura do Governo;
- aperfeiçoar e manter atualizados os sistemas informacionais, as infraestruturas e os sistemas de comunicação dos órgãos públicos, em relação aos requisitos de segurança cibernética;
- recomendar que os órgãos públicos possuam cópias de segurança atualizadas e segregadas de forma automática em local protegido;
- elaborar requisitos específicos de segurança cibernética relativos ao uso de endpoints nas organizações públicas, aqui entendidos, em suma, como equipamentos finais conectados a um terminal de alguma rede ou a algum sistema de comunicação;
- incluir, nas políticas de segurança cibernética, requisitos relativos à gestão da cadeia de suprimentos;

- incluir requisitos de segurança cibernética nos processos de desestatização, no que envolver serviços essenciais; e
- monitorar a implementação dos requisitos mínimos de segurança cibernética pelos fornecedores que integram a cadeia de suprimentos.

2.3.5. *Elevar o nível de proteção das Infraestruturas Críticas Nacionais*

Proporcionar às infraestruturas críticas, maior resiliência que possibilite a contínua prestação de serviços essenciais, por meio das seguintes ações:

- promover a interação entre as agências reguladoras de infraestruturas críticas para tratar de temas relativos à segurança cibernética;
- estimular a adoção de ações de segurança cibernética pelas infraestruturas críticas;
- incentivar que essas organizações implementem políticas de segurança cibernética, que contemplem, dentre outros aspectos, métricas, mecanismos de avaliação, e de revisão periódica;
- incentivar a constituição de ETIRs;
- estímular que as infraestruturas críticas notifiquem o CTIR Gov dos incidentes cibernéticos; e
- incentivar a participação das infraestruturas críticas em exercícios cibernéticos.

2.3.6. *Aprimorar o arcabouço legal sobre segurança cibernética*

Para aprimorar o arcabouço legal sobre segurança cibernética, revisar e atualizar os normativos existentes, abordar novas temáticas e elaborar novos instrumentos. Nesse sentido, podem ser adotadas as seguintes ações como:

- identificar e abordar temas ausentes na legislaçãovigente;
- realizar esforços no sentido de incluir, no Decreto-Lei nº 2.848, de 7 de dezembro de 1940 – Código Penal, novas tipificações de crimes cibernéticos;
- elaborar normativos sobre tecnologias emergentes;
- criar políticas de incentivo para contratação de mão de obra especializada em segurança cibernética;
- definir requisitos de segurança cibernética nos programas de trabalho remoto; e

- elaborar, sob coordenação do Gabinete de Segurança Institucional da Presidência da República, um anteprojeto de lei sobre segurança cibernética, com diretrizes que irão proporcionar alinhamento macroestratégico ao setor e contribuir de forma decisiva para elevar a segurança das organizações e dos cidadãos.

2.3.7. *Incentivar a concepção de soluções inovadoras em segurança cibernética*

Buscar o alinhamento entre os projetos acadêmicos e as necessidades da área produtiva, de modo a incentivar a pesquisa e o desenvolvimento de soluções em segurança cibernética, que tragam a necessária inovação aos produtos nacionais nessa área crítica, atual e imprescindível. Dentre as ações a serem consideradas, pode-se mencionar:

- propor a inclusão da segurança cibernética nos programas de fomento à pesquisa;
- incentivar a criação de centros de pesquisa e desenvolvimento em segurança cibernética no âmbito do Poder Executivo federal e no setor privado;
- viabilizar investimentos em pesquisas, por meio dos fundos públicos e privados;
- criar programas de incentivo ao desenvolvimento de soluções de segurança cibernética;
- estimular a criação de startups na área de segurança cibernética;
- estimular o desenvolvimento e a inovação de soluções de segurança cibernética nas tecnologias emergentes;
- incentivar a adoção de padrões globais de tecnologia, que permitirá a interoperabilidade em escala internacional;
- incentivar o desenvolvimento de competências e de soluções em criptografia;
- estimular o prosseguimento das pesquisas sobre o uso de inteligência espectral; e
- estabelecer requisitos mínimos de segurança cibernética que assegurem o uso pleno, responsável e seguro da tecnologia de quinta geração de conexão móvel – 5G.

2.3.8. *Ampliar a cooperação internacional do Brasil em segurança cibernética*

Ampliar a cooperação do Brasil, em segurança cibernética, com o maior número possível de países, de forma transparente, e reforçar a posição do País na constante busca pela paz e pela segurança internacional, conforme a tradição da diplomacia nacional baseada nos princípios estabelecidos no art. 4º da Constituição. Para viabilizar esse intento, podem ser adotadas as seguintes medidas:

- estimular a cooperação internacional em segurança cibernética;
- incentivar as discussões sobre segurança cibernética nos organismos, nos fóruns e nos grupos internacionais dos quais o Brasil é membro;
- ampliar o relacionamento internacional com os países da América Latina;
- promover eventos e exercícios internacionais sobre segurança cibernética;
- participar de eventos internacionais de interesse para o País;
- ampliar os acordos de cooperação em segurança cibernética;
- ampliar o uso de mecanismos internacionais de combate aos crimes cibernéticos;
- estimular a participação do País em iniciativas futuras de estruturação normativa, como as relativas à criação de padrões de segurança em tecnologias emergentes, e
- identificar, estimular e aproveitar novas oportunidades comerciais em segurança cibernética.

2.3.9. *Ampliar a parceria, em segurança cibernética, entre setor público, setor privado, academia e sociedade*

Ampliar parcerias, entre os diversos setores da sociedade, com vistas a elevar, de modo geral, o nível de segurança cibernética. Visualiza-se a efetiva cooperação do setor produtivo com a academia, por meio de recursos financeiros e materiais, e conforme apresentadas suas necessidades, investir na formação de universitários. Dentre as ações possíveis, destacam-se:

- ampliar a cooperação entre Governo, academia e iniciativa privada para promover a implementação da E-Ciber;

- manter um ambiente colaborativo que permita o estudo e a ampla utilização das tecnologias emergentes;
- estabelecer parcerias para incentivar o setor privado a investir em medidas de segurança cibernética;
- incentivar a realização de reuniões com atores destacados em segurança cibernética;
- estimular a instituição, caso necessário, de grupos de trabalho e de fóruns sobre segurança cibernética;
- incentivar a criação de mecanismos de compartilhamento de informações sobre riscos cibernéticos; e
- realizar parcerias entre a União, os Estados, o Distrito Federal, os Municípios, o Ministério Público e a academia, para a implantação de programas, projetos e ações em segurança cibernética, que alcancem a toda a sociedade.

2.3.10. *Elevar o nível de maturidade da sociedade em segurança cibernética*

Elevar o nível de maturidade em segurança cibernética da sociedade, com o fim de ensejar a compreensão das ameaças e dos riscos no espaço cibernético, e possibilitar às pessoas o uso adequado e oportuno de procedimentos e de ferramentas em prol da utilização segura do ambiente digital. Nesse sentido, identificam-se como iniciativas:

- incentivar os órgãos públicos e empresas privadas para que realizem campanhas de conscientização internas;
- realizar ações de conscientização da população;
- criar políticas públicas que promovam a conscientização da sociedade sobre segurança cibernética;
- propor a inclusão da segurança cibernética, por intermédio de suas competências básicas, e do uso ético da informação na educação básica – educação infantil, ensino fundamental e ensino médio;
- estimular a criação de cursos de nível superior em segurança cibernética;
- propor a criação de programas de incentivo para graduação e pós-graduação no Brasil e no exterior em segurança cibernética;
- fomentar a pesquisa e o desenvolvimento em segurança cibernética;

- criar programas de capacitação continuada para profissionais do setor público e do setor privado;
- incentivar a formação de profissionais para atuar no combate aos crimes cibernéticos;
- realizar eventos de capacitação em segurança cibernética;
- incentivo à participação em fóruns e eventos nacionais e internacionais em segurança cibernética;
- aperfeiçoar mecanismos de integração, de colaboração e de incentivos entre universidades, institutos, centros de pesquisa e setor privado em relação à segurança cibernética;
- incentivar exercícios de simulação em segurança cibernética; e
- promover a gestão de conhecimento de segurança cibernética, em articulação com os principais atores da área, a fim de otimizar a identificação, a seleção e o emprego de talentos.

PARTE I

DIAGNÓSTICO

Em 2018, mais da metade da população mundial utilizou a internet (quatro bilhões e cem milhões de usuários, o que representa cinquenta e quatro por cento da população mundial), sendo noventa e três por cento dos acessos a redes sociais realizados via dispositivos móveis5. De acordo com estimativa do portal statista.com, haverá mais de trinta bilhões de dispositivos de internet das coisas (IoT, do inglês Internet of Things) conectados em 2020.

Esse cenário de progressiva conectividade, em que milhares de equipamentos têm acesso simultâneo a redes de dados e à internet, oferece aos usuários grande variedade de serviços online, e proporcionam ao cidadão conforto e comodidade na vida diária.

Entretanto, ao tempo em que o crescimento dessa conectividade resulta em benefícios aos usuários, também traz, consigo, vasta gama de vulnerabilidades cibernéticas, que ensejam ameaças e ataques que podem causar prejuízos de toda ordem, com diferentes níveis de impacto para pessoas e para instituições.

Em termos financeiros, considerando ataques cibernéticos, estimam-se, por ano, perdas globais de US$ 600.000.000.000,00 (seiscentos bilhões de dólares)6. O Relatório de 2019 do Fundo Monetário Internacional destacou que, em todas as economias, a diretriz é a implementação de ações que fortaleçam a resiliência, ao tempo em que elege, como necessária, a busca por maior cooperação multilateral para gerenciar os riscos em segurança cibernética7.

A digitalização quase total dos modelos de negócios tornou a economia global mais eficiente e dinâmica, e mais vulnerável a ataques cibernéticos. A variedade e a complexidade das ameaças colocam em risco a imprescindível confiança no mundo digital, fator chave para as atividades online. Esse cenário leva a crescentes investimentos conjuntos entre Governos e setores produtivos. Em consequência, estima-se que, em 2020, o mercado de segurança cibernética mundial seja avaliado em US$ 151.000.000.000,00 (cento e cinquenta e um bilhões de dólares)8. A título de comparação, vê-se que, atualmente, o mercado brasileiro de segurança cibernética movimenta perto de US$ 2.000.000.000,00 (dois bilhões de dólares) por ano com a venda de softwares, hardwares e serviços9.

Destaca-se, a seguir, o caso brasileiro. O relatório sobre o ranking de tecnologia da informação e comunicação da Organização das Nações Unidas – ONU analisa o índice de desenvolvimento mundial em tecnologias da informação e sua aplicação nos avanços da internet. Estuda, ainda, como as modernas tecnologias irão permitir inovações e transformar "de modo fundamental" negócios, Governos e sociedades. No ranking regional das Américas, o Brasil está apenas em décimo lugar, atrás de países como Barbados, Bahamas, Argentina e Chile. Segundo o relatório, no entanto, o Brasil é um dos maiores mercados de telecomunicações da região. A expectativa é que a qualidade e a cobertura dos serviços melhorem "significativamente" nos próximos anos10.

O risco para a economia brasileira, gerado pela intrusão em computadores e pela disseminação de códigos maliciosos praticados pelo crime organizado já é uma realidade, conforme se vê pelos dados a seguir, referentes à conectividade do Governo, do setor privado e dos cidadãos, aos índices globais e aos crimes cibernéticos (11):

- O Brasil ocupa o 66º lugar no ranking da Organização das Nações Unidas – ONU de tecnologia da informação e comunicação 1;
- Apenas 11% dos órgãos federais têm bom nível em governança de TI2;

- O Brasil ocupa o 70º lugar no Global Security Index, da UIT3;
- 74,9% dos domicílios (116 milhões de pessoas) com acesso à internet4;
- 98% das empresas utilizam a internet5;
- 100% dos órgãos federais e estaduais utilizam a internet6;
- Em 2017, foram setenta milhões e quatrocentas mil vítimas de crimes cibernéticos7;
- Em 2018, 89% dos executivos foram vítimas de fraudes cibernéticas8;
- As questões de segurança desestimulam o comércio eletrônico9;
- Em 2017, os crimes cibernéticos resultaram em US$ 22.500.000.000,00 (vinte e dois bilhões e quinhentos milhões de dólares) de prejuízo10; e
- O Brasil é o 2º com maior prejuízo com ataques cibernéticos11.

Segundo o Relatório da "Internet Organised Crime Threat Assessment – IOCTA"12, de 2018, da Agência da União Europeia para a Cooperação Policial – Europol, "a falta de legislação adequada sobre crimes cibernéticos fez com que o Brasil fosse o alvo número um e a principal fonte de ataques online na América Latina; 54% dos ataques cibernéticos reportados no Brasil supostamente são originários de dentro do país". O documento prossegue afirmando que, "de modo semelhante aos EUA, o Brasil é um dos principais hospedeiros de sites de phishing, com alguns relatos colocando o Brasil como uma das dez maiores fontes mundiais de ataques cibernéticos".

Verifica-se, ainda, que o número de ataques cibernéticos praticamente dobrou no Brasil em 2018 em relação a 2017. Segundo informações do laboratório especializado em segurança cibernética da PSafe13, foram detectados cento e vinte milhões e setecentos mil ataques no primeiro semestre de 2018. Esse número representa um crescimento de 95,9% em relação ao mesmo período do ano anterior. Nos últimos três meses de 2018, foram registrados sessenta e três milhões e oitocentos mil links maliciosos, um aumento de 12% em relação ao início daquele ano, sendo campeões de golpes os links de aplicativos de mensagens como WhatsApp. Ao todo, 57,4% dos ataques foram realizados por meio de phishing, enquanto, em segundo, ficaram os golpes com publicidade suspeita, que somaram 19,2% dos casos.

A pesquisa Cyber Review 2019 da consultoria JLT14, realizada com 200 empresas brasileiras de médio e de grande portes, apontou que 55,4% dessas empresas são totalmente dependentes do uso de tecnologia em suas atividades e que outras 35% podem ter paralizações severas diante de um problema relacionado à tecnologia. Outros dados relevantes da pesquisa são destacados a seguir:

- 80% dos entrevistados avaliaram que um incidente cibernético causaria um impacto operacional com reflexos em toda a empresa;
- 29% já avaliaram financeiramente o que esse impacto resultaria às suas organizações;
- 34% das empresas que responderam à pesquisa relataram ter sofrido algum tipo de incidente cibernético nos últimos doze meses;
- 29% das empresas que sofreram ataques tiveram impactos operacionais;
- 27,8% tiveram altos custos de reconstrução sistêmica; e
- 4% sofreram impactos de reputação frente aos clientes.

Os dados dessa pesquisa demonstram que as empresas brasileiras, principalmente aquelas consideradas como infraestruturas críticas, precisam considerar a segurança cibernética como ação prioritária de investimentos, elaborar planos de gestão de riscos e de tratamento e resposta a incidentes, assim como planejar orçamento adequado para combater os incidentes de segurança. Em mais da metade das empresas ouvidas no levantamento da Tempest/EZ-Security15, o orçamento anual de segurança da informação representa até 2% do faturamento anual. Em 34,5% dessas empresas, esse percentual não ultrapassa 1%, de acordo com a mesma pesquisa.

Um ataque cibernético de grande envergadura, caso não seja adequadamente tratado, pode afetar profundamente a reputação da organização, ocasionar perda de receitas, levar a prejuízos operacionais com a paralização dos serviços, resultar em perda de informações e ainda levar à aplicação de sanções legais e administrativas.

Dessa forma, é importante que as organizações, públicas ou privadas, estabeleçam políticas e procedimentos de segurança cibernética que sejam periodicamente revisados, atendam à evolução tecnológica, ao aperfeiçoamento de processos e à necessidade de capacitação contínua e estruturada para todos os colaboradores, por meio de programas de capacitação e de treinamento. De acordo com a pesquisa JLT CyberView 2019, em 2017, 35% das organizações mencionaram não possuir um plano de contingência em segurança cibernética; em 2019, 44,2% afirmaram que, além de não possuírem um plano de contingência, também não previram, em seus orçamentos, o atendimento a uma possível crise.

Na última década, não somente no Brasil, mas em vários países, verificou-se um aumento significativo na quantidade de serviços prestados ao cidadão por meio da internet. Dentre os diversos serviços destacam-se: os cadastramentos, a obtenção de certidões negativas, o pagamento de tributos, a segunda via de documentos e consultas, os quais são prestados em plataformas online no âmbito federal, no estadual e no municipal.

Iniciativas como a Política de Governança Digital – Decreto nº 8.638, de 15 de janeiro de 2016, a recente Estratégia Brasileira para a Transformação Digital – E-Digital – Decreto nº 9.319, de 21 de março de 201816 e a governança no compartilhamento de dados – Decreto nº 10.046, de 9 de outubro de 2019, evidenciam o forte processo de digitalização do Governo federal e os parâmetros que o embasam ao longo de sua implantação.

Acrescenta-se que essas iniciativas, com ênfase na mudança tecnológica, significam, para o sistema financeiro, a adoção dos processos denominados 4D: a democratização, a digitalização, a desburocratização e a desmonetização17, que irão favorecer o conceito de Open Insurance18, no qual, em relação ao mercado financeiro, os dados bancários vão passar a pertencer aos clientes e não às instituições financeiras.

Em virtude desse processo, e em consonância com iniciativas mais avançadas já adotadas, por exemplo, pelos países da União Europeia, consubstanciadas em relatórios como o eGovernment Benchmark 201819, ressalta-se a importância de instrumentos normativos adequados à realidade brasileira que, de fato, contribuam para a proteção dos sistemas e de redes governamentais, uma vez que os serviços apoiados nesses recursos não podem sofrer interrupções, vazamento de dados ou serem alvos de outras ações danosas.

Em ataques cibernéticos recentes, grupos de hackers têm considerado sistemas de governo como alvos compensadores, no intuito de provocar diferentes impactos, como: o potencial dano à imagem do Governo perante seu público interno e perante a comunidade internacional, o descrédito da população nos serviços públicos, a desconfiança de investidores internacionais na capacidade da administração pública em proteger seus próprios sistemas, a desconfiança nos processos eleitorais, e o descontentamento da população com relação à administração pública.

Além da proteção do próprio Governo, outro ponto crítico refere-se à proteção cibernética das empresas representantes das infraestruturas críticas. A título de compreensão, podemos conceituá-las como as instalações, serviços e bens que, se forem interrompidos ou destruídos, provocarão sério impacto social, econômico, político, internacional ou à segurança nacional. Essas empresas precisam ter uma abordagem consistente e evolutiva em segurança cibernética para identificar e avaliar vulnerabilidades, e gerenciar o risco de ameaças, ao observar, por exemplo, as cinco funções previstas na estrutura de segurança cibernética do National Institute of Standards and Technology – NIST, que são: Identificar, Proteger, Detectar, Responder e Restaurar20.

Avalia-se que os principais tipos de ameaças contra essas organizações são ataques de *phishing*, negação de serviço em larga escala, vazamentos de informações privadas, espionagem e terrorismo cibernéticos e a interrupção de serviços.

A necessidade de proteção dessas empresas está crescendo em relevância. À medida que as infraestruturas de informação e de comunicação se tornam globalmente interligadas, tornam-se alvo de malwares, hackers, hacktivistas e de operações estatais adversas. Além disso, a interconectividade global de algumas infraestruturas críticas significa que uma parte vulnerável pode se tornar o elo mais fraco e, portanto, um risco para outras nações.

PARTE II

ANÁLISE DOS EIXOS TEMÁTICOS

Com vistas a auxiliar a formulação das ações estratégicas, foram analisados, primeiramente, os eixos temáticos que pertencem à área de proteção e de segurança, que são: a governança da segurança cibernética nacional, o universo subconectado e seguro, a prevenção e mitigação de ameaças cibernéticas, e a proteção estratégica. Em seguida, foram abordados os eixos temáticos transformadores, assim denominados pelo potencial que possuem em modificar, de forma decisiva e estruturante, os temas por eles influenciados. São eles: a dimensão normativa, a pesquisa, desenvolvimento e inovação, a dimensão internacional e parcerias estratégicas, e a educação.

1. Eixos temáticos: proteção e segurança

1.1. Governança da segurança cibernética nacional

Na análise deste eixo temático, serão abordados aspectos relativos a mecanismos e medidas passíveis de adoção em prol da governança cibernética, a metodologia de gestão de riscos, a confiança e segurança no uso do certificado digital, a implantação de modelo centralizado de coordenação da segurança cibernética nacional, e o monitoramento do cenário cibernético.

Com relação aos mecanismos e às medidas em prol da governança cibernética, analisa-se, inicialmente, a concepção de governança. Nota-se que esse conjunto de processos de gestão, em qualquer área, é de vital importância para alinhar o planejamento de uma organização às suas ações estratégicas, otimizar o emprego de recursos, elevar a qualidade dos serviços prestados e permitir a condução exitosa de projetos e de processos. Em segurança cibernética, esse aspecto adquire especial relevância, em virtude da profusão de atores relacionados ao tema, da capilaridade e da transversalidade do assunto em diferentes áreas da sociedade, e da multilateralidade de ações previstas e em andamento.

Nesse sentido, a governança cibernética abrange o desenvolvimento e a aplicação de princípios comuns, de normas, de procedimentos e de programas que moldam a evolução e o uso das ferramentas digitais.

A segurança da informação é obtida através da implementação de controles, de processos, de políticas e de procedimentos, que juntos fortalecem os objetivos de negócio com a minimização dos seus riscos, e a promoção da segurança da organização (NBR ISO/IEC 17799:2005).

Abordam-se, ainda, ações voltadas à comunicação de ataques cibernéticos e de ações maliciosas, ao fortalecimento da capacidade institucional dos órgãos públicos em segurança cibernética, aos mecanismos de liderança, aos manuais de boas práticas, aos requisitos mínimos e às recomendações, ao monitoramento de políticas públicas, à gestão de riscos, ao atendimento dos interesses da sociedade, à custódia de dados por órgãos públicos e aos certificados em segurança cibernética, além das ações voltadas a outras temáticas.

Para subsidiar e orientar a análise dos eixos temáticos de proteção e segurança, foram considerados os seguintes aspectos:

- confiança da população nos serviços públicos online;
- garantia, pela administração pública, de que seus órgãos protegem suas redes e sistemas, conforme a legislação sobre o tema;
- investimento governamental na prestação de serviços digitais;
- atendimento das normas de segurança cibernética, pelos fornecedores de bens e de serviços aos órgãos de governo; e
- necessidade de informações atualizadas que subsidiem a política governamental atual, o planejamento de novas diretrizes e a futura concepção de programas.

A governança na área cibernética está relacionada às ações, aos mecanismos e às medidas a serem adotados com o fim de simplificar e modernizar a gestão dos recursos humanos, financeiros e materiais, e acompanhar o desempenho e avaliar os resultados dos esforços empreendidos nesse campo.

Essa governança visa incorporar elevados padrões de conduta em segurança cibernética, e orientar as ações de agentes públicos e de agentes privados, ao considerar o papel que exercem em suas organizações, conforme a finalidade e a natureza de seu negócio.

Inclui, ainda, o planejamento voltado à execução de programas, de projetos e de processos, e o estabelecimento de diretrizes que irão nortear a gestão de riscos. Nesse contexto, orienta pessoas e organizações quanto à observância das normas, dos requisitos e dos procedimentos existentes em segurança cibernética.

Segundo o Decreto nº 9.203, de 22 de novembro de 2017, em seu art. 1721, tem-se que "a alta administração das organizações da administração pública federal direta, autárquica e fundacional deverá estabelecer, manter, monitorar e aprimorar sistema de gestão de riscos e controles internos com vistas à identificação, à avaliação, ao tratamento, ao monitoramento e à análise crítica de riscos que possam impactar a implementação da estratégia e a consecução dos objetivos da organização no cumprimento da sua missão institucional".

Nesse contexto, ressalta-se a importância de as empresas, que produzem ou comercializam serviços no campo da segurança cibernética, adotarem padrões nacionais e internacionais no desenvolvimento de novas soluções, desde a sua concepção, o que é internacionalmente conhecido pelos termos privacy by design and default e security by design and default. Para tanto, destaca-se o papel do Estado em garantir às empresas a flexibilidade para continuar a criar mecanismos de aperfeiçoamento, com o uso de tecnologia de ponta para garantir a segurança de seus produtos, serviços e soluções e, assim, proteger seus usuários.

Visualiza-se que a governança cibernética, considerada em âmbito nacional, orienta os direitos, as obrigações e as responsabilidades dos diversos segmentos da sociedade, e leva os órgãos públicos e as organizações privadas a priorizarem o uso seguro do espaço cibernético.

Nesse sentido, verifica-se a importância de as instituições implementarem programas de segurança cibernética, com uso de modelos reconhecidos, que proporcionem um adequado diagnóstico do estágio em que se encontram, que identifiquem os pontos mais vulneráveis de seus sistemas, as ameaças cibernéticas mais prováveis, e os maiores fatores de risco que considerem a adoção das proteções adequadas, os mecanismos de detecção de ataques, as metodologias de resposta a incidentes e os procedimentos de restauração do ecossistema informático.

Com relação à definição de papéis e de responsabilidades, vê-se que o cidadão brasileiro precisa elevar sua participação no ecossistema digital, não somente por meio do uso das tecnologias, porém, principalmente, no combate aos crimes cibernéticos, à chamada pirataria de software22 e às ações maliciosas, ao reportar, por meio dos canais específicos de denúncia, todos os ilícitos cibernéticos de que for vítima.

No que tange à gestão de riscos, verifica-se que é um dos principais pontos de sustentação da governança cibernética, uma vez que indica a adoção de melhores políticas e metodologias, o que permite gerir, de forma otimizada, os limites aceitáveis de risco. Essa gestão resume-se aos princípios, aos objetivos, às estruturas, às competências e aos processos necessários para se conhecer as vulnerabilidades, e assim permitir que sejam tratadas de modo eficaz, sendo, portanto, uma ferramenta que permite a cada instituição, dentre outros benefícios, ter a perfeita dimensão de seus pontos críticos e dos ativos mais relevantes a proteger.

Em 13 de outubro de 2008, o Gabinete de Segurança Institucional da Presidência da República publicou a Norma Complementar nº 02/IN01/DSIC/GSI/PR, que dispõe sobre a metodologia de gestão de segurança da informação e dá orientações acerca de definição de riscos, de procedimentos para identificar os riscos e seus níveis aceitáveis, da análise de impactos e de probabilidades e de opções de tratamento dos riscos. Adicionalmente, em 15 de fevereiro de 2013, o Gabinete de Segurança Institucional da Presidência da República publicou a Norma Complementar nº 04/IN01/DSIC/GSI/PR, que estabelece diretrizes para o processo de gestão de riscos de segurança da informação e comunicações nos órgãos ou entidades da Administração Pública federal, direta e indireta. Essa norma faculta que cada órgão ou entidade pública adote uma metodologia de gestão de riscos de segurança da informação que atenda aos objetivos, às diretrizes gerais e ao escopo definido, e que contemple, no mínimo, os critérios de avaliação e de aceitação do risco.

Com o tempo, verificou-se que cada instituição adota metodologias e arcabouços internacionais diferentes, que, dentre outras coisas, fornecem: políticas de orientação de segurança, recomendações de boas práticas e guia para auxiliar as empresas na avaliação e no aprimoramento dos seus sistemas de controle interno, o que inclui a avaliação de riscos.

A adoção desses arcabouços de forma distinta entre os órgãos e entidades públicas e empresas do setor privado, dificulta a análise do grau de maturidade em segurança cibernética do País de forma geral, uma vez que os critérios e requisitos de cada normativo não são os mesmos, so que torna necessário padronizar as melhores práticas e permitir que mesmo pequenas organizações possam adotar medidas eficientes para a proteção de suas informações. Desse modo, destacam-se a avaliação e a gestão de risco em segurança cibernética como fatores chaves para a proteção do espaço cibernético, dos serviços e das informações nele existentes.

Entretanto, verificou-se que a adoção de padrões únicos e excludentes de governança não produziriam necessariamente resultados positivos, ao considerar a transversalidade e a capilaridade das ações de segurança cibernética nas instituições públicas e privadas e na sociedade em geral. Ressalta-se, ainda, que políticas de governança cibernética devem corresponder a processos contínuos que façam parte da cultura de entidades públicas e privadas.

Em consequência, no contexto mais amplo de governança, recomenda-se, como patamar inicial, a observância das normas emitidas pelo Gabinete de Segurança Institucional da Presidência da República. Entretanto, sabe-se que essas normas não são exaustivas, e devem ser consultadas e, quando pertinentes, também adotadas as normas correlatas da Organização Internacional para Padronização (ISO, do inglês International Organization for Standardization), além de outros padrões metodológicos, tais como o Control Objectives for Information and related Technolog – COBIT23, o National Institute of Standards and Technology – NIST24 e o discorrido pelo Center for Internet Security – CIS25. Desse modo, encorajam-se as empresas a adotarem medidas customizadas de segurança e ferramentas para tratar os riscos enfrentados pelo seu modelo de negócio específico.

A observância desses padrões pelos diferentes atores nacionais, para a elaboração de seus normativos em segurança cibernética, mostra-se relevante, uma vez que fornecem estruturas amplamente avaliadas e baseadas em consenso para definir e implementar abordagens eficazes para a segurança cibernética que possam ir ao encontro de desafios comuns, e assim possibilitar colaboração e interoperabilidade.

As ações de governança devem, ainda, de acordo com o contexto de cada instituição, contemplar conceitos de segurança cibernética que abordem iniciativas integradoras e que permitam a macro gestão de diversos ativos e de diferentes tecnologias, como uma plataforma SOAR – Security Orchestration Automation and Response, que consiste em um conjunto de soluções26 de softwares compatíveis que permitem que uma organização colete dados sobre ameaças de segurança de várias fontes.

Uma plataforma SOAR inclui uma série de recursos27 de gestão de segurança, análise e relatórios que utilizam dados legíveis de múltiplas fontes para oferecer relatórios, análises e funções de automatização de fluxos de trabalho para diversas equipes de segurança, e oferecem a inteligência que as soluções pontuais, como SIEM (software28 de gerenciamento de informações e eventos de segurança) – soluções de resposta a incidentes e escaneamento de vulnerabilidades, não oferecem. Portanto, a partir de soluções como o SOAR, espera-se responder adequadamente a eventos de segurança, e a aprimorar a eficácia das operações no cenário digital.

Uma plataforma SOAR pode, portanto, gerenciar diversos recursos29, como por exemplo: os dispositivos portáteis, os sistemas de proteção de endpoints, os servidores, a segurança de e-mail, os roteadores, os switches, os sistemas de Wireless, os pontos de acesso, os firewalls, os sistemas de arquivos, os servidores DNS (Domain Name System), os protocolos DHCP (Dynamic Host Configuration Protocol), os IDS (Intrusion Detection System), os IPS (Intrusion Prevention System) e as soluções SIEM.

Por oportuno, entende-se que a certificação de produtos e de soluções em segurança cibernética é um objetivo a ser perseguido, ao considerar a complexidade dos equipamentos e das ferramentas computacionais, que exigem elevado grau de especialização e de recursos tecnológicos à disposição, e de organismos estruturados e equipados para conduzi-la. Destaca-se que, antes de fomentar e desenvolver uma certificação própria, recomenda-se buscar alavancar os mecanismos de certificação existentes, para evitar a criação de barreiras comerciais.

Entretanto, é crescente o entendimento, no meio produtivo, de que a certificação de produtos – mais especificamente, de equipamentos – não se mostra algo simples, uma vez que a certificação ocorre sobre o tipo, o modelo e o firmware de um equipamento, o que impede sua atualização de firmware ou que o fabricante disponibilize patches de segurança, sob pena de levar o produto a perder a certificação inicial.

Outro aspecto a considerar quando se aborda proteção e segurança no ambiente cibernético é a confiança proporcionada pelo certificado digital, que pode ser compreendido como uma identidade eletrônica segura para pessoas ou organizações, e com autenticidade garantida por uma criptografia complexa. Com ele, é possível garantir de forma inequívoca a identidade de um indivíduo ou de uma instituição, sem uma apresentação presencial30.

O certificado digital garante a confidencialidade, a autenticidade, e a comprovação de autoria em transações eletrônicas assinadas por meio de sua utilização.

Esse recurso é muito relevante e incentiva a padronização das práticas de validação e de autenticação, uma vez que diversos certificados possuem aceitação internacional. Assim, a adoção da certificação digital deve ser incentivada. Destaca-se que o seu uso em documentos públicos (carteira de identidade, título de eleitor e cadastro de pessoa física), pode ser uma forma de propagar um ambiente de acesso mais seguro e confiável.

No Brasil, a certificação digital foi introduzida em 2001. Dentre os pioneiros em sua utilização, destacam-se o Banco Central do Brasil, por meio do Sistema de Pagamentos Brasileiro – SPB, e a Receita Federal do Brasil, que a utilizou em serviços como o Centro Virtual de Atendimento ao Contribuinte – e-CAC, e para a emissão da Nota Fiscal Eletrônica – NF-e, que colabora para otimização dos processos e possibilita um maior controle para reduzir fraudes e sonegação fiscal.

O judiciário brasileiro também utiliza extensivamente a certificação, desde a edição do Diário da Justiça em formato eletrônico até o peticionamento eletrônico disponível em vários tribunais. São várias as aplicações que fazem uso do certificado digital ICP-Brasil, e possibilitam confiança e segurança digital.

De acordo com o Instituto Nacional de Tecnologia da Informação, até abril de 2019, a emissão de certificados superou 35,6% do número registrado no mesmo período de 2018. Entretanto, do total de emissões em 2019, os certificados emitidos para pessoa física representaram somente 8,4%, enquanto que, para pessoa jurídica, representaram 45,9%31.

Hoje, praticamente, todas as pessoas jurídicas possuem ao menos um certificado digital. Entretanto, a certificação digital ainda não é amplamente utilizada nas corporações, em virtude de certas dificuldades, como a elevada quantidade de processos para emissão dos certificados, o alto custo para o cidadão e o baixo número de unidades certificadoras por habitante. A fim de solucionar essas questões, o Governo federal vem adotando ações para otimizar os processos visando à sua obtenção, com o propósito de expandir significativamente a oferta desse recurso. Todavia, há que se ter o devido cuidado de, em nome da celeridade e da disseminação da certificação digital, não fragilizar as medidas de segurança relativas à sua concessão, que levem ao comprometimento desse valioso recurso.

Com relação ao estudo do modelo mais adequado para coordenação das ações de segurança cibernética, é importante destacar que a gestão dessas ações envolve múltiplos atores. Tanto no âmbito nacional, quanto no internacional, uma mobilização efetiva para a consolidação da segurança cibernética, como vital para o desenvolvimento da sociedade brasileira, terá mais sucesso por meio de assertiva coordenação política, que inclua o setor privado e a sociedade.

Segundo relatório da Comissão Parlamentar de Inquérito da Espionagem32, a distribuição e o trato dos assuntos relacionados à segurança cibernética no País, não tem colaborado para que o Governo possua uma visão geral do assunto, o que dificulta a execução de ações mais eficazes nesse campo. Isso ocorre porque cada órgão público adota definições, critérios e diferentes ações para a proteção do ambiente digital, sem compartilhar informações, boas práticas e as soluções adotadas para cada incidente cibernético.

Nesse sentido, a criação de um sistema que reúna todos os atores estatais e não estatais sob a égide da segurança cibernética, poderá contribuir para o necessário alinhamento estratégico, doutrinário e operacional nas ações concernentes a esse campo, e cabe ao Governo federal incentivar a discussão de alternativas que levem ao fortalecimento institucional da segurança cibernética brasileira. Nesse contexto, é importante que se conceda a um órgão governamental a responsabilidade de orientar o tema em âmbito nacional, organizá-lo, e propor medidas e regulamentos, com a participação de representantes de todos os setores da sociedade. Faz-se exceção, apenas, aos aspectos relacionados à defesa e à guerra cibernéticas, que estão a cargo do Ministério da Defesa, o que de modo algum impede a necessária interação, nesse viés, entre as áreas de segurança e de defesa.

O modelo centralizado de gestão em segurança cibernética apresenta-se como alternativa viável e eficaz, e foi adotado por países como Estados Unidos da América, Reino Unido, Portugal, França, Índia, Malásia, Singapura, Coréia do Sul e Japão. A experiência desses países demonstra que a criação de estruturas centrais para condução desse tema, com autoridade para estabelecer regulamentos e ações específicas, apresenta bons resultados para a coordenação e a consolidação da segurança cibernética como assunto de Estado, promove sinergia entre Governo, setor privado, sociedade e academia, e evidencia o caráter estratégico da proteção do espaço cibernético.

No caso brasileiro, ao considerar o Governo federal, destaca-se a atuação do Gabinete de Segurança Institucional da Presidência da

República que, desde 2006, por meio do Departamento de Segurança da Informação, estuda e elabora diversos normativos, que consistem em Instruções Gerais, Normas Complementares, Estratégias e Política, no âmbito da Administração Pública federal, ao reunir, desde então, vasta experiência com relação a diversas áreas da segurança da informação, especialmente no que tange à segurança cibernética.

Desse modo, não se vislumbra a necessidade da criação de novos e dispendiosos organismos governamentais, sendo suficiente redimensionar a atual estrutura do Gabinete de Segurança Institucional da Presidência da República, de forma a lhe possibilitar a atuação em âmbito nacional. Portanto, urge a necessidade de uma lei que regule as ações de segurança cibernética, que especifique atribuições, que aponte mecanismos de diálogo com a sociedade e que torne possível, ao Gabinete de Segurança Institucional da Presidência da República, com a participação de representantes de todos os entes nacionais, exercer o papel de macro coordenador estratégico, ao proporcionar alinhamento às ações de segurança cibernética e ao contribuir para a evolução de todo o País nesse campo, de forma convergente e estruturada. Conclui-se, ainda, ser necessário e urgente que o Governo federal priorize a aplicação de recursos na área da segurança cibernética.

Outrossim, conforme mencionado no parágrafo anterior, devem ser considerados mecanismos que viabilizem a participação da sociedade. Dentre os instrumentos possíveis, esta Estratégia recomenda a criação de um conselho nacional de segurança cibernética, que congregue diversos atores estatais e não estatais, com o objetivo de pensar a segurança cibernética sob um prisma abrangente, inclusivo, moderno e com ênfase nas reais necessidades nacionais.

Além desse conselho, como estímulo ao debate sobre o tema, a E-Ciber incentiva a criação de diversos grupos de debate, sob coordenação do Gabinete de Segurança Institucional da Presidência da República, de modo a se garantir o envolvimento de profissionais com conhecimentos setoriais e especialidades relevantes para uma melhor compreensão dos desafios a serem dirigidos aos vários setores de acordo com realidades específicas.

No tocante ao monitoramento do cenário cibernético, observa-se a necessidade da verificação contínua da eficácia dos instrumentos normativos, o que passa, necessariamente, por seu monitoramento e por sua constante avaliação. Avaliações que produzem resultados confiáveis permitem o aprimoramento de políticas e justificam investimentos ou economia de recursos, já que evidenciam se os resultados esperados são alcançados e se os recursos são utilizados de modo eficiente. Conforme as diretrizes de governança pública estabelecidas no Decreto nº 9.203, de 2017[33], vê-se a importância de igualmente prever métricas e indicadores que permitam, no futuro, o monitoramento das ações, dos programas e dos projetos voltados à segurança cibernética, de modo a se obter contínua eficácia na gestão das ações referentes a essa área.

Dentro dessa perspectiva, ressaltam-se três vertentes importantes: a medição da eficácia e da eficiência dos centros de tratamento e resposta aos incidentes computacionais, a elaboração de indicadores para medir o desempenho do País em segurança cibernética e o estabelecimento de rotina de verificações de conformidade em segurança cibernética dentro dos órgãos públicos e das entidades privadas, por eles conduzidas, de modo que seja possível estabelecer a correta relação entre os aspectos técnicos de tecnologia da informação, como análise de vulnerabilidades, relatórios técnicos de ameaças e relação de soluções em tecnologia, com os aspectos de negócio, como continuidade dos serviços prestados, riscos à imagem e processos de tomada de decisão. Entende-se, portanto, a verificação de conformidade como um processo natural, baseada em programas estabelecidos pelas próprias entidades públicas e privadas, que visa ao aprimoramento contínuo dos sistemas voltados à segurança cibernética.

Destaca-se que as verificações de conformidade devem ser planejadas com moderação, e devem ser baseadas em princípios de razoabilidade, para que não levem as instituições públicas e privadas a empregarem tempo e grande soma de recursos em procedimentos excessivos de conformidade, em detrimento de seu uso para lidar com ameaças cibernéticas.

1.2. Universo conectado e seguro: prevenção e mitigação de ameaças cibernéticas

O processo de preparação do País rumo à nova economia digital, experimentará forte impacto de variadas tecnologias, como internet das coisas, computação quântica, inteligência artificial, aprendizado de máquina, ciência cognitiva, robótica, biotecnologia, nanotecnologia ou geração de telefonia 5G. Para prover sustentação a esse processo, são necessárias ações que permitam sua viabilização de forma segura e resiliente.

Para fazer face a esse desafio, este eixo da E-Ciber versará sobre a gestão de incidentes computacionais, que envolve detecção, triagem, análise e resposta a esses incidentes.

As atividades preventivas baseadas nas avaliações de riscos podem reduzir o crescente número de incidentes cibernéticos, entretanto, não podem evitá-los totalmente. Portanto, é necessário um recurso de resposta para detectá-los com rapidez, minimizar a perda e a destruição que podem causar, atenuar os pontos fracos explorados e restaurar os serviços de tecnologia da informação e comunicação, sempre considerando que o acompanhamento das ameaças à segurança cibernética devem ter natureza global.

Nesse contexto, destaca-se a relevância de recursos e de mecanismos que permitam a interação e o compartilhamento de informações em diferentes níveis, entre instituições públicas e privadas, e entre essas e organizações internacionais, que possuam experiência no acompanhamento de tendências de ameaças e de ataques cibernéticos, de forma a considerar os impactos regionais, multilaterais e globais da ocorrência de incidentes no ambiente digital.

É de amplo conhecimento que toda organização, pública ou privada, deve possuir uma equipe de tratamento e resposta aos incidentes cibernéticos – ETIR, também conhecida pela sigla – CSIRT, de Computer Security Incident Response Team. Essa equipe deve ser capacitada, e deve dispor de ferramentas computacionais adequadas às suas necessidades, e de sistemas baseados em tecnologias emergentes, condizentes com os padrões internacionais. Atualmente, o Brasil possui oito tipos de centros de tratamento e resposta aos incidentes cibernéticos, de acordo com sua atuação:

- Centros de Responsabilidade Nacional – CERT.br e CTIR Gov.
- Centros de Coordenação Internacional – CERT/Coordination Center, FedCirc e FIRST.
- CSIRTs de Infraestruturas Críticas – Energia – CSIRTCemig – Financeiro – CSIRTs do BB, da Caixa, do BASA, do BNB, do BRB e do BANESE – Telecom – CTIR/DATAPREV, GRA/SERPRO e CSIRT PRODESP.

- CSIRTs de Provedores – CSIRT Locaweb e CSIRT HP.
- CSIRTs Corporativos – CERT-RS, SEGTIC UFRJ e CSIRT Unicamp.
- CSIRTs Acadêmicos – CAIS/RNP, CEO/RedeRio, CERT-RS, CERT.Bahia, CSIRT POP-MG, CSIRT Unicamp, CSIRT USP, GSR/INPE, GRC/UNESP, NARIS/UFRN e TRI/UFRGS.
- CSIRTs do Poder Público – Executivo – CTIR Gov, Legislativo – GRIS-CD e Judiciário – GATI, CLRI e TRF-3.
- CSIRTs Militares – Marinha – CTIM, Exército – CCTIR/EB e Aeronáutica – CTIR.FAB.

Esses centros atuam em constante comunicação, e mantêm registros de incidentes nacionais, para avaliação de dados estatísticos referentes às ameaças e a esses incidentes. Os atuais esforços concentram-se em simplificar o compartilhamento de informações entre todos os CSIRTs, uma vez que o número de atores do Governo e do setor privado está-se ampliando, ao lado dos crescentes desafios no campo cibernético.

O Brasil possui dois centros de tratamento e resposta de responsabilidade nacional. O Centro de Estudos, Resposta e Tratamento de Incidentes de Segurança no Brasil – CERT.br34, é o responsável por tratar incidentes de segurança em computadores que envolvam redes conectadas à internet no País, mais voltado às redes comerciais e de instituições privadas. Com atribuição similar, porém voltado às redes governamentais, existe o Centro de Tratamento e Resposta a Incidentes Cibernéticos de Governo – CTIR Gov35. Hoje, os serviços fornecidos pelo CTIR Gov incluem, basicamente: a notificação de incidentes, a análise de incidentes, o suporte à resposta a incidentes, a coordenação na resposta a incidentes, a distribuição de alertas, de recomendações e de estatísticas e a cooperação com outras ETIRs.

Como exemplo de Alerta expedido pelo CTIR Gov, tem-se o Alerta nº 03/2019 – Malware Silex em dispositivos IoT, documento que pode ser encontrado no sítio desse Centro.

Para exercer suas funções, o CTIR Gov possui mecanismos que monitoram vulnerabilidades, adulterações e indisponibilidade de sítios, anúncios de vazamento de informações, e que verificam redes sociais abertas. Além disso, atua em cooperação com órgãos parceiros em segurança cibernética, ao integrar uma rede internacional de CSIRTs, com forte atuação na análise de possíveis ações massivas.

Destaca-se que o trabalho de um CSIRT pode ser aprimorado mediante pesquisas e consultas a padrões globais, o que pode facilitar a comunicação entre outros analistas de incidentes, operadores de tecnologia da informação, fabricantes de equipamentos de tecnologia da informação, e demais representantes da iniciativa privada e do meio acadêmico. Neste sentido, modelos como o descrito pela Common Vulnerabilities and Exposures – CVE36, podem ser de grande utilidade.

Nesse contexto, considera-se essencial adotar ações que permitam o acompanhamento contínuo e proativo das ameaças e dos ataques cibernéticos, e que possibilitem o estabelecimento de meios de comunicação adequados com grupos internos e externos à própria organização. Canais de comunicação podem ser ampliados, também, em âmbito internacional, por meio da participação em foros como os seguintes:

- FIRST: Forum of Incident Response and Security Teams
- Criação: 1990.
- Membros: quatrocentos e oitenta e três CSIRTs, em noventa e dois países, participantes de todos os setores.
- APWG: Antiphising Working Group
- Criação: 2003.
- Membros: mais de duas mil organizações, participantes de todos os setores, incluindo organizações internacionais.
- M3AAWG: Messaging, Mobile, Malware Anti-Abuse working Group
- criação: 2004.
- Membros: mais de duzentos CSIRTs, pertencentes ao setor industrial.
- LAC-AAWG: Latin America and Caribbean Anti-Abuse Working Group
- Criação: 2017
- Membros: Comunidade da internet em geral.

Com o fim de demonstrar a ação do CTIR Gov diante das notificações recebidas, conforme o relatório dos incidentes reportados e confirmados por aquele Centro, de 2011 a 2018, tem-se que, dentre as notificações recebidas, 26,23% correspondem a abuso de sítio, 20,04% correspondem a vazamento e 15,95% correspondem a fraude, sendo essas as maiores categorias de incidentes.

Nesse sentido, segundo publicação do CERT.br, foram recebidas, em 2018, mil e setenta e cinco notificações de máquinas comprometidas. Esse total foi 168% maior em relação ao recebido em 2017. Mais de 98% das notificações foram referentes a servidores web que tiveram suas páginas desfiguradas37. Entretanto, como os casos são relatados de forma voluntária, é provável que o número real de incidentes seja muito maior, já que os incidentes cibernéticos direcionados a usuários são, em maior parte, relacionados a fraudes.

No atual cenário de ameaças cibernéticas, é provável que as organizações experimentem o mesmo tipo de ataque, o que ressalta a importância das informações sobre fato, sobre o tratamento realizado e sobre as lições aprendidas. Nesse contexto, visa-se à atuação conjunta em prol da segurança cibernética, e considera-se de suma importância a criação de um ambiente colaborativo, do qual participem a administração pública, o setor privado, a academia e a sociedade em geral.

Um exemplo de ação colaborativa é o exercício Guardião Cibernético, organizado anualmente pelo Comando de Defesa Cibernética, em parceria com Gabinete de Segurança Institucional da Presidência da República. A atividade consiste em treinamento de ações de proteção cibernética, por meio da cooperação entre Forças Armadas, órgãos parceiros e representantes das infraestruturas críticas, ao adotar técnicas virtuais de simulação e práticas de gestão de incidentes. O exercício emprega gabinetes de crise das áreas de tecnologia da informação e comunicação, de comunicação social, jurídica e da alta administração dos participantes, que são levados a apresentar soluções para os eventos cibernéticos com impacto nas organizações, incluindo o nível decisório-gerencial (gestão de crise) e o nível técnico (resposta a incidentes) das empresas e de órgãos de governo.

Outra abordagem nesse contexto, com o objetivo de promover um ambiente colaborativo, participativo e seguro, pode ser a implementação de uma plataforma de compartilhamento de ameaças ou de tendências cibernéticas, onde o intercâmbio de informações ocorra de maneira padronizada, rápida e segura.

Destaca-se que o compartilhamento de informações é uma forma de evidenciar a parceria estratégica entre os principais atores interessados em segurança cibernética, de todos os setores da sociedade. Desse modo, aqueles atores responsáveis pela exploração e pelo gerenciamento de infraestruturas críticas – sejam eles órgãos da administração pública ou empresas do setor privado – possuem melhores condições de compartilhamento de informações que possam auxiliar na mitigação de riscos, na análise de ameaças e no estudo de vulnerabilidades emergentes, enquanto que os órgãos públicos especializados em segurança cibernética, possuem condições de fornecer informações primordiais sobre aspectos relacionados ao status da segurança nacional.

O País necessita, ainda, fortalecer e aperfeiçoar seus órgãos de governo que tratam das ameaças e que combatem os crimes cibernéticos. Uma vez que o CTIR Gov é o órgão central do governo que coordena e realiza ações destinadas à gestão de incidentes computacionais, recomenda-se outorgar a esse órgão atuação em âmbito nacional, e que deve ser fortalecido. Na mesma direção, recomenda-se aperfeiçoar a estrutura nacional de investigação de crimes cibernéticos.

Atualmente, a comunicação pode ser alvo de interceptação ilegal que, de forma pontual, pode não ser evitada pelas políticas de segurança cibernética adotadas tanto pelas prestadoras de serviços de telecomunicações quanto por parte de outros atores, e promovida por agentes com diferentes intenções, como busca de informações, assédio a pessoas com determinado perfil ou tentativa de prejudicar a realização de algum projeto, entre outras razões. Assim, a comunicação digital pode ser monitorada ou interceptada, das seguintes formas:

- dispositivos pessoais ou organizacionais, infectados com malware ou monitorados diretamente;
- roteador wi-fi, infectado com malware ou controlado por terceiros;
- provedores de internet infectados, seja por intenções próprias ou de terceiros;
- ponte de rede nacional (gateway), independente de localização do interceptado;
- cabos com derivação para desvio das comunicações;
- website do serviço utilizado; e
- qualquer um dos serviços que armazena ou roteia sua comunicação.

Embora algumas recomendações sobre segurança digital sejam adaptadas a uma ferramenta, a uma tecnologia de rede ou a um meio de comunicação específico, outras recomendações são universais. Nesse aspecto, recomenda-se estabelecer protocolos e requisitos referentes à prevenção, ao monitoramento, ao tratamento, e à resposta aos incidentes computacionais, voltados principalmente às equipes especializadas que tratam das ameaças cibernéticas.

Além disso, orienta-se a mitigar os riscos, considerado os detalhes do ambiente, de forma a manter os dispositivos atualizados, e a evitar códigos maliciosos, atentar-se aos ataques de *phishing*, preferir serviços confiáveis, criar senhas fortes, utilizar criptografia e compartilhar essas práticas com aqueles agentes relacionados no processo da comunicação. Considera-se, ainda, que o uso adequado de recursos criptográficos comprovadamente habilita uma camada de segurança adicional de extrema relevância para atingir os níveis desejados de proteção de dados em repouso ou em trânsito.

1.3. Proteção estratégica

Na análise deste eixo temático, serão abordados aspectos relativos à proteção cibernética do Governo e à proteção cibernética das infraestruturas críticas.

O País encontra-se em pleno processo de digitalização de serviços públicos, o que confere progressiva criticidade às redes e aos sistemas de governo, que apoiam a prestação desses serviços ao cidadão. Observa-se o mesmo processo com relação às estruturas de comunicação entre os entes governamentais, cujo nível de proteção deve ser adequado e proporcional à sua relevância.

Para dar suporte efetivo à E-Digital e ao mesmo tempo conferir proteção cibernética aos sistemas de gestão e aos sistemas utilizados pelas repartições públicas, é necessário reduzir a vulnerabilidade das organizações governamentais contra qualquer tipo de ameaça cibernética, ao proporcionar à administração pública níveis adequados de segurança e de resiliência contra ataques cibernéticos.

Uma vez que a mitigação de ataques envolve a articulação de diferentes atores no âmbito nacional e, por vezes, no âmbito internacional, cresce em relevância a necessidade de ações a curto, médio e longo prazo para enfrentar esses ataques de forma eficaz, de forma a considerar que podem ser realizados por países, grupos ou indivíduos, que buscam interesses políticos, vantagens econômicas ou mesmo prejudicar a prestação de serviços essenciais à sociedade, causando danos de toda ordem.

O Brasil carece de ações de capacitação que alcancem diferentes esferas de governo, ao tempo em que necessita dedicar atenção especial à proteção das infraestruturas críticas nacionais. Faz-se mister, ainda, especificar ações que protejam a estrutura relacionada à internet, como grandes servidores, pontos de troca de tráfego e datacenters, uma vez que proporcionam o funcionamento dos setores críticos da rede.

Em relação à proteção das redes e dos sistemas governamentais, em virtude da crescente integração de serviços, de bases de dados e de plataformas digitais, nota-se o aumento das vulnerabilidades, que podem ser exploradas por hackers. Nesse sentido, destaca-se que o Governo deve empregar recursos para que a segurança cibernética seja implementada e adequada à proteção de suas estruturas computacionais, para que a prestação de serviços ao cidadão não sofra solução de continuidade. Ressalta-se que esses recursos devem compor um conjunto estruturado de investimentos em conhecimento, em políticas, em profissionais e em tecnologias, dentre outros.

Nesse contexto, as informações custodiadas por órgãos públicos revestem-se de caráter sensível, pelo potencial de impacto negativo na prestação de serviços à população, em caso de comprometimento. Com relação a essas informações, recomenda-se que os órgãos públicos possuam cópias de segurança frequentemente atualizadas, segregadas de forma automática e armazenadas em local protegido. Essa prática objetiva restringir os ataques maliciosos ao ambiente produtivo original, e diminuir os riscos de sequestro de dados, de perdas financeiras, de impactos negativos à imagem, e de descontinuidade dos serviços por prazos inaceitáveis.

Os dispositivos móveis funcionais, conectados à internet e utilizados com frequência por autoridades públicas, podem ser alvos de ilícitos cibernéticos, e merecem atenção, especialmente no caso dos órgãos que permitem, em suas políticas de segurança, a utilização desses equipamentos na modalidade conhecida como BYOD, sigla de Bring Your Own Device ou traga seu próprio dispositivo, em que o administrador do sistema permite a conexão, à rede do órgão, de um equipamento particular.

Nesse ponto, considera-se vital a segurança de endpoints, nome pelo qual são conhecidos, na área de rede de computadores, os dispositivos finais38 que estão conectados em um terminal de rede. Trata-se, portanto, de qualquer dispositivo que esteja conectado em uma rede, interna ou externa.

O moderno e ágil fluxo de informações em uma organização exige rápida resposta, que nem sempre vem de uma estação de trabalho – um desk – corporativo, já que podem vir de smartphones, notebooks ou tablets conectados à rede corporativa. Por isso, esses endpoints devem ser escopo de um conjunto de medidas que visem bloqueá-los contra ameaças cibernéticas e mantê-los livres de ataques. Ao bloquear os terminais de rede39, a segurança de endpoint impede que brechas e vulnerabilidades dos dispositivos conectados sejam utilizadas por hackers para invadir e roubar dados corporativos.

A preocupação e as ações de proteção voltadas aos endpoints são plenamente justificáveis, dado o crescimento de ameaças cibernéticas sobre eles. Segundo o AVTEST, mais de nove milhões de novos casos de malware são observados por mês40, tendo por alvo não apenas os sistemas Windows®, mas também41 o macOS®, o Linux e o Android®.

Outro ponto que se tem destacado dentre as preocupações de segurança cibernética do Governo refere-se aos ataques sofisticados e direcionados às cadeias de suprimentos. Um ataque à cadeia de suprimentos (Supply Chain Attack, em Inglês), ocorre quando há infiltração em um sistema por meio de um fornecedor, de uma empresa parceira ou de um provedor externo com acesso a sistemas e a dados. Esse tipo de ataque, em geral, causa perdas financeiras e reflete negativamente na imagem dos fornecedores, de forma a levar à perda de confiança e à afetar profundamente os negócios.

Nesse sentido, recomenda-se o estabelecimento de requisitos mínimos de segurança cibernética em contratos por parte dos órgãos e entidades do Governo, o que exerceria dupla função: a primeira, de aprimorar a segurança cibernética do setor público e, a segunda, de incentivar uma segurança mais efetiva em todo o mercado, que para comercializar com o Governo, deverá atentar para esses requisitos na prestação de serviços e na venda de equipamentos.

Na elaboração dos instrumentos contratuais, recomenda-se que os entes governamentais, no estabelecimento desses requisitos, assegurem que sejam orientados para o mercado, coerentes com o universo privado nacional e alinhados aos padrões internacionalmente conhecidos.

A proteção às infraestruturas críticas, por sua relevância, merece abordagem específica. No Brasil, essas organizações a serem protegidas, escopo desta Estratégia, são as pertencentes ao setor de Telecomunicações, ao setor de Transportes, ao setor de Energia, ao setor de Água e ao setor Financeiro.

Não obstante o setor de Saúde não tenha sido contemplado no rol de infraestruturas críticas, podemos considerá-lo em âmbito análogo, uma vez que suas instituições representantes prestam serviços essenciais à sociedade. A elas, portanto, consideramos válidas e adequadas as mesmas recomendações sobre segurança cibernética dedicadas aos outros cinco setores abordados por esta Estratégia.

De modo semelhante destaca-se a relevância estratégica da indústria farmacêutica, e o impacto que ataques cibernéticos bem sucedidos podem causar sobre ela e sobre a sociedade brasileira. Segundo o Portal CSO42, as organizações farmacêuticas são alvos preferenciais para o crime cibernético, principalmente em virtude da possibilidade de obtenção de propriedade intelectual relacionada aos processos de negócios, que podem fornecer lucrativa vantagem competitiva.

O Decreto nº 9.573, de 22 de novembro de 201843, aprovou a Política Nacional de Segurança das Infraestruturas Críticas Nacionais. Essa Política visa garantir a segurança e a resiliência das infraestruturas críticas do País e a continuidade da prestação de seus serviços. Nesse sentido, estabelece o Sistema Integrado de Dados de Segurança de Infraestruturas Críticas, a Estratégia Nacional de Segurança de Infraestruturas Críticas e o Plano Nacional de Segurança de Infraestruturas Críticas. Em seus princípios, a mencionada Política aponta a importância da prevenção e da precaução, com base em análise de riscos, que reflete na necessidade da adoção de procedimentos de segurança em todas as suas vertentes, inclusive na de segurança cibernética. Essa, em muitos casos, é considerada vital para o pleno funcionamento das infraestruturas críticas e como garantia de prestação adequada dos serviços para toda a sociedade brasileira.

Em 2018, os riscos dos ataques cibernéticos cresceram significativamente, em especial as violações de informações acessadas por fornecedores terceirizados e o furto de informações (informações pessoais identificáveis, propriedade intelectual e segredos comerciais). Segundo o estudo "2018 Cost of Data Breach Study: Global Overview"44, realizado pela IBM em parceria com o Instituto Ponemon, observou-se, em 2018, um aumento de 350% em ataques de ransomware, verificou-se uma expansão de 250% em ataques de spoofing ou de comprometimento de e-mail comercial e constatou-se um acréscimo de 70% em ataques de spear-phishing nas empresas de modo geral. O custo médio de uma violação de dados cibernéticos aumentou de US$ 3.620.000,00 (três milhões seiscentos e vinte mil dólares) em 2017 para US$ 3.860.000,00 (três milhões oitocentos e sessenta mil dólares) em 2018. No Brasil, o custo médio de uma violação chegou a US$ 1.240.000,00 (um milhão duzentos e quarenta mil dólares).

As ameaças cibernéticas acima descritas têm o escopo de alcançar grande número de organizações, inclusive as representantes das infraestruturas críticas, que, por prestarem serviços essenciais à sociedade, possuem elevado nível de criticidade. Por isso, essas organizações necessitam de meios para identificar, proteger, detectar, avaliar, responder, recuperar e assim gerenciar o risco das ameaças cibernéticas, e de ferramentas de automação de segurança que usam inteligência artificial e aprendizado de máquina, que permitam analisar, identificar e conter os ataques cibernéticos.

Os principais tipos de ameaças contra as infraestruturas críticas são ataques de phishing, negação de serviço em larga escala, vazamentos de informações privadas ou institucionais, espionagem cibernética e a interrupção de serviços. Nesse contexto, ressalta-se que a quantidade e a pluralidade de dispositivos e aplicações, especialmente os pertencentes à categoria de IoT, apresentam-se como um desafio para as infraestruturas críticas, considerada a necessidade de equilíbrio entre segurança, privacidade e o não confinamento de recursos para garantia do fomento ao ambiente de inovação.

Verifica-se, ainda, que em todas as abordagens de gerenciamento de riscos cibernéticos, em sistemas ou em funções críticas, existem indicações do uso de criptografia, que contém as devidas recomendações de onde, quando, e como deve ser aplicada.

É mencionado em muitas estratégias nacionais de segurança cibernética que ataques às infraestruturas críticas estão entre as maiores ameaças à segurança nacional, considerado que grande parte das economias nacionais está, de modo crescente, dependente de sistemas de informação de setores essenciais, baseados em controles automatizados.

Portanto, a proteção de infraestruturas críticas contra ameaças cibernéticas em evolução requer uma abordagem ampla, como: realizar o acompanhamento de assuntos pertinentes a essas organizações, com prioridade aos que se referem à avaliação de riscos, planejar, coordenar e desenvolver ações de segurança cibernética e definir normativos e requisitos metodológicos para a implementação de ações de segurança cibernética.

No decorrer da elaboração da Estratégia, foi observado que:

- não há, no Brasil, um arcabouço autóctone e abrangente de segurança cibernética que contribua para o fortalecimento da resiliência cibernética nacional;
- os códigos, as normas, os padrões e as orientações em vigor evoluíram com o desenvolvimento de projetos, de ferramentas e de práticas relacionadas à segurança cibernética, mas não foram absorvidos de modo adequado pelas entidades públicas e privadas;
- os recursos de segurança cibernética evoluíram;
- é necessário aumentar a articulação entre os representantes das infraestruturas críticas;
- é importante estabelecer modelos que permitam compreender o risco cibernético para a prestação de serviços e avaliar o custo de uma ocorrência; e
- é necessário incentivar essas organizações críticas a criarem uma cultura de segurança cibernética.

Um dos setores das infraestruturas críticas que possui normativos estabelecidos aos seus entes regulados com ações específicas para proteção cibernética é o setor financeiro. Publicadas pelo Banco Central do Brasil, a Resolução nº 4.658, de 26 de abril de 201845, voltada para instituições financeiras, trata da política de segurança cibernética a ser observada por aquelas instituições. Além disso, dispõe sobre as premissas de contratação de serviços de computação em nuvem e de processamento e armazenamento de dados. Muito embora as instituições de pagamento não integrem o Sistema Financeiro Nacional, não sendo consideradas como infraestruturas críticas, vale destacar a Circular nº 3.909, de 16 de agosto de 201846, específica para essas instituições, que aborda interessantes aspectos de segurança cibernética.

Um dos aspectos de grande relevância para as infraestruturas críticas é a continuidade de negócios. Quanto a esse tópico, o Banco Central do Brasil exige que essas organizações devem definir: o tratamento para os incidentes relevantes, os procedimentos no caso da interrupção dos serviços relevantes contratados e os cenários de incidentes a serem considerados nos testes.

Por meio de ação conjunta entre Governo e os diversos operadores de infraestruturas críticas, será possível proteger o espaço cibernético no qual estes estão inseridos. Além disso, verifica-se a relevância do papel das agências reguladoras no estímulo à adoção de procedimentos de segurança cibernética, por parte de seus entes regulados, como por exemplo:

- criação de uma estrutura de governança de segurança cibernética nas empresas de infraestruturas críticas, com o estabelecimento de manuais, de diretrizes, de classificações e de procedimentos para tratamento de incidentes, e de regras de segurança aplicáveis a todos os funcionários, terceirizados e fornecedores;
- inserção de planos anuais de auditoria externa em segurança cibernética;
- adoção de práticas e de requisitos de segurança cibernética no desenvolvimento de novos produtos, programas, projetos e ações;
- criação de CSIRTs por empresa e por setor, com mecanismos de colaboração e de troca de informações entre eles.
- capacitação contínua de seus colaboradores em todos os níveis;
- notificação ao CTIR Gov, no menor prazo possível, sobre a ocorrência de incidentes cibernéticos;
- comunicação aos consumidores em caso de incidente que comprometa a segurança de seus dados, nos termos da legislação em vigor;
- promoção de campanhas de conscientização sobre a importância de atitudes e de cuidados por parte dos usuários;
- exigência de que fornecedores de equipamentos, de programas computacionais e de serviços adotem os níveis de segurança cibernética recomendados pelos organismos de padronização nacionais e internacionais; e
- previsão de elaboração de planos de resposta a incidentes e de recuperação dos ambientes críticos que podem ser impactados pelos incidentes cibernéticos.

No que tange, ainda, ao modus operandi dos procedimentos de segurança cibernética, aspectos técnicos e operacionais relacionados ao tema poderão ser tratados de forma mais detalhada pelas agências reguladoras com apoio do Gabinete de Segurança Institucional da Presidência da República, por meio de grupos de trabalho constituídos por representantes do Governo, da iniciativa privada, da academia e da sociedade em geral, de forma a ensejar, por exemplo, a elaboração de manuais operacionais e de procedimentos específicos de segurança cibernética.

Por fim, recomenda-se aos gestores das infraestruturas críticas que, ao elaborar suas políticas de segurança cibernética, contemplem, dentre outras, as seguintes ideias:

- foco nos resultados de segurança;
- uso de estrutura flexível e baseada em análise de riscos;
- ênfase na continuidade de seus serviços;
- alinhamento da segurança crítica com os padrões nacionais e internacionalmente reconhecidos; e
- garantia de que os processos de certificação sejam equilibrados, transparentes e com base em padrões nacionais e internacionais.

2. Eixos temáticos: transformadores

2.1. Dimensão normativa

O aumento vertiginoso do número de usuários da internet e a forte expansão do comércio online expandiram as possibilidades de ações maliciosas e ilícitas, e ensejaram o cometimento de infrações penais conhecidas como crimes cibernéticos ou crimes virtuais. Esses delitos vão desde crimes que ofendem a honra da pessoa, como calúnia, difamação, injúria e bullying, até crimes que violam a privacidade do cidadão ou atentam contra seu patrimônio.

Atualmente, com o uso intenso da rede mundial de computadores, tais crimes expandem-se com rapidez. Há que se reconhecer as iniciativas e os esforços realizados até o momento, que resultaram na aprovação de leis importantes para o País, como a Lei nº 12.965, de 23 de abril de 201447, conhecida como Marco Civil da Internet e a Lei nº 13.709, de 14 de agosto de 2018 – Lei Geral de Proteção de Dados Pessoais – LGPD48, entretanto, o nível de articulação e de normatização das instituições brasileiras nos temas relacionados à segurança cibernética ainda é tímido, e exigem esforço adicional.

Estabelecer normas e eventuais leis que rejam o espaço cibernético é sempre um desafio significativo, em razão do rápido desenvolvimento da tecnologia da informação e comunicação e dos sistemas de controle. Nesse sentido, é fundamental a ação coordenada entre as organizações governamentais e a sociedade em geral para prosseguir nos avanços legislativos sobre o tema.

Duas leis relacionadas aos crimes na internet foram sancionadas em 2012, que alteraram o Decerto-Lei nº 2848 de 1940 – Código Penal, que tipificou e estabeleceu penas para certas condutas delituosas cometidas no mundo digital.

A primeira é a Lei dos Crimes Cibernéticos – Lei nº 12.737, de 30 de novembro de 201249, conhecida como "Lei Carolina Dieckmann", que tipifica atos como a invasão de computadores – hacking, o roubo de senhas, a violação dos dados de usuários e a divulgação de informações privadas (fotos, mensagens etc.). A segunda é a Lei nº 12.735, de 30 de novembro de 201250, que determina a instalação de delegacias especializadas para o combate aos crimes digitais.

Nos termos da E-digital: "é oportuno para o Brasil estabelecer um marco legal, protegendo direitos dos cidadãos e conferindo segurança jurídica para investimentos na economia digital. Há, contudo, normas legais e infralegais que atualmente tratam da questão em âmbito setorial, como: Código de Defesa do Consumidor, que resguarda os dados pessoais de consumidores; a Lei de Acesso à Informação que protege os dados pessoais e ao mesmo tempo em que promove a transparência do poder público; a Lei do Cadastro Positivo, que salvaguarda os dados pessoais no âmbito de análise de crédito; entre outras".

A Lei nº 12.965, de 2014 – Marco Civil da Internet, regula o uso da internet no Brasil por meio da previsão de princípios, de garantias, de direitos e de deveres para quem utiliza a rede mundial de computadores, e de diretrizes para a atuação do Estado, protegendo os dados pessoais e a privacidade dos usuários no ambiente online, o que é tratado, de modo mais direto e assertivo, pela LGPD. Apesar de abrangente e moderno, o intenso avanço da tecnologia e o consequente redesenho das relações humanas no espaço cibernético enseja análises periódicas desse valioso instrumento legal, no intuito de sempre preservar seus nobres pilares democráticos de liberdade de expressão e de livre trânsito de opiniões.

A publicação, em agosto de 2018, da LGPD mencionada, reforçou a necessidade das organizações em realizar investimentos em sua estrutura e em adotar políticas internas que atendam as exigências de segurança voltadas ao tratamento dos dados pessoais.

A outra frente de trabalho refere-se aos instrumentos normativos de competência do Departamento de Segurança da Informação do Gabinete de Segurança Institucional da Presidência da República, direcionados aos órgãos da Administração Pública federal, que visam ao aperfeiçoamento e à atualização das diretrizes operacionais e dos requisitos relativos ao tema. Após a criação do então Departamento de Segurança da Informação e Comunicações, em 2006, o Gabinete de Segurança Institucional da Presidência da República dedicou-se intensamente à temática. Como resultado, desde 2008, foram publicadas três Instruções Gerais e vinte e duas Normas Complementares51, de forma a contemplar os assuntos relacionados à Segurança da Informação. Devido às características evolutivas do tema, tais instrumentos necessitam de apreciação e de revisão constantes.

Em 26 de dezembro de 2018, foi publicada a Política Nacional de Segurança da Informação, por meio do Decreto nº 9.637, de 2018, que dispõe sobre princípios, objetivos, instrumentos, atribuições e competências de segurança da informação para os órgãos e entidades da Administração Pública federal, sob o prisma da governança. Não obstante seja um instrumento significativo, recomenda-se a elaboração de uma lei específica sobre Segurança Cibernética, capaz de dar diretrizes específicas para o setor cibernético nacional, e que inclua os Poderes da União, dos Estados, do Distrito Federal, dos Municípios, o setor privado e a sociedade em geral.

Uma lei se destinaria a disciplinar diversos aspectos da dimensão nacional da segurança cibernética, uma vez que todo o arcabouço normativo existente é insuficiente para o adequado enfrentamento do tema pelo País. Essa insuficiência decorre da natureza infralegal dos instrumentos existentes, e faz com que se restrinjam à Administração Pública federal, de forma a não se aplicar, desse modo, aos demais entes do Poder Público, e a não contemplar, ainda, o setor produtivo, dentre os quais, os fornecedores de serviços essenciais, e a sociedade em geral.

Além disso, destaca-se que a segurança cibernética apresenta novo paradigma em termos de segurança para o Estado, uma vez que todos os atores nacionais possuem vulnerabilidades que podem ser exploradas por uma ameaça cibernética que adquira grande repercussão, de forma a colocar em risco até mesmo a estabilidade das instituições nacionais.

Um dos grandes desafios em termos de segurança cibernética é que ela precisa ser compreendida de uma forma holística e multissetorial, não sendo adequado abordá-la de forma restrita aos órgãos governamentais, sem o devido engajamento do setor privado e sem um olhar para o usuário final de todas as tecnologias que utilizam o espaço cibernético.

Nesse sentido, uma lei sobre segurança cibernética teria o condão de alinhar ações de governança e de conformidade nesse tema, a partir de um patamar único, ao vincular os diversos atores nacionais aos princípios e regramentos propostos. A economia digital, a inserção do Brasil na Indústria 4.0 e o alcance dos Objetivos de Desenvolvimento Sustentável52 elegidos pelas Organização das Nações Unidas, exigem que o País tenha condições de construir a confiança e a segurança necessárias para o desenvolvimento nacional na era da informação.

Sob essa ótica, indicam-se ações que aprimorem o arcabouço legal da segurança cibernética nacional, por acreditar que essa iniciativa poderá proporcionar o necessário alinhamento estratégico e normativo às ações do País nessa área, de forma a ressaltar que deve ser atribuída especial atenção às políticas em segurança cibernética voltadas ao setor produtivo, as quais, pela natural força advinda do mercado, tendem a ser mais bem-sucedidas que aquelas dedicadas exclusivamente às ações do setor público e à fiscalização regulatória.

Recomenda-se, ainda, no sentido de permitir a elaboração de instrumentos com a maior legitimidade possível, a criação de mecanismos que ensejem a participação da iniciativa privada e da academia para troca de experiências, para exploração de práticas internacionais, para discussão de padrões e de melhores práticas no tema e apoio às decisões da entidade central.

2.2. Pesquisa, desenvolvimento e inovação

As últimas décadas foram marcadas por intensas transformações e por impactante revolução tecnológica, que promoveram importantes mudanças no cotidiano das pessoas, especialmente no que se refere às formas de comunicação, de interação e de acesso às informações.

Nesse sentido, o avanço tecnológico evidenciou a relevância do incentivo à pesquisa e à inovação em prol do desenvolvimento, e demonstrou o papel essencial dessas áreas para a sociedade.

O papel que o Governo deve desempenhar nesse cenário também se torna relevante, para que o País prossiga em um crescimento econômico guiado pela inovação, de modo inclusivo e sustentável. Nesse contexto, as iniciativas de Pesquisa, Desenvolvimento e Inovação – PD&I, na área de segurança cibernética, necessitam de maior prioridade, com o fim de obter maior investimento, mais pesquisadores capacitados na área, e novos projetos, aos moldes de outros países, de forma a contemplar, inclusive, a criptologia como matéria de extrema relevância a ser incorporada em projetos de pesquisa e de inovação em âmbito nacional.

O foco deste eixo é incentivar a busca de soluções de segurança no ambiente digital, em linha com o E-Digital, de 2018. Cidades inteligentes, que utilizam amplamente tecnologias provenientes da IoT, e integração de sistemas de governo, que utilizam recursos de BigData, por exemplo, precisam ter, no centro dos debates, a preocupação com a segurança cibernética.

A E-Digital estimula a PD&I, e a modernização de uma estrutura produtiva, em áreas como: de microeletrônica, em particular, em ações que visem à capacitação em design house, de sensores, de automação e robótica, de supercomputador, de inteligência artificial, de BigData e analytics, de redes de alto desempenho, de criptografia, de redes móveis de quinta geração – 5G e de computação em nuvem.

Recomenda-se, nesse sentido, o investimento na busca de soluções inovadoras em novos tipos de criptografia, de forma a considerar seu potencial variado de aplicabilidade e seu valor estratégico para a segurança da informação e para a segurança cibernética do País.

O Brasil possui um cenário diversificado no que tange à pesquisa e ao desenvolvimento em tecnologia. Identificam-se centros de excelência altamente capacitados e reconhecidos por suas atividades, mas que produzem pouca inovação ou tecnologia aplicável ao ambiente cibernético. É preciso que o País disponha de uma indústria de segurança cibernética inovadora, apoiada por pesquisas e por produções científicas de alto nível, capaz de reter talentos que possam contribuir com a indústria nacional e realimentar o ciclo de produção do conhecimento.

Verifica-se uma dissonância entre os projetos conduzidos pelas universidades públicas e privadas e as necessidades em soluções de segurança cibernética por parte do setor produtivo. Esse quadro demonstra a necessidade de diálogo mais estreito e eficaz entre o setor empresarial e a academia, para que haja convergência de esforços e de projetos que impactem a sociedade de forma positiva e construtiva.

Nesse sentido, recomenda-se o estabelecimento de parcerias com o Ministério da Educação, visando à implementação de programas de incentivo ao desenvolvimento de capacidades em segurança cibernética para estudantes da educação básica, com o objetivo de identificar talentos, e orienta-se que as universidades desenvolvam projetos em alinhamento com as necessidades do setor produtivo.

A aproximação dos programas de mestrado e doutorado não só em computação aplicada, mas em outras áreas do conhecimento, pode ser uma via eficaz para formação, aprimoramento e qualificação de pessoal interessado no tema, além de geração de conhecimento.

No contexto da inovação, a E-Ciber incentiva a adoção de padrões globais e voluntários de tecnologia, que permitirá a interoperabilidade em escala internacional e, por consequência, irá assegurar que não só as organizações localizadas no Brasil como também aquelas fora do País possam adotar nossas práticas e processos, de modo a servir de modelo para a cooperação internacional no fortalecimento da segurança cibernética. Ressalta-se, portanto, que políticas públicas nesse tema contemplem a relevância de se aproveitar avanços e tecnologias globais, para garantir, de todas as formas, a utilização das melhores ferramentas disponíveis para a segurança cibernética.

Um dos indicadores usados para medir o desempenho de um país quanto à inovação tecnológica é o ranking World Competitiveness Yearbook da escola de negócios IMD Foundation Board53. Na versão de 2019, o Brasil ocupou o quinquagésimo nono lugar mundial de sessenta e três posições. A pesquisa indica que o Brasil vem perdendo posições nesse indicador de inovação tecnológica desde 2010, quando apareceu no trigésimo oitavo lugar. Em 2011, caiu para o quadragésimo quarto lugar. Em 2012, já havia perdido mais duas posições no ranking e, na última edição, caiu mais quinze posições.

No que tange ao uso dos fundos, o maior é o Fundo Nacional de Desenvolvimento Científico e Tecnológico – FNDCT54, criado formalmente em 1969, com o objetivo de apoiar financeiramente programas e projetos prioritários de desenvolvimento científico e tecnológico nacionais. Os recursos do FNDCT são utilizados para apoiar atividades de inovação e pesquisa em empresas e instituições científicas e tecnológicas, entretanto, não há foco específico para projetos em segurança cibernética. Nessa perspectiva, considera-se como relevante o uso desse e de outros fundos para incentivar programas e ações de inovação em segurança cibernética.

No atual cenário de inovação e revolução tecnológica, as empresas que surgem com base tecnológica – startups desempenham papel de relevância como principais fontes de inovação. A percepção de seu potencial inovador incentivou diversos países a estabelecerem ampla gama de programas de apoio a startups e a pequenas e médias empresas, solução que o Brasil deve seguir e incentivar.

A propósito, nesse contexto, ressalta de importância o prosseguimento das pesquisas sobre o uso de inteligência espectral, em virtude do fato de sensores empregados em redes IoT, drones, smartphones, dispositivos GPS e em roteadores sem fio poderem sofrer ações maliciosas no espectro de radiofrequência com sérios impactos na privacidade e até mesmo na segurança de pessoas e de infraestruturas críticas. Entende-se como inteligência espectral o uso e a análise do espectro de radiofrequência em sistemas de comunicação sem fio55.

No que tange, ainda, ao eixo Pesquisa e Desenvolvimento, destaca-se a importância de considerar os aspectos de segurança cibernética relacionados à tecnologia das redes 5G, uma vez que representa uma revolução nas comunicações de dados, no potencial de emprego de equipamentos de IoT e na prestação de novos e disruptivos serviços que necessitam de redes com latência muito reduzida para sua operacionalização, implementação, efetivação e resiliência. Nesse contexto, a E-Ciber recomenda que devem ser considerados, na comercialização de equipamentos 5G, requisitos mínimos de segurança cibernética que assegurem o uso pleno, responsável e seguro dessa tecnologia em prol do desenvolvimento da sociedade e das instituições nacionais.

2.3. Dimensão internacional e parcerias estratégicas

O Brasil experimenta o fenômeno da quarta revolução industrial, onde as tecnologias ganham maior integração, o mundo físico e o ambiente virtual alcançam elevado grau de interação, e os dispositivos de IoT proliferam em apoio aos processos produtivos. Essa automação tende, naturalmente, a aumentar a competitividade e a produtividade do setor industrial.

A denominada Indústria 4.0, portanto, traz grandes possibilidades de ganhos de produtividade para o setor industrial por meio do emprego de novas tecnologias, como IoT, robótica avançada, impressão 3D, BigData, computação em nuvem, inteligência artificial e sistemas de simulação virtual. Além disso, a combinação entre as tecnologias enseja novas possibilidades, novos negócios e soluções, de forma a transpor fronteiras e de eliminar distâncias. Para melhor visualização dessas tecnologias, tem-se uma lista delas, trazida pela Agência Mais56:

- Robótica Avançada: ramo educacional e tecnológico que engloba computadores, robôs e computação que fazem parte de circuitos integrados;
- BigData – análise e interpretação de grandes volumes de dados variados;
- Impressão 3D – forma de tecnologia de fabricação aditiva onde um modelo tridimensional é criado por sucessivas camadas de material;
- Computação em Nuvem – possibilidade de acessar arquivos e de executar diferentes tarefas pela internet sem a necessidade de instalar aplicativos, por exemplo;
- Inteligência artificial – ramo da informática que visa criar máquinas com inteligência similiar à humana;
- Simulação Virtual – sistemas capazes de simular o comportamento dos equipamentos que se deseja reproduzir; e
- Internet da Coisas – revolução tecnológica que tem por objetivo conectar itens usados no dia a dia das pessoas à rede mundial de computadores.

Motivado por esse fenômeno, observa-se a crescente incorporação de tecnologias digitais nas diversas atividades cotidianas, como, por exemplo, os aplicativos para marcar consultas ou realizar operações bancárias, os carros autônomos, o controle de máquinas e produtos por meio de sensores ou qualquer outra tecnologia que otimize a realização de atividades, em termos de custos financeiros e de tempo, de forma a corroborar, enfim, para o processo de digitalização da economia.

Com a economia digitalizada, surgem oportunidades de negócios no âmbito nacional e no internacional. Entretanto, também despontam novas formas de crimes e de ações maliciosas. O crime cibernético é um fenômeno de dimensão global, geralmente com múltiplas conexões territoriais. Em virtude dessas características, é impossível a um país atuar sozinho no combate aos crimes no ambiente cibernético. Nesse sentido, abre-se espaço para a busca por maior integração internacional, especialmente entre as forças policiais, os investigadores, os órgãos de justiça e os demais atores relacionados às investigações criminais no ambiente digital. Em todas essas ações, deve-se manter um ambiente colaborativo que permita o estudo e a ampla utilização das tecnologias emergentes.

Ressalta-se que a segurança cibernética é assunto global em que se faz primordial a interação entre diversos atores da comunidade internacional para a construção de um ambiente digital seguro e confiável. Nesse sentido, recomenda-se que o País adote diretrizes que, por meio de medidas de construção de confiança, visem à cooperação interestatal, ao intercâmbio intenso de informações, à transparência, à previsibilidade de ações, à reafirmação da paz internacional e à estabilidade, de modo a corroborar para reduzir o risco da escalada de incidentes cibernéticos em âmbito global.

No âmbito internacional, em relação ao tema cibernético, o País deve continuar a se orientar pelos princípios constitucionais brasileiros, pelos valores fundamentais de nossa sociedade – como o respeito à democracia e aos direitos humanos – pela ênfase ao multilateralismo, pelo respeito ao direito internacional, pela vocação para o diálogo e pela solução pacífica de controvérsias, passando pela identificação de novas oportunidades comerciais. A existência de normativos como a Lei nº 12.965, de 2014 – Marco Civil da Internet, e a Lei nº 13.709, de 2018 – Lei Geral de Proteção de Dados Pessoais, aliada às políticas de desenvolvimento da internet brasileira, reforçam a atuação do País nos foros internacionais de discussão da tecnologia da informação e comunicação e, em especial, a segurança cibernética.

Ao observar o cenário internacional, verifica-se a necessidade urgente de cooperação entre os países para mitigar ameaças como: os crimes cibernéticos, os ataques cibernéticos às infraestruturas críticas, a espionagem cibernética, a interceptação de dados em massa e as operações ofensivas destinadas a projetar poder pela aplicação indevida e desproporcional de força em tempo de paz. Nesse sentido, é preciso reforçar a atuação brasileira na elaboração e na revisão dos instrumentos internacionais relativos à segurança cibernética, ao estimular debates e incentivar a cooperação internacional no tema. Identifica-se, ainda, a necessidade de maior integração entre o Brasil e os países da América Latina, sendo o País um importante condutor regional.

Ressalta-se que o País pretende buscar acordos bilaterais de cooperação em segurança cibernética com o maior número possível de países, como demonstração de nosso intuito em estabelecer, nesse campo, relações que sejam adequadas, profícuas, construtivas e transparentes. Considera-se, portanto, que parcerias estratégicas são fundamentais, e devem, sempre, ser pautadas em princípios como confiança, capacidade agregadora, e contribuição efetiva, de forma a proporcionar oportunidade para que outros atores, além dos integrantes do Poder Público, possam também contribuir.

A cooperação internacional, portanto, deve ser viabilizada por meio de ações que assegurem seu desenvolvimento e sua contínua implementação, e deve contemplar, dentre outras, o compartilhamento de informações (benchmarking, conhecimento tecnológico, doutrina, análise de ameaças, compartilhamento de inteligência cibernética, avaliação de crises cibernéticas de vulto) e a celebração de instrumentos sobre o tema.

Nesse sentido, a E-Ciber recomenda a participação do País em esforços internacionais para elaboração de procedimentos operacionais padrão a serem utilizados para o compartilhamento de informações e de respostas a grandes crises transnacionais, e incentivar a participação de entidades públicas e privadas em exercícios regionais e internacionais como forma de apoiar a cooperação com parceiros estratégicos.

Com relação aos atos internacionais relacionados ao tratamento da informação classificada, o Gabinete de Segurança Institucional da Presidência da República tem a competência de conduzir as negociações, em articulação com o Ministério das Relações Exteriores. Atualmente, o Gabinete de Segurança Institucional da Presidência da República acompanha dezenas de acordos para troca e proteção mútua de informação classificada.

Ainda com relação aos acordos bilaterais, o Brasil deve estimular a negociação de tratados de assistência jurídica mútua (ou MLATs, Mutual Legal Assistance Treaty) a fim de melhor combater o crime cibernético quando se expande além de nossas fronteiras.

Na busca desse engajamento internacional, é essencial que o Brasil participe de iniciativas de estruturação normartiva futura, como as relativas à criação de padrões que guiarão a segurança em tecnologias emergentes, como as redes de comunicação 5G, a inteligência artificial e a internet das coisas. Desse modo, o País terá melhores condições de trabalhar e de influenciar esses padrões, ao reconhecer que consistem em desafios internacionais.

É fato que a integração e a cooperação entre administração pública, setor privado e sociedade, em diversas áreas, costuma trazer resultados benéficos, e contribui para elevar a confiança do cidadão nas instituições públicas e privadas e aprimora a relação entre esses atores. Na área da segurança cibernética essa relação é essencial, uma vez que, como o tema é transversal, os melhores resultados somente serão alcançados se todos agirem de forma coordenada, sempre cientes de que nenhum ator poderá, de forma isolada, enfrentar com todos os desafios impostos pelas novas tecnologias. Nesse sentido, são necessárias responsabilidades bem definidas, e cabe ao Governo o papel central de coordenação desse complexo ecossistema, ao direcionar os esforços em prol do bem-estar da sociedade.

A necessidade de estabelecer e consolidar parcerias estratégicas no ambiente cibernético torna-se ainda mais evidente ao se constatar que grande parte das infraestruturas críticas estão sob responsabilidade do setor privado, o que reforça a necessidade de propósitos comuns, em segurança cibernética, entre Governo, empresas privadas, academia e a sociedade em geral.

No Brasil, os processos de coordenação entre os distintos atores do ambiente cibernético, até o momento, compõem um amplo leque de arranjos nem sempre institucionalizados e perenes, e nem atrelados a mecanismos convencionais de regulação57. Soma-se a esse fato a existência de grande quantidade de instituições que lidam direta ou indiretamente com a segurança cibernética, o que traz grandes desafios de cooperação e de coordenação para o Estado brasileiro. Portanto, recomenda-se a criação de canais de comunicação apropriados, a fim de que seja ouvido e contemplado o maior número de segmentos da sociedade brasileira quando da elaboração, da implementação e da promoção de políticas públicas relativas à segurança cibernética.

É importante ressaltar que as parcerias no campo cibernético tendem a se consolidar se forem baseadas na confiança, em interesses e em objetivos comuns, onde os planos de ação sejam construídos em conjunto, e onde os mecanismos de coordenação sejam eficazes. Diante disso, cresce em relevância a realização de reuniões com atores destacados em segurança cibernética e a instituição, caso necessário, de grupos de trabalho e de fóruns sobre o tema.

Portanto, como a segurança cibernética é de extrema importância para o poder público e para as instituições privadas, entende-se como relevante a criação de um mecanismo de compartilhamento de informações sobre riscos cibernéticos, com o fim de contribuir para a identificação, o gerenciamento e a mitigação de riscos. Essa contínua troca de conhecimento irá auxiliar organizações a evitar, a avaliar e a gerenciar riscos corretamente, além de viabilizar uma abordagem coordenada mais eficaz e eficiente.

2.4. Educação

Construir uma sociedade conectada tem sido um desafio para o Estado brasileiro. Contudo, graças à modernização tecnológica e à expansão das redes de telecomunicações, que resultaram em um rápido e massivo acesso à internet por parte de milhões de brasileiros, conforme abordado no item Diagnóstico, hoje 98% da população possui acesso às redes móveis e 60% dos domicílios têm acesso por meio da rede fixa. Entretanto, essa realidade trouxe uma série de novas preocupações, especialmente com relação às vulnerabilidades e às ameaças cibernéticas.

Como consequência do maior acesso às redes digitais, e em virtude da pouca maturidade em segurança cibernética, o Brasil ocupa lugar de destaque no ranking dos países que mais recebem ataques cibernéticos. A falta de cultura em segurança cibernética, de habilitação e de conhecimento nesse tema de grande número de brasileiros conectados ao mundo digital mostra que a nossa sociedade não está preparada para o uso das ferramentas digitais com os cuidados adequados relativos à segurança cibernética.

Nesse contexto, destaca-se a importância da alfabetização digital, ou digital literacy, conceito que, segundo a Western Sidney University58, significa "possuir as habilidades necessárias para viver, aprender e trabalhar em uma sociedade em que a comunicação e o acesso à informação ocorrem cada vez mais por meio de tecnologias digitais, como plataformas da Internet, mídias sociais e dispositivos móveis". Esse esforço de educação digital, que passa pela inclusão tecnológica, visa a preencher imensa lacuna entre os usuários atuais dessas tecnologias e os pertencentes ao grupo dos chamados "nativos digitais", expressão criada em 2001, por Marc Prensky59, especialista estadunidense em educação, que usou o termo para se referir a todos os nascidos após 1980, cujo desenvolvimento biológico e social se deu em contato direto com a tecnologia.

Dessa forma, recomenda-se desenvolver uma cultura de segurança cibernética, por meio da educação, que alcance todos os setores da sociedade e níveis de ensino, a fim de prevenir incidentes e proporcionar o uso responsável das tecnologias, por ser um dos fatores chaves para o desenvolvimento do País.

A educação em segurança cibernética é concebida em três formas de atuação, em grau crescente de especialização de conteúdo, e em grau decrescente de abrangência da sociedade, conforme o que segue:

- Capacitação – profissionais da área ou com funções que requerem competências na área;
- Formação – parcela da sociedade que se encontra nos bancos escolares; e
- Conscientização – sociedade e seus setores.

A conscientização é obtida por meio de ações direcionadas a sensibilizar setores específicos da sociedade, ou esta como um todo. Num foco mais restrito, a formação abrange o ensino de segurança cibernética direcionado à parcela da sociedade que se encontra na educação infantil, no ensino fundamental, no ensino médio e no ensino superior. Por fim, a capacitação engloba a educação, na modalidade profissional e tecnológica, destinada ao ensino continuado para profissionais da área, ou para aqueles cujo cargo ou função requeira conhecimentos técnicos mais profundos e especializados de segurança cibernética. A capacitação é a forma de atuação mais especializada e pode ser realizada por intermédio de treinamentos de curta duração, certificações de segurança, dentre outros meios.

No que diz respeito à implementação dessas três vertentes de educação em segurança cibernética, a responsabilidade deve ser compartilhada entre órgãos de Estado, setor educacional, serviços sociais do comércio e da indústria, e sistemas nacionais de aprendizagem. Cabe ressaltar que, para isso, há uma série de recursos educacionais disponíveis, conforme vê-se a seguir:

- Capacitação – os Planos de Capacitação para professores, gestores e especialistas e os Bancos de Talentos;
- Formação – a Criação de cursos e a Inserção do tema nos currículos escolares;
- Conscientização – os Planos de Conscientização nas escolas e instituições, os Portais de boas práticas e as Campanhas educativas.

No contexto da conscientização, incentiva-se a concepção de políticas públicas, que levem à consciência situacional ante o atual cenário de ameaças cibernéticas, e estimulem o comportamento responsável e seguro por parte dos usuários da internet.

As ações de conscientização tornaram-se ferramenta essencial para mudanças de comportamento relativas ao ambiente cibernético, e são relevantes, à medida que levam os indivíduos a perceber, em sua rotina pessoal ou profissional, quais atitudes precisam ser corrigidas no mundo digital.

Como exemplo, tem-se a realização, em todo mês de outubro, do National Cybersecurity Awareness Month – Mês Nacional de Conscientização em Segurança Cibernética, que é um esforço colaborativo entre o Governo dos Estados Unidos da América e a indústria para aumentar a conscientização sobre a importância da segurança cibernética e garantir que todos os norte-americanos tenham os recursos necessários para estarem mais seguros online.

A conscientização deve atingir amplas audiências, dentre usuários individuais e corporativos, de crianças a idosos. Deve ainda ser contínua, criativa e motivadora, a fim de concentrar a atenção do público-alvo, para mudança de comportamento favorável ao ambiente cibernético, sendo importante a promoção de ações periódicas, junto à sociedade, com o objetivo do uso seguro e responsável dos recursos de tecnologia da informação e comunicação, e à proteção contra riscos típicos no espaço cibernético.

Um programa de conscientização pode incluir as seguintes tarefas:

- definir o alvo da campanha de conscientização;
- desenvolver mecanismos para alcançar esse público-alvo;
- identificar problemas comportamentais comuns que afetam o público-alvo ou que ele deve conhecer;
- aprimorar o conteúdo de sites governamentais, principalmente os mais acessados, com material relacionado à segurança cibernética; e
- considerar a tradução do material para outros idiomas.

Orienta-se fortalecer programas de treinamento e de educação em segurança cibernética. Tal sugestão constitui uma demanda atual por parte de organizações públicas e privadas. Segundo o Center for Strategic and International Studies, estima-se que existam de um a dois milhões de empregos não preenchidos em todo o mundo na área de segurança cibernética60.

O rápido avanço tecnológico, acompanhado da transformação digital proposta para a sociedade moderna, tornou imprescindível o desenvolvimento de ações educacionais e pedagógicas para a formação em prol do uso criterioso, seguro e responsável das tecnologias. Nesse sentido, considera-se que a prioridade de investimentos em programas de educação relacionados à segurança cibernética é um pilar essencial para reduzir os riscos às empresas e à sociedade.

No contexto da formação, a abordagem da segurança cibernética nas escolas brasileiras ainda é muito incipiente, quando não, inexistente. No âmbito da educação superior, a segurança cibernética, como disciplina ou programa de estudo, ainda é de difícil acesso aos alunos. A segurança cibernética, em geral, não é um tópico acadêmico isolado, mas parte do currículo do curso de graduação de Ciência da Computação, sendo um tema em constante mudança, que requer treinamento e educação constantes. Entretanto, ressalta-se que já existem iniciativas de ensino em áreas correlatas à segurança cibernética, como a recente criação do curso superior de Tecnologia em Defesa Cibernética, no Catálogo Nacional de Cursos Superiores de Tecnologia.

Nesse sentido, segundo o McAfee Reporter, "o aprendizado contínuo é vital para reter talentos em segurança cibernética. Embora os empregadores possam ser cautelosos em investir em programas de treinamento caros que tornam os funcionários mais atraentes no mercado de talentos, nossa pesquisa mostra que a ausência desse treinamento é muitas vezes um fator significativo nas decisões das pessoas em buscar emprego alternativo".

Atualmente, universidades e instituições não formam especialistas suficientes em segurança cibernética para atender às crescentes necessidades do setor; entretanto, o tema tornou-se de tamanha relevância que não pode permanecer restrito àquelas entidades, mas deve ser de conhecimento e de domínio de todos os níveis de ensino.

Recomenda-se que se dê ênfase em segurança cibernética nos currículos de cursos técnicos, particularmente naqueles que envolvam desenvolvimento de softwares, nos níveis de ensino médio e de ensino superior, e nos currículos da modalidade de ensino "educação tecnológica e formação profissional"61.

No contexto da capacitação em segurança cibernética, a situação não é diferente. Pesquisa realizada em 2018, pela ManpowerGroup62, empresa líder mundial em soluções inovadoras de força de trabalho, com aproximadamente quarenta mil empregadores de quarenta e três países, mostra que quase a metade deles (45%) tem dificuldade para encontrar pessoas qualificadas, inclusive, no segmento de segurança cibernética. Entre os empregadores brasileiros, 34% afirmam ter dificuldade em recrutar talentos. A era digital tem transformado os modelos de trabalho, que passam a exigir novas habilidades.

As maiores dificuldades das empresas no processo de contratação no Brasil são a ausência de habilidades técnicas (33%), seguida pela falta de experiência (23%) e pela carência de habilidades interpessoais (19%). A primeira tem a ver com as lacunas educacionais brasileiras. A segunda se relaciona com a resistência de recrutadores de dar oportunidade a novatos. E a terceira relaciona-se a competências comportamentais, que não são inatas, sendo possível desenvolvê-las. Tais dificuldades para a contratação demonstram o descompasso existente entre a situação dos profissionais existentes e as necessidades do mercado de trabalho.

Apesar dos esforços educacionais empreendidos até o momento no campoda tecnologia da informação e comunicação, verifica-se que têm sido insuficientes diante da demanda nacional. "Segundo estudo divulgado pela Brasscom – Associação Brasileira das Empresas de Tecnologia da Informação e Comunicação, o mercado de tecnologia no Brasil precisará de aproximadamente 70 mil profissionais ao ano até 2024, número que poderá representar um déficit de 260 mil pessoas qualificadas no período"63.

Acrescenta o estudo que hoje, no País, "o setor de TIC – tecnologia da informação e comunicação é responsável por 845 mil empregos e forma 46 mil alunos por ano com perfil tecnológico no ensino superior". O relatório afirma, ainda, que "as especializações mais requisitadas e que precisam de mão de obra imediata são as de desenvolvedores web e mobile, computação em nuvem, ciências de dados, segurança cibernética e inteligência artificial".

Verifica-se que o setor privado se concentra com intensidade no desenvolvimento da força de trabalho, mas necessita do apoio do Estado na formação da força de trabalho futura. Para tanto, recomendam-se ações governamentais no sentido de proporcionar maiores oportunidades de treinamento e de formação para profissionais de tecnologia da informação e de segurança cibernética, para melhorar a capacitação necessária à implantação das múltiplas tecnologias e soluções digitais. Esse objetivo pode ser alcançado, por exemplo, por meio de parcerias com universidades para o desenvolvimento dos currículos de segurança cibernética; de treinamentos na área, mediante seminários e workshops; e da criação de programas voltados para as áreas internacionalmente conhecidas como de STEM – Science, Technology, Engineering and Mathematics64.

Não obstante o cenário cibernético atual, as empresas continuam a sofrer com a falta de profissionais melhor qualificados e com a retenção de seus talentos, de acordo com o estudo State of Cybersecurity: 2019, da associação global de tecnologia da informação, segurança e auditoria cibernética – ISACA65, divulgado no início de 2019. Segundo a pesquisa, manter os profissionais de segurança cibernética é muito difícil, e a formação e as certificações promovidas e custeadas pelo empregador não são suficientes para garantir a retenção. Os profissionais de segurança cibernética estão migrando com maior frequência de seus empregos para aqueles que oferecem remunerações maiores, perspectivas de progressão na carreira e percepção de ambientes de trabalho mais saudáveis.

Por fim, segundo a pesquisa da ISACA, as empresas implementam várias estratégias para reter profissionais de segurança cibernética, dentre elas, o fornecimento de treinamento adicional. Cinquenta e sete por cento dos entrevistados indicam que suas empresas investem em mais treinamento, como incentivo para que seus funcionários nelas permaneçam.

Como as previsões para 2020 indicam que as pequenas e médias empresas são o próximo alvo dos ataques cibernéticos, ressalta-se a necessidade de ações de conscientização. O primeiro passo é o reconhecimento, por parte das empresas, que seus dados não estão 100% seguros. Isso significa que ataques, redução da produtividade e prejuízos podem ser evitados, se houver mudança de atitude. O assunto é comum, tanto que conceitos como o Zero Trust, refletidos em maior rigidez no acesso à rede, na inspeção e no registro de tráfego, têm sido discutidos e aplicados no meio corporativo.

A tendência é que os crimes cibernéticos ocorram com maior frequência no nicho das pequenas e médias empresas, porque, em geral, essas empresas não adotam as devidas medidas e ações preventivas. Como, frequentemente, empresas menores são fornecedoras de serviços das maiores, isso torna as menores um canal de conexão para grandes organizações, que possibilitam ataques por infiltração.

Nesse sentido, ressalta-se a importância da conscientização de gestores, tanto do setor público quanto do setor privado, sobre segurança cibernética, uma vez que, em sua maioria, decidem a alocação de recursos e o tempo destinado aos projetos definidos como prioritários. Essa iniciativa cresce de importância com a premente conformidade de entidades públicas e privadas à recente Lei nº 13.709, de 2018 – Lei Geral de Proteção de Dados Pessoais, que evidencia a necessidade de que tais instituições invistam em programas de capacitação sobre proteção e privacidade desses dados.

Recomenda-se, nesse contexto, o incentivo às iniciativas para aumentar o interesse e o acesso à educação em ciências da computação para alunos da educação básica, com possibilidade de expansão de parcerias público-privadas, repensar a educação profissional e treinar mais professores para qualificá-los adequadamente no tema.

Identifica-se, também, a necessidade de desenvolvimento de programas de treinamento em segurança cibernética, para os trabalhadores do setor público e do setor privado, para que possam aprimorar seus conhecimentos e desenvolver novas habilidades nessa área.

Dados da Organização para a Cooperação e Desenvolvimento Econômico – OCDE revelam que até 2021 haverá três milhões e quinhentas mil vagas não preenchidas no mercado de trabalho de segurança cibernética em todo o mundo. No Brasil, a pesquisa da Associação Brasileira das Empresas de Tecnologia da Informação e Comunicação – Brasscom estima que, até 2024, o mercado demandará quatrocentos e vinte mil profissionais da área de tecnologia da informação e comunicação, sendo que quarenta e cinco mil especificamente para o segmento de segurança cibernética. Tais números levam ao entendimento de que a maior deficiência no combate aos crimes cibernéticos não será de ordem tecnológica mas, sim, da falta de recursos humanos.

Uma recente pesquisa realizada pelo Center for Strategic and International Studies – CSIS66, com tomadores de decisões de tecnologias da informação de oito países, revelou que 82% dos empregadores relatam uma falta de habilidades de seus empregados no tema de segurança cibernética, e 71% acreditam que essa lacuna de talentos causa danos diretos às suas organizações.

No Brasil, as seguintes lacunas foram identificadas:

- poucos profissionais especializados em segurança cibernética;
- baixa conscientização dos usuários; e
- poucos programas educacionais focados na área.

O combate aos ataques cibernéticos exige profissionais continuamente capacitados. Nesse sentido, urge a necessidade de um programa de capacitação de abrangência nacional destinado à formação técnica e ao aprimoramento de recursos humanos com vistas a fortalecer a segurança cibernética nos órgãos de governo e nas empresas privadas. Nesse contexto, as instituições públicas devem buscar a articulação e o fortalecimento na área de segurança cibernética, por meio de ações colaborativas e de parcerias com o setor privado, com a academia e com o terceiro setor, no País e no exterior, para estimular o contínuo desenvolvimento de massa crítica e de talentos. Visualiza-se como uma das alternativas possíveis, a disponibilização de treinamentos gratuitos em segurança cibernética em plataformas virtuais de governo.

O investimento em capacitação de profissionais de segurança – gestores, analistas e mesmo operadores – objetiva a adoção não apenas de uma atitude preventiva ou reativa diante de ameaças e de incidentes cibernéticos, mas também de uma atitude consultiva, o que resultará em maior confiança por parte das áreas finalísticas de suas instituições, e em menor resistência, em caso de recomendações.

Verifica-se, ainda, que em geral as equipes de segurança enfrentam uma disparidade entre a disponibilidade de mão de obra qualificada e a sofisticação das ameaças, sendo de suma importância o investimento na capacitação de profissionais para que possam, de modo eficaz, enfrentar esses constantes desafios.

Por fim, a efetividade do desenvolvimento de uma cultura de segurança cibernética por intermédio da conscientização, formação e capacitação depende de uma gestão de conhecimento bem estruturada, a fim de dar continuidade a todos os processos envolvidos, formar profissionais no estado-da-arte e em função da dinâmica do surgimento e da obsolescência das competências de segurança cibernética.